Marc A. Pletzer

Die Cappuccino- Strategie
Besser Ziele erreichen

Marc A. Pletzer

# DIE CAPPUCCINO-STRATEGIE

Besser Ziele erreichen!

Bibliografische Information der Deutschen Nationalbibliothek
Die Deutsche Nationalbibliothek verzeichnet diese Publikation in der
Deutschen Nationalbibliografie; detaillierte bibliografische Daten sind
im Internet über http://dnb.d-nb.de abrufbar.

Marc A. Pletzer
Die Cappuccino-Strategie
© 2017
Verlag: Blue Planet AG, Hafenstraße 50b, 8280 Kreuzlingen, Schweiz
(www.blue-planet-ag.com)
1. Auflage

Umschlaggestaltung: Guter Punkt, München (www.guter-punkt.de)
Coverhintergrund: © Guter Punkt unter Verwendung von Motiven von thinkstock
(Hintergrund: © HAKINMHAN/thinkstock, Kussmund: © Alina Utter/thinkstock)
Umschlagfotografie Tasse: Christian Vogel (www.christianvogel.de)
Redaktion/Anzeigengestaltung: Annika Fräsdorf
Lektorat: Anselm Schmidt-Goertz
Buchsatz/Layout: TiESLeD Satz & Service, Köln (www.tiesled.de)
Herstellung: CPI books GmbH, Leck (www.cpi-print.de)

Anzeige Podcast Hintergrund: Pixabay/Rafabendo 1003561
Anzeige Podcast Foto: Christian Vogel
Anzeige Podcast Illustration: Argus/Fotolia
Anzeige Ziele Foto: Sunny studio/Fotolia
Anzeige CD-Layout: Guter Punkt, München
Printed in Germany

www.cappuccino-strategie.de

ISBN Hardcover: 978-3-03804-063-7
ISBN Softcover: 978-3-03804-69-9

Ich widme dieses Buch in liebevoller Dankbarkeit meinen Kindern Jennifer, Delia, Robin und Helen

_____

# Inhalt

# 1. Vorwort

„Was ist, wenn ich überhaupt keinen Cappuccino mag?", vielleicht startet dieses Buch für Dich aus diesem Grund etwas holprig? Doch das muss nicht sein, denn es richtet sich wirklich an jeden Menschen, der ein schöneres, angenehmeres, fröhlicheres und vor allen Dingen einfacheres Leben erschaffen möchte. Also auch wenn Du Teetrinker bist, Kakao bevorzugst oder Wasser, wenn überhaupt, nur lauwarm und ohne Zusätze genießt (so wie bei einer Ayurveda-Kur) – dieses Buch gibt Dir entscheidende Hinweise darauf, wie Du Dein Leben neu und anders gestalten kannst.

Das hört sich ziemlich hochtrabend an für ein Buch, das sich mit Zielen beschäftigt. Ich weiß! Und doch bin ich absolut davon überzeugt, dass dieses Buch Dein Leben gründlich verändern kann. Ich habe mich vor ungefähr 25 Jahren auf diese Reise begeben und das ist der Grund, warum es dieses Buch gibt. Damals wusste ich nicht, dass man sich im Leben Ziele setzen darf; das gesamte Thema war mir neu. Nicht, dass ich damals keine Ziele hatte. Mein Ziel war zum Beispiel, meine Kinder liebevoll und ordentlich zu erziehen, ihnen alle Möglichkeiten zu geben, die einem helfen, ein angenehmes Leben zu leben. Ich wollte wirklich ein guter Vater sein. Ich wollte ein guter Ehemann sein. Ich wollte ein guter Mieter sein, der regelmäßig seine Miete bezahlt und die Wohnung in Ordnung hält, in der er lebt. Gerne hätte ich auch meinen Eltern gefallen, was mir aber nicht wirklich gelungen ist.

Kurz, meine Ziele handelten davon, möglichst alles zu schaffen, wovon ich dachte, dass die anderen es brauchen würden. Das führte zu einem Crash, der im Nachhinein betrachtet ziemlich lange auf sich warten ließ und wohl doch unvermeidbar war. Das weiß ich alles erst heute richtig zu schätzen und einzuschätzen, zumindest bilde ich mir das ein. Ich wog damals fast 80 Kilo mehr als heute, passte kaum in den Economy-Sitz der Lufthansa, des Atmen fiel mir schwer, das Gehen, das Liegen, das Laufen, das Reden –

es war eine heftige, eine im wahrsten Sinne des Wortes schwere Zeit. Ich kann sagen, dass ich davon wirklich die Nase voll hatte, ich wollte auf keinen Fall mehr so weiterleben wie bis dahin, denn mein Leben hatte mehr damit zu tun, von Monat zu Monat zu überleben. Ich war selbstständig und so ging es regelmäßig darum, den nächsten Monat zu überstehen, die Gehälter meiner Mitarbeiter zu bezahlen, die Mieten und all die vielen Rechnungen. Waren das taugliche Ziele? Aus heutiger Sicht glaube ich das nicht, es war bestenfalls ein guter Startpunkt, denn es gab nichts in meinem Leben, das wirklich gut funktionierte.

Und so war es kein Wunder, dass einige Zeit später und trotz all meiner Bemühungen meine erste Ehe zerbrach, obwohl ich doch so tapfer durchgehalten hatte. Dass es die für mich falsche Frau war, die ich geheiratet hatte, das wusste ich schon am zweiten Tag, nachdem ich sie kennengelernt hatte. Aber ich hatte einfach zu viel Angst, um sie zu verlassen, weil sie der erste Mensch war, der mich außerhalb meiner Familie zu mögen schien. Davon konnte es nicht viele geben, das war mir damals absolut klar. Bevor ich also den Rest des Lebens alleine zu verbringen hatte, war es besser, in dieser Beziehung zu bleiben, in der es sehr viel Streit gab, Unstimmigkeiten, Ängste, Druck, Panik und so vieles mehr, was wohl niemand erleben möchte.

Warum ich das erwähne? Weil es sein kann, dass Du jetzt gerade an einer ähnlichen Stelle in Deinem Leben stehst. Nicht, dass das die notwendige Voraussetzung für das Lesen dieses Buches wäre! Auch wenn Du einfach nur alles Wichtige über das Setzen und Erreichen von Zielen lernen möchtest, ist „die Cappuccino-Strategie" genau richtig für Dich. Aber es kann ja immerhin sein, dass Du jetzt, während Du diese Zeilen liest, entdeckst, dass Du Dich nicht so richtig wohlfühlst in Deinem Leben, dass Du auch in eine Art Überlebensmodus gerutscht bist. Auch wenn es so sein sollte, werde ich mir alle Mühe geben, Dir mit diesem Buch die beste Lektüre Deines Lebens an die Hand zu geben.

Es gibt ziemlich viele Modelle da draußen über den Sinn des Lebens, denn immer mehr Menschen stellen sich in diesen Tagen die Frage, warum wir hier auf dem Planeten sind und welchen Sinn unser Leben überhaupt haben kann – gerade in Anbetracht von Kriegen, weltweiten Tragödien, Umweltkatastrophen und so vielem mehr, was wir weder verstehen noch haben wollen. Wenn Du Dich nur sehr wenig oder vielleicht sogar noch nie mit Fragen dieser Art beschäftigt hast, dann wird sich dieses Buch genauso gut in diese Thematik einführen können, wie es Dir helfen kann, wenn Du schon seit längerer Zeit auf der Suche bist: der Suche nach dem Sinn. Ich möchte hiermit für mich nicht in Anspruch nehmen, die ultimative Antwort auf diese Frage gefunden zu haben, die die Menschheit schließlich schon seit Jahrtausenden beschäftigt. Und doch fühle ich mich durch mein eigenes Leben berufen, Dir mein Modell gründlich vorzustellen. Nicht, damit Du es übernimmst, sondern als Kristallisationspunkt Deiner Gedanken, als eine Möglichkeit, dass Du in Übereinstimmung oder im Kontrast zu meiner Meinung Deine eigene Position klarer findest als jemals zuvor.

Als Mitglied des *Transformational Leadership Council* (TLC), einer Vereinigung spiritueller Lehrer, von denen Du vermutlich viele aus dem Film „The Secret" kennst, konfrontierte ich mich selbst ebenfalls regelmäßig weiter mit allen möglichen Fragen rund um das Thema Lebenssinn. Falls Du mein neuestes Hörbuch „Endlich wirklich glücklich" gehört hast, dann kennst Du zum Beispiel eine solche zentrale Frage: Haben wir für uns selbst vor dem Start in dieses Leben Aufgaben geplant? Ich habe feststellen dürfen, dass viele spirituelle Lehrer und Menschen, die sich selbst als erleuchtet bezeichnen, diese These vertreten. Im Gegensatz dazu bin ich zum Beispiel der festen Überzeugung, dass es nur ein einziges Thema gibt, um das es geht: Dich selbst als Schöpferin oder Schöpfer Deines Lebens zu erfahren. Diese Erfahrung Deiner schöpferischen Fähigkeiten ist unumgänglich, nicht weil sie als Aufgabe für Dich geplant wäre, sondern weil es eine Reise ist, deren Geschwindigkeit Du selbst bestimmen kannst. Bei dieser Reise geht es nicht um die Geschwindigkeit, mit der Du unterwegs bist. Es geht nicht einmal um die Frage, ob Du nun bald auf die wirkliche Bedeutung kommst. Es geht nur darum, Dich zu erfahren und daraus Deine Schlüsse zu ziehen. Eine einzigartige Reise; es ist unvermeidbar, dass Du eines Tages zuhause, im Himmel oder dort, wo wir alle hergekommen sind, ankommst. Weil es so geplant war und weil es unvermeidbar ist. Doch wie jede Reise handelt auch diese nicht vom Ankommen, so schön es auch werden wird, die Reise handelt von der Reise!

Aus dieser Perspektive kannst Du also dieses Buch wahrnehmen; es ist ein Reisebegleiter, der unabhängig von Deinem Standort genau in diesem Moment Deines Lebens zu Dir kommt, weil es der perfekte Moment ist, in dem Du diesen Reisebegleiter brauchst. Also kannst Du jetzt auch in diesem Moment davon ausgehen, dass dieser Reisebegleiter für Dich gerade jetzt optimal ist, konkret: In diesem Buch gibt es eine oder vermutlich sogar sehr viele Ideen, die Dich weiterbringen. Du hast in den vergangenen Tagen oder Wochen Fragen gestellt – und vielleicht beschäftigen diese Dich schon seit längerer Zeit –, auf die Du in diesem Buch Antworten findest. Woher ich das so genau weiß? Es ist meine Erfahrung aus meinem Alltag, dass die Antworten dann in Dein Leben kommen, wenn Du bereit bist, sie zu hören. Antworten können überhaupt nur gegeben werden, wenn Du Fragen gestellt hast. Also ist dies eine gute Stelle, um mich bei Dir zu bedanken. Zu bedanken dafür, dass Du Fragen gestellt hast, die ich in diesem Buch beantworten darf. Nun ist es an Dir, diese Antworten zu finden und sie dann in Deinem Leben in der Art und Weise umzusetzen, die Dir am meisten nutzt.

Übrigens: Warum ich Dich duze? Ich bin das aus meinen täglichen Trainings und Vorträgen so gewohnt und ich glaube auch, dass ich zu der Generation gehöre, bei der das Duzen normal geworden ist. Ja, ich fühle mich jung, auch wenn ich heute schon auf die eine oder andere Lebenserfahrung zurückblicken darf. Zudem glaube ich fest daran, dass wir beide Verbündete sind, dass es sogar eine Absprache zwischen uns gab. Du hast mich gebeten, dieses Buch zu schreiben, und ich habe mein Versprechen gehalten, dass ich dieses Buch schreibe. Da wir beide also schon offensichtlich seit längerer Zeit vereinbart haben, dass wir so intensiv Informationen miteinander austauschen, erscheint es mir nur logisch, dass wir uns duzen sollten. Und da ich schon „austauschen" geschrieben habe, möchte ich an dieser

Stelle darauf hinweisen, dass Du mir gerne eine E-Mail schreiben kannst, wenn Du Fragen hast, die über die Antworten in diesem Buch hinausgehen. Geh einfach auf die Website www.cappuccino-strategie.de und fülle dort das entsprechende Kontaktformular aus. Ich verspreche, ich werde Dir antworten! Es mag sein, dass das ein wenig Zeit in Anspruch nimmt, weil Tausende Menschen Fragen an mich stellen. Aber ich werde Dir trotz allem antworten. Und in Deiner Frage kannst Du mich auch gerne duzen!

Meine Generation, ich sage mal die Menschen, die in den 1970er-Jahren großgezogen wurden, hatte ein wichtiges Lebensmotto: Wir sind die, vor denen uns unsere Eltern immer gewarnt haben! Für mich ist das ein wichtiger Leitsatz in meinem gesamten Leben, denn ich möchte – so wie viele andere Menschen auch – mit meinem Leben einen Unterschied machen, möchte anders sein als die Menschen vor mir und auch anders als die, die mit mir zur gleichen Zeit auf dem Planeten sind. Ich möchte mit meiner einzigartigen Perspektive, mit meinem einzigartigen Leben und mit meinen einzigartigen Gedanken dazu beitragen, dass diese Erde ein besserer Ort wird. Das ist die Mission, die ich jeden Tag lebe, die mich unseren kostenlosen, wöchentlichen NLP-fresh-up Podcast produzieren und dieses Buch schreiben lässt. Dabei bin ich felsenfest davon überzeugt, dass diese Mission vor allen Dingen auch dann erfüllt wird, wenn Du mehr und mehr beginnst, das Leben Deiner Träume zu leben! Es geht also in diesem Buch um Dich, um Deine Ziele und um Dein Leben! Mein Wissen, meine Arbeit und auch dieses Buch sind nur dazu da, Dich zu unterstützen in dem Bemühen, das Leben Deiner Träume zu erschaffen.

So möchte ich dieses Buch verstanden wissen. Denn ich weiß, dass da draußen unzählige Ratgeber zum Thema „Ziele setzen und erreichen" gibt. Die zehn Erfolgsmethoden hier, 15 Erfolgsmethoden da, die grüne Strategie, die blaue, die gelbe – und nur von einer rosa Strategie habe ich bis heute noch nichts gehört. ☺ Jedes dieser Bücher hat seine Berechtigung und findet seine Leserinnen und Leser. Dieses Buch will und soll anders sein, auch das ist einer der Gründe dafür, warum ich Dich duze. Was anders sein kann an Zielen? Jede Menge! Denn in diesem Buch geht es darum, wie man Ziele leicht und einfach erreicht. Es ist ein Buch, das auch geeignet ist für solche Menschen, die nicht diszipliniert sind, die sich bisher nicht durchgebissen haben. Ich selbst bin ein solcher Mensch!

Als ich 15 Jahre alt war, hat mein Vater das bereits als den größten Fehler meines Lebens identifiziert: Ich war schlicht zu faul, um an einer Sache lange genug dranzubleiben. Zum Glück wusste es meine Mutter besser, ihr war klar, „dass der Junge gerade eine schwere Zeit durchmacht – Pubertät und so…" Und dieses Umdeuten hat mir sehr geholfen, damit ich nicht vollends unglücklich wurde mit meinen zahlreichen Schwierigkeiten, mich zum Beispiel für irgendwelche (Schul-)Hausaufgaben zu begeistern, die ich absolut nicht als zielführend und auch nicht als sinnvoll empfand.

Ich bin bis heute der Meinung, dass dies eines der größten Themen meines Lebens ist – und es mag sein, dass Du Dich an dieser Stelle wiederfindest: Wenn ich nicht verstehe, was an einer Aufgabe wichtig sein soll oder was das Ziel hinter der Aufgabe ist, dann fällt es mir ausgesprochen schwer, mich dafür zu motivieren. In den allermeisten Schulfächern war das eine konkrete Schwierigkeit! Ich habe offen gestanden bis heute nicht verstanden, wie mir Religionsunterricht, Geschichte oder Latein im Alltag weiterhelfen sollen. Insbesondere die Information, dass irgendwelche griechischen Truppen sich mit römischen Truppen vor über 2.000 Jahren gegenseitig die Köpfe eingeschlagen haben und das Ganze mit Berichten von Zeitgenossen auf Lateinisch festgehalten wurde, halte ich bis heute für vernachlässigbar. Schließlich schlagen sich Menschen mit etwas moderneren Methoden heute immer noch die Köpfe ein. Es gibt also offenbar nur sehr geringe Fortschritte in dieser Hinsicht. Immerhin eine Lehre, die sich ziehen lässt. Ob das die jahrelange Beschäftigung mit dem Thema rechtfertigt, das darfst Du für Dich selbst entscheiden. Ich glaube nein!

Vielmehr hätte mich damals etwas anderes interessiert: Ich hätte gerne gelernt, mit dem Mädchen zu flirten, das mir damals in der Schule den Kopf verdreht hatte. Wie hätte ich sie ansprechen sollen? Wie hätte ich aussehen müssen? Welche Fragen hätte ich stellen müssen? Wie hätte ich ihr klarmachen können, dass ich der tollste Junge auf dem ganzen Schulhof war? Und vielleicht noch darüberhinausgehend: Wie hätte ich mich selbst von der Idee überzeugen können, dass ich der tollste Junge auf dem Schulhof war? Denn das wusste ich damals sehr sicher: Die anderen waren besser als ich! Und das bezog sich nicht auf die Noten in Latein, sondern alle (!) anderen Jungs waren sportlicher, sahen besser aus, sie konnten einfach alles sofort und überhaupt war ich in jeder Hinsicht unterlegen. Und wenn ich etwas nicht sofort konnte, dann habe ich es gerne liegenlassen, hinausgezögert und mich am besten nie wieder damit beschäftigt.

Mein Freund Ralf zum Beispiel: Der konnte damals schon Platinen löten, er wusste, wie man einen „Texas Instruments TI 57"-Taschenrechner optimal programmiert mit seinen 64 Programmschritten. Ralf konnte einfach alles besser als ich. Oder Dieter: Dieter war nicht immer gut in der Schule, aber er entschied irgendwann, dass er doch etwas lernen könne. Und so setzte er sich hin und lernte und lernte und lernte und wurde auf diese Weise von einem mittelmäßigen zu einem sehr guten Schüler. In all den Jahren war er der Einzige in unserer Klasse, der sich wirklich dramatisch verändert hat. Alle anderen blieben gleich. Die Guten blieben gut, die Mittelmäßigen blieben mittelmäßig und der Rest waren meine Freunde.

Ich weiß heute, dass das mit meiner grundsätzlichen Einstellung dem Lernen gegenüber zusammenhing. Ich war schlicht nicht der Meinung, dass ich etwas Neues lernen konnte. Intelligent zu sein bedeutete für mich vor allen Dingen eins: Auch wenn ich etwas zum ersten Mal machte, musste ich es perfekt beherrschen oder zumindest sehr schnell eine sehr große Perfektion erreichen. Das war natürlich eine echte Herausforderung, denn nicht nur als junger Mensch darf man sich länger mit dem einen oder anderen Thema beschäftigen, um wirklich gut zu werden.

„Was hat das mit Zielen zu tun?", fragst Du Dich jetzt vielleicht. Ich glaube, dass wir Menschen uns am leichtesten motivieren können, etwas Neues zu lernen und uns wirklich zu verändern, wenn wir ein positives, sinnvolles Ziel vor Augen haben, das wir nur auf diese Weise erreichen können. Es gibt, und darauf werde ich in diesem Buch noch später eingehen, auch andere Gründe, warum sich ein Mensch verändert. Doch ein großes, sinnvolles Ziel, für das es sich zu leben lohnt, ist für mich die beste, angenehmste und leichteste Motivation!

Ich hatte also keinen ganz so leichten Start zum Thema Ziele, bewusst habe ich mir mein erstes Ziel im Alter von 30 oder 31 Jahren gesetzt. Damals fing ich an, mich mit entsprechenden Büchern zu beschäftigen, mein Zeitmanagement in den Griff zu bekommen und grundsätzlich mein Leben und damit vor allen Dingen mich selbst zu verändern. Und so ist dies eine wichtige Stelle, um dem Menschen zu danken, dessen Buch mich damals auf den Weg brachte: Lothar Seiwert. Nach meinem persönlichen Crash, der mich in ein Bonner Krankenhaus brachte, in dem ich mit gerissener Achillessehne lag, las ich ein Buch von ihm – mein wohl erstes Buch zum Thema persönliche Veränderung. Und darin stand die für mich damals so entscheidende Frage: Wo bist Du in fünf Jahren?

In fünf Jahren? Ich war froh, wenn ich den nächsten Monat überlebte, die Miete bezahlen konnte, wenn die Kinder in der Schule klarkamen, die Autos heil blieben. Was sollte die Frage danach, wo ich in fünf Jahren bin? Das war ein viel zu langer Zeitraum, um auch nur darüber nachzudenken. Ich war richtig ärgerlich, nachdem ich diese Frage gelesen hatte. Dieser Autor hatte offensichtlich keine Ahnung davon, wie das richtige Leben von normalen Menschen aussieht! Ich hatte weder das Geld noch die Zeit, um mich ausführlich damit zu beschäftigen, wo ich in ein paar Jahren sein würde. Und mein Banker würde es sicherlich auch nicht witzig finden, wenn ich ab sofort weniger Zeit in das Geldverdienen stecken und mich dafür mehr damit beschäftigen würde, wo ich in einigen Jahren sein würde.

Trotz all dieser Wut, die ich damals in mir hatte, begann ich doch mit der ersten Art von Zukunftsplanung. Es dauerte noch viele Bücher, bis ich eines Tages mit meinem damaligen Geschäftspartner in unserem gemeinsamen Büro saß und ihm – ich weiß es noch wie heute – meine entscheidende Erkenntnis mitteilte: „Lieber Marc!" – er heißt genauso wie ich – „Es scheint so, als könnten wir alles sein, tun und haben, was wir wollen, wenn wir es uns nur als Ziel setzen! Das scheint die einzige Bedingung zu sein, die das Leben an uns stellt." Ich erinnere mich genau, dass diese Erkenntnis für mich damals bahnbrechend war, sie war eine Revolution!

Nie zuvor hatte ich einen solchen Gedanken gedacht, nie zuvor war es mir so klargeworden, wie das Leben funktioniert. Ich hatte auch nie zuvor davon gehört. Niemand hatte mir das erklärt, meine Eltern nicht, meine Lehrer nicht und auch niemand sonst, den ich bis dahin getroffen hatte, hatte es in der Deutlichkeit klargemacht. An und für sich ist es eine triviale Erkenntnis, denn wie soll man irgendwohin kommen, wenn man nicht weiß, wo man hin möchte? Doch ich hielt das Leben immer für etwas Kompliziertes. Wenn es einfach gewesen wäre, die Regeln hinter den Kulissen zu verstehen, die Gesetzmäßigkeiten zu durchschauen, dann hätte mir das ja bestimmt irgendjemand schon mitgeteilt. Ging es wirklich nur darum, Ziele zu setzen?

Denn wenn es so einfach ist, dann stellt sich doch für jeden von uns die Frage, warum dieses Wissen nicht weit verbreitet ist und warum wir nicht in allen möglichen Zusammenhängen, beruflich und auch privat, in der Schule, in der Familie und im Zusammensein mit Freunden, Bekannten und anderen Menschen ständig über unsere Ziele sprechen. Wenn das die Funktionsweise dieses Universums ist, mir alles zu geben, was ich gerne haben, sein und tun möchte, dann hätte doch auch ich selbst früher darüber stolpern müssen.

Inzwischen sind fast 25 Jahre vergangen und ich kann offen sagen, dass ich mich einen Großteil dieser Zeit mit dem Setzen und Erreichen von Zielen, der persönlichen Motivation und der Begeisterung für das Leben beschäftigt habe. Und ich lernte auf diesem Weg viele Trainer, Manager und andere herausragende Persönlichkeiten kennen, von denen ganz viele unglaublich große Ziele erreicht haben. Oft genug hatten deren Methoden für mich allerdings einen entscheidenden Nachteil: Sie setzen jede Menge Selbstdisziplin voraus, also genau das, was mir bedauerlicherweise nicht in die Wiege gelegt worden ist. Und aus all den Erkenntnissen, den vielen Methoden, aus weit über 2.000 Büchern, die ich seitdem gelesen habe, aus unzähligen Seminaren, die ich besucht habe, ist die Cappuccino-Strategie die Essenz. Sie ist das Ergebnis meiner Recherchen.

Ich bin heute Kommunikations- und Begeisterungstrainer, viele Menschen kennen mich durch meine Fernsehauftritte, durch Radiobeiträge, durch meinen Bestseller zum Thema emotionale Intelligenz, durch unseren kostenlosen wöchentlichen NLP-fresh-up Podcast oder durch einen meiner Vorträge. Ich habe also die Unterstützung Deiner persönlichen Veränderung zu meinem Lebensinhalt gemacht, kümmere mich jeden Tag darum, das Leben anderer Menschen ein bisschen besser werden zu lassen. Das ist mir eine wichtige Mission: Wenn es mir gelingt, mit meinen Vorträgen, Artikeln, Trainings und nicht zuletzt auch Bücher das Leben von nur einem Menschen nachhaltig zu verändern, dann hat sich mein Leben gelohnt!

Das ist der Ausgangspunkt für das Buch, das Du jetzt in Händen hältst. Ich habe viele Jahre an diesem Buch gearbeitet, habe die Inhalte in den Seminaren getestet, die ich gemeinsam mit meiner geliebten Frau Wiebke halte. Und nur die allerbesten Ideen, die besten Anregungen, die Essenz von 35 Jahren Arbeit als Journalist und Trainer sind in dieses Buch eingeflossen. Ich möchte mit diesem Buch Dein Begleiter in den kommenden Jahren werden, empfehle Dir, immer mal wieder nachzuschlagen, noch einmal zu lesen, noch besser zu verstehen. Denn ich weiß, dass viele Dinge, die ich in diesem Buch auf einer oder zwei Seiten behandle, in meinem eigenen Leben vielleicht einige Zeit in Anspruch genommen haben, bis ich sie wirklich verstanden habe und in mein eigenes Leben integrieren konnte. Viele Weisheiten, die ich in diesem Buch oder auch in einem Seminar mal schnell zum besten gebe, versehe ich gerne mit einem Hinweis: Denk da jetzt mal ein bisschen drüber nach, nimm Dir ruhig mal einen Tag oder zwei Zeit, um immer mal wieder und noch besser zu verstehen, wie wichtig diese Erkenntnis ist!

Ich möchte also auch vor diesem Hintergrund beim „Du" bleiben, denn ich gehe davon aus, dass wir durch dieses Buch, auch wenn wir uns vielleicht

noch nicht persönlich kennen, eine intensive Beziehung miteinander aufbauen werden. Das ist auch der Grund dafür, dass ich Dir schon in diesem
Vorwort sehr persönliche Dinge von mir erzählt habe. Ich möchte Dich an
meiner persönlichen Entwicklung, meinen Gedanken, Meinungen, Herausforderungen und Entwicklungen teilhaben lassen, damit Du besser verstehst,
dass ich jede einzelne Situation, die ich in diesem Buch schildere, selbst erlebt
habe. Früher habe ich das nicht so wichtig genommen, die Lebenserfahrung.
Ich dachte, dass ich als junger Mensch Dinge mindestens so gut kann wie die
Menschen, die schon viel älter sind als ich. Auf der anderen Seite erinnere ich
mich an eine bestimmte Situation: Ich muss damals etwa sechs oder sieben
Jahre alt gewesen sein, als ich mit meinem Großvater durch den Garten spazieren ging. Ich dachte damals als Kind: „Wie schön wäre es, wenn ich all die
Lebenserfahrung, die mein Großvater in seinem Leben gesammelt hat, schon
zu Beginn meines Lebens haben könnte!"

Ich weiß heute, dass dies möglich ist. Aber das ist eine andere Geschichte,
die ich in meinem nächsten Buch erzählen möchte. Eine der wichtigsten
Möglichkeiten, die Lebenserfahrung anderer Menschen für sich selbst zu
nutzen, ist für mich – und offensichtlich auch für Dich – das Lesen eines
Buches. Wenn es ein gutes Buch ist, dann unterhält es mich, fesselt mich
in der Art und Weise, wie es geschrieben ist, und es gelingt dem Buch, mir
Erkenntnisse möglich zu machen, für die ich ansonsten sehr viel länger
gebraucht hätte. Die Cappuccino-Strategie folgt genau dieser Idee; sie kann
Deine Einführung zum Thema „Ziele setzen und erreichen" sein und ebenso gut vermag sie es, Dir einfach viele weitere Ideen zum Thema „Ziele" auf
Deinen Lebensweg mitzugeben.

Dass die Strategie selbst dabei einfach ist, dass Du sie bereits kennst und
jeden Tag Dutzende, wenn nicht sogar Hunderte von Malen anwendest,
das sei hier nur am Rande erwähnt. Denn nur weil Du sie anwendest, bedeutet das nicht, dass sie Dir bewusst ist! Und genau das möchte ich mit
diesem Buch ja erreichen: Ich möchte Dir bewusst machen, dass Du die
Cappuccino-Strategie bereits beherrschst und dass Du sie ab sofort ganz
einfach auch für Deine großen Lebensziele nutzen kannst. Ganz nebenbei

lernst Du dann noch alles, was Du benötigst, um auf leichte Weise Ziele zu setzen und diese zu erreichen. Gehört Selbstdisziplin damit der Vergangenheit an? Ich möchte das bejahen: In meinem Alltag brauche ich heute keine Selbstdisziplin, ich mache nur Dinge, die mir Spaß machen. Und wenn Sie mir keinen Spaß machen, dann sorge ich erst dafür, dass ich eine positive Einstellung zu den Dingen gewinne, bevor ich sie angehe. Das ist der Unterschied zu der Methode, die ich früher angewendet habe. Ich habe viele Jahre lang versucht, Dinge zu tun, zu denen ich nicht motiviert war. Und das ging regelmäßig schief!

Du lernst also in diesem Buch auch, wie Du Dich selbst motivieren kannst. Ziele erzeugen Motivation, richtig gesetzte, richtig formulierte Ziele erzeugen Motivation. Und genau das macht dann Selbstdisziplin überflüssig! Insofern hältst Du auch einen Ratgeber in den Händen, der weit mehr ist als nur ein Buch über Ziele. Die Cappuccino-Strategie versteht sich als Lebensratgeber, als ein Begleiter für viele Jahre, ein Buch, das ich selbst am liebsten schon in meiner Kindheit gelesen hätte. Während ich das schreibe, habe ich einen seltsamen Gedanken in meinem Kopf: Was wäre, wenn ich eines Tages tatsächlich wiedergeboren werden würde und mir würde sehr früh im Leben jemand dieses Buch in die Hände geben? Wäre ich dann bereit, meinem früheren Ich zuzuhören? Wäre es möglich, dass ich damit schon als junger Mensch von den Gedanken und Erkenntnissen profitieren könnte, die ich in einem früheren Leben erst zu einem späteren Zeitpunkt bekommen habe?

Ja, es mag sein, dass dies für Dich die schrägsten, abgedrehtesten und esoterischsten Fragen sind, die Du seit langer Zeit gehört hast. Ich kann Entwarnung geben, dieses Buch wird bei weitem nicht das esoterischste Buch sein, das ich in diesem Leben schreibe. Nein, es wird eher ein ganz normales Buch sein, zumindest was die „WuWu"-Themen angeht. Allerdings habe ich bereits heute eine Fangemeinde, die genau diese esoterischen Themen von mir erwartet, weil ich da draußen auch bekannt bin als der Trainer, der gar nicht abgedreht auch über esoterische Themen berichtet. Doch die Idee hinter den Fragen oben ist eine andere: Ich möchte Dich darauf hinweisen, dass dieses Buch nicht nur auf Deinen bewussten Verstand einwirkt. Die

Geschichten die ich gesammelt habe, die Art und Weise, wie die Inhalte sequenziert und angeordnet sind, viele direkte und indirekte sprachliche Hinweise werden auch und vor allem Deine unterbewusste Art und Weise zu denken und zu handeln positiv verändern. In unseren Seminaren ist dies ein wichtiger Bestandteil geworden, denn wir wissen, dass Dein Unterbewusstsein wesentlich dazu beitragen kann, Deine positive persönliche Veränderung zu begleiten. Insofern ist es ganz entscheidend, dass Dein Unterbewusstsein aus diesem Buch ebenfalls die nötigen Lehren ziehen kann, die aufgrund der dahinterliegenden Struktur und der Art und Weise, wie ich Sprache verwende, eben genau auch für Dein Unterbewusstsein von entscheidender Bedeutung sind.

Wenn Du Dich bisher noch nie mit Hypnose, der Wirkung auf das Unterbewusstsein, der Nutzung von Sprache und der Wirkung und Anwendung hypnotischer Sprachmuster beschäftigt hast, ja, wenn Du vielleicht noch nicht einmal den Begriff „Unterbewusstsein" gehört hast, dann ist dies trotzdem das richtige Buch für Dich. Denn das Unterbewusstsein ist nur ein abstraktes Konzept, es gibt keinen Ort in Deinem Gehirn, den wir als das Unterbewusstsein bezeichnen können. Wenn Dir wohler dabei ist, dass Du jetzt zur Kenntnis nimmst, dass das Lesen dieses Buches automatisch auch dafür sorgt, dass Du, ohne zu wissen warum, Dein Verhalten veränderst, dann genügt diese Information. Du brauchst nicht zu wissen, wie das genau funktioniert, es genügt, dass es passiert.

Doch nun zurück in die normale Welt, zurück zu Dir! Lass uns beginnen, lass uns gemeinsam auf die Reise gehen! Es ist die Reise zu Dir selbst, es ist die Reise zum Leben Deiner Träume, zu einem Leben, von dem Du begeistert bist, das Du selbst genauso gestaltest, wie Du es haben möchtest. Ich möchte, dass Du diese Reise genießt, dass es eine leichte, abwechslungsreiche und angenehme Reise für Dich ist. Dafür habe ich alles gegeben, was sich in diesem Leben gelernt habe.

Nun also viel Spaß mit der Cappuccino-Strategie!

# 2. Ich bin bereit

Du bist also bereit, Dich persönlich zu verändern! Herzlichen Glückwunsch zu diesem Entschluss und lass uns jetzt schnell anfangen, damit der Elan, mit dem Du gestartet bist, Dich auch zügig weiterbringt. Ach so, das war nicht Deine Absicht? Du wolltest nur mal wieder ein gutes Buch lesen, bestenfalls mal reinschnuppern – kann ja nicht schaden – und der Titel hat Dich angesprochen. Oder nee, das hat Dir ein Freund, ein Mitarbeiter, Deine Partnerin oder Dein Partner gegeben, geschenkt, nahegelegt – was auch immer – und Du willst jetzt mal schauen, warum so viele Menschen von diesem Buch begeistert sind? Oder Du stehst noch in einer Buchhandlung und denkst darüber nach, ob Du dieses Buch jetzt gleich mitnimmst – willst Dich erst überzeugen, dass es das Richtige für Dich ist?

Dann gebe ich Dir dies zur Erklärung und Einleitung mit: Dieses Buch ist ein Lebenshandbuch, ein Buch, das Dir hilft, Dich unterstützt und begleitet auf dem Weg durch Dein Leben. Dieses Leben handelt nur von einem einzigen Thema: Deinen Zielen! Dabei spielt es nicht einmal eine Rolle, ob Du jetzt welche hast oder ob Du eher in den Tag hineinlebst, einfach nur überlebst oder noch nie in Deinem Leben über Ziele nachgedacht hast. Von wo auch immer Du startest, dieses Buch holt Dich ab und zeigt Dir ganz genau, dass alles in diesem menschlichen Leben nur von dem einen Thema handelt, egal, was Du tust oder nicht tust, egal, worüber Du nachdenkst und womit Du Dich den lieben Tag lang beschäftigst: Ziele, Ziele, Ziele – mehr gibt es nicht im Leben eines Menschen!

## Ist das nicht sehr einseitig?

Da ich selbst viele Jahre meines Lebens nicht mehr über Ziele nachgedacht habe als wohl jeder andere normale Mensch, kann ich mir sehr gut vorstellen, dass Du jetzt erst einmal nachdenken möchtest über meine These: Alles im Leben handelt von Zielen! Vielleicht bist Du einer von den ganz skeptischen Lesern, die jetzt denken: „Ich will aber kein Ziel haben, ich will ziellos glücklich sein." Tatsächlich habe ich diesen Satz in aller Ernsthaftigkeit gesprochen von einem Trainerkollegen bei einem Seminar gehört. Und als ich nach diesem gemeinsamen Abendessen, bei dem es im Wesentlichen um seine Nichtziele ging, in meinem Hotelbett lag, kam mir die entscheidende Idee: Kein Ziel zu haben ist doch auch ein Ziel!

Vielleicht geht es tatsächlich nicht, auf diesem Planeten zu sein, ohne sich Ziele zu setzen! Ich bin absolut davon überzeugt, auch wenn die Ziele vieler Menschen so schwammig sind, so unkonkret und auch so schnell wechselnd – heute dies und morgen das –, dass sie es kaum mitbekommen, dass sie doch und trotz allem ständig dem einen oder anderen Ziel folgen. Das ist übrigens, wo wir schon dabei sind, eine sehr lustige Formulierung im Deutschen: „Ich verfolge ein Ziel." Denn wenn Du bisher das eine oder andere Ziel nur verfolgt hast, dann könnte das auch der Grund dafür sein, dass Du es noch nicht erreicht hast. Ich liebe – und das möchte ich hier kurz anmerken – diesen wachen Umgang mit der deutschen Sprache. Sie bietet so herrliche Einsichten in das eigene Verhalten, in Irrtümer, in Perspektiven und Doppeldeutigkeiten, wie eben diese von dem „Verfolgen" – es ist wunderschön. Du kannst lernen, ebenfalls präzise, aufmerksam und wach mit der deutschen Sprache umzugehen.

Den Auftakt des Buches stellen die Themen dar, die Dich vielleicht in der Vergangenheit, aber – und das wäre natürlich viel wichtiger – eventuell auch in der Gegenwart davon abgehalten haben, dass Du Dir selbst Ziele im Leben setzt. Ich weiß aus meiner alltäglichen Arbeit als Trainer, dass sich viele Menschen nicht ausreichend um ihre Ziele kümmern, ihnen nicht die nötige Beachtung schenken und sie oft genug auch viele Jahre lang einfach vernachlässigen. Da ich das selbst erlebt habe und es mir bis zum 30. Lebensjahr als ganz normal erschien, keine klaren Lebensziele zu haben, weiß ich genau, wovon ich spreche. Deshalb lass uns ruhig da starten, auch wenn ich weiß, dass es sein kann, dass Du in dem einen oder anderen Kapitel der kommenden Seiten schlechte Gefühle empfinden könntest. Zum Beispiel deshalb, weil Du gerade merkst, was Du selbst jeden Tag in Deinem Leben erlebst. Das ist vollkommen okay, denn es ist ein guter Startpunkt für Deine persönliche Veränderung.

Selbstbewusstsein, das habe ich von einem herausragenden deutschen Trainer vor vielen Jahren lernen dürfen, bedeutet vor allen Dingen, sich seiner selbst bewusst zu sein. Du darfst also zunächst einmal erkennen, wer Du bist und wo Du stehst, um dann die Veränderung gezielt einleiten zu können, die Du einleiten möchtest. Denn auf diesem Weg werde ich Dich begleiten und Du wirst im Laufe des Buches merken, wie sich Deine Gefühle und damit auch Dein gesamtes Verhalten und Deine Einstellung dem Leben gegenüber verändern. Das sind also ganz normale Nebenwirkungen dieses Buches und es kann sogar sein, dass Dir die eine oder andere persönliche Veränderung, die sozusagen mit Dir passiert, erst einige Zeit später bewusst wird. Vielleicht sprechen Dich andere Menschen darauf an, dass Du Dich verändert hast, obwohl Dir bis zu deren Frage gar nicht aufgefallen ist, was mit Dir passiert. Das ist vollkommen normal und jeder, der sich persönlich verändert, erlebt dies.

Dies ist eine großartige Reise und ich wünsche Dir, dass sie Dir leichtfällt. Kann es trotzdem sein, dass dabei ein Start mit negativen Gefühlen nötig ist? Ja! Und das bedeutet nicht, dass Du in diesen negativen Gefühlen lange verweilen musst! Sich etwas bewusst zu machen, sich klar darüber zu werden, was Du in diesem Moment in Bezug auf dieses Thema empfindest, bedeutet ja nicht, dass Du für den Rest Deines Lebens in diesem Gefühl stecken bleiben musst. Es ist nur der Startpunkt einer Reise, der allererste Anfang, und dieses Buch hat die Kraft und Fähigkeit, auf der bewussten und auch auf der unterbewussten Ebene die Veränderung in Dir zu bewirken, die nicht nur Deine Ziele wahr werden lässt. Dein neues Verhalten wird es möglich machen, dass Du an jedem Tag glücklicher bist, das Leben mehr genießt und damit ein entspanntes Lebensgefühl entwickelst, welches Du bisher vermutlich nicht einmal für möglich gehalten hast.

## Die erste Beschäftigung mit Zielen

Nicht nur bei unserem alljährlichen Zieletag erleben wir Teilnehmer, die sich ihrer eigenen Ziele nicht bewusst sind, die ihre Lebensziele nicht benennen können. Ich bin sogar inzwischen zu der Überzeugung gelangt, dass es in unserer Gesellschaft dem überwiegenden Teil der Bevölkerung so geht, zumindest in Bezug auf die wichtigen, die entscheidenden Lebensbereiche und -themen. Es ist nicht ungewöhnlich, dass jemand zum Beispiel über zwei oder drei Wochen hinweg jeden Tag ein bis zwei Stunden pro Tag darauf verwendet, das Ziel für den Sommerurlaub zu finden inklusive des passenden Hotels im perfekten Land zum perfekten Preis. Wenn man denselben Menschen fragt, wie viele Stunden er alljährlich darauf verwendet, sein Leben zu planen, dann ist sehr oft Fehlanzeige. Wer macht das schon?

Nach dem Lesen dieses Buches wirst Du Dich dann schon bald fragen, wie Du es jemals ohne eine Lebensplanung schaffen konntest, Deine Prioritäten zu setzen und Dein Leben zu leben. Vielleicht scheint Dir das im Moment noch in weiter Ferne, aber es ist näher, als Du denkst! Doch lass uns genau an der Stelle starten, dass Du vielleicht gar nicht weißt, was Du willst. Selbst wenn Du der Meinung bist, dass Du Deine Lebensziele kennst, hilft Dir das entsprechende Kapitel weiter, denn jeder von uns hat Lebensbereiche, in denen es noch weiter bergauf gehen kann und in denen gleichzeitig nicht klar ist, wo es hingehen soll. Vielleicht bist Du ein Profi darin, Dir Ziele für den beruflichen Bereich zu setzen? Und dafür gibt es andere Lebensbereiche, denen Du keinerlei Aufmerksamkeit geschenkt und in denen Du noch nie darüber nachgedacht hast, Dir überhaupt ein Ziel zu setzen.

## Die totale Verweigerung

Ein anderes Extrem ist die totale Verweigerung, sich Ziele zu setzen. Das kann auf ganz verschiedenen Erfahrungen basieren, die ich in diesem Buch ebenfalls im Detail erörtern möchte, um Dich auch in diesem Bereich genau dort abzuholen, wo Du gerade stehst. Es gibt gute Argumente dafür, sich keine Ziele zu setzen, zum Beispiel weil Du schon einmal enttäuscht worden bist oder aus vielen anderen Gründen. Auch in diesem Zusammenhang gilt das, was ich gerade schon erwähnt habe: Lies Dir das Kapitel in Ruhe durch, auch wenn Du das Gefühl hast, dass Du Dich verweigerst. Gerade dann kann es sehr gut sein, dass neue Erkenntnisse auf Dich warten, derer Du Dir bisher nicht bewusst geworden bist.

Ich habe ohnehin im Laufe meines Lebens lernen dürfen, dass immer dann, wenn ich ein Thema abgelehnt habe, ich einige Zeit später feststellen musste, dass es doch ein entscheidendes Thema für mich werden sollte. Das basiert natürlich auf der Annahme, dass dieses Buch nicht zufällig in Deine Hände geraten ist. Ich kann das noch konkreter sagen: Ich habe gelernt, dass alle meine Fragen beantwortet werden. Vielleicht hast Du diese Erfahrung auch schon gesammelt?

Zweifelsohne wird dieses Buch auch neue Fragen in Dir entstehen lassen, wird Deine Neugierde wecken Dich mit dem Thema „Ziele" intensiv auseinanderzusetzen und Dich auf eine Entdeckungsreise zu begeben, die spannend, neu und anders ist als alles, was Du bisher erlebt hast. Genau so verstehe ich die Wirkung meiner Bücher, Seminare und Vorträge, die ich selber halte und an denen ich teilnehme: Ich bekomme so neue Anregungen dafür, wie ich mein Leben noch besser, noch schöner und noch angenehmer gestalten kann.

Nicht nur in unserer Gesellschaft tut sich hier ein Paradoxon auf: Viele Menschen geben mehr Geld für ihr Auto aus als für ihre persönliche Weiterentwicklung. Das finde ich persönlich erstaunlich, obwohl ich Autos sehr gerne mag und sehr gut verstehen kann, dass jemand viel Geld für sein Auto ausgibt. Es ist einfach schön, ein neues, großartiges Fahrzeug zu haben. Doch gleichzeitig finde ich es erheblich wichtiger, in meine persönliche Zukunft, meine Veränderung, meine Weiterentwicklung zu investieren. Schließlich werde ich den Rest dieses Lebens mit mir selbst zusammen sein.

**Wie viel Geld investierst Du in Dich?**

Dies ist zum Nachdenken, sobald Du das nächste Mal eine kleine Pause einlegst. Sei ganz ehrlich zu Dir: Wie viel Geld gibst Du wirklich für Deine persönliche Weiterentwicklung aus? Bitte zähle zu diesen Ausgaben auch die Kosten für dieses Buch hinzu; alle Seminare, Coachings und anderen Weiterbildungen, für die Du selber bezahlst, darfst Du addieren. Wenn Du Lust hast, dann kannst Du einfach mal daneben schreiben, wie viel Dich Dein Auto oder wie viel Dich zum Beispiel Deine Reisen jedes Jahr kosten. Vielleicht hast Du auch ein besonders teures Hobby, für das Du viel Geld ausgibst. Mir geht es dabei nur um einen Punkt: Mach Dir bewusst, wie wichtig Dir bis hierher die persönliche Weiterentwicklung gewesen ist. Es ist gut möglich, dass unter anderem dieses Buch dazu beiträgt, hier ein gesundes Verhältnis herzustellen. Nur so eine Idee zum Nachdenken …

Es geht also, Du hast es schon gemerkt, in diesem Buch nicht sofort darum, was genau die Cappuccino-Strategie ist. Dafür gibt es einen guten Grund! Die Cappuccino-Strategie selbst ist schnell erklärt, es ist die Ziel-Setzungs- und Ziel-Erreichungstrategie, die Du jeden Tag Dutzende Male anwendest, ohne Dir dessen bewusst zu sein. Das Ziel dieses Buches ist es, Dir zu erklären, wie Du etwas, was Du jeden Tag tust, in andere Bereiche Deines Lebens übertragen kannst. Da die Cappuccino-Strategie davon handelt, wie Du Dir Ziele setzen und diese erreichen kannst, möchte ich das ganze Thema in diesen Kontext einbinden. Du darfst Dir also erst einmal darüber bewusst werden, wo Du in Bezug auf das Thema „Ziele setzen" stehst. Denn nur, wenn Du genau weißt, was Du heute in Bezug auf Deine Ziele tust, kann Dich die Cappuccino-Strategie so weiterbringen, wie ich es Dir wünsche.

# 3. Ich nutze die Cappuccino-Strategie bereits

Bei der Cappuccino-Strategie geht es vor allem auch darum, dass Du Dir bewusst wirst, wie Du an jedem einzelnen Tag kleine Ziele absolut zuverlässig erreichst. Es geht um die Frage, wie Du Dein Gehirn steuerst und was Du genau und im Detail unternimmst, damit Dein Gehirn das tut, was es tun soll. Ich habe die Cappuccino-Strategie im Rahmen eines meiner NLP-Seminare entdeckt, bei dem ich den Teilnehmern sehr genau erklärte, wie sie die nächste Pause in ihrem Kopf vorbereiten. Lass mich das kurz erklären: In unserem Seminarraum gibt es für die Teilnehmer eine WMF-Cappuccino-Maschine. Die habe ich vor einigen Jahren gekauft, weil diese Maschine einen wundervollen Cappuccino zaubern kann. Da ich ein Kaffeeliebhaber bin, wollte ich natürlich unseren Teilnehmern nur den besten Cappuccino, den besten Kaffee und den besten Latte Macchiato zur Verfügung stellen.

Die Pause rückte näher und so fragte ich eine Teilnehmerin, ob sie gleich gerne einen Cappuccino trinken wolle. Sie bejahte und ich fragte weiter, wie sie das genau in ihrem Kopf plane. Als die Teilnehmerin plante, in der Pause einen Cappuccino zu trinken, da stellte sie sich in ihrem Kopf vor, diese Tasse mit dem Cappuccino bereits in ihrer Hand zu halten. Bei genauer Betrachtung dieser Situation, die sie sich vorstellte, bemerkte sie, dass sie in ihrer Vorstellung sogar schon ein Schlückchen getrunken hatte. Das bedeutete, sie konnte die Tasse in ihrer Hand sehen, sie konnte den Kaffeeduft riechen, sie stellte sich vor, wie sie die Wärme der Tasse in ihren Händen fühlte und sie hatte den Geschmack des leckeren Cappuccinos auf ihrer Zunge. Sie nahm also das zukünftige Ereignis sozusagen vorweg und stellte es sich in allen Details so vor, als ob es schon geschehen sei. Genau darum geht es bei der Cappuccino-Strategie.

Es ist eine Zielerreichungsstrategie, die Du Dutzende, wenn nicht sogar Hundert von Malen an jedem Tag anwendest. Du nutzt diese Strategie, und wenn Du so bist wie die allermeisten meiner Teilnehmer, Hörer, Zuschauer und Leser, dann ist Dir das bis heute nicht wirklich bewusst. Natürlich kann es sein, dass Du schon viele Bücher über das Erreichen von Zielen gelesen hast. Vielleicht gehörst Du zu den Menschen, die ganz klar wissen, dass man Ziele visualisieren muss. Doch wenn man das so beschreibt, dann hört sich das viel schwieriger an als es tatsächlich ist. Ich möchte Dir mit diesem Buch die Bewusstheit verschaffen, dass Du über das ultimative Zielplanungs- und -erreichungs-Tool verfügst, was in diesem Universum verfügbar ist. Und ich möchte Dir bewusst machen, dass Du es bereits jeden Tag anwendest, dass Du genau weißt, wie es funktioniert, dass Du eine Meisterin oder ein Meister darin bist, diese Strategie anzuwenden.

## Sind große Ziele anders?

Du magst jetzt einwenden, dass das natürlich bei kleinen Zielen kein Thema ist. Doch was ist mit Deinen großen Zielen? Die allermeisten Menschen nutzen zum Erreichen großer Ziele andere Strategien, einige davon sind Dir vielleicht aus der Managementliteratur bekannt und falls nicht, spielt es keine Rolle. Denn unabhängig davon, ob Du Dich mit solchen Methoden und Strategien bereits beschäftigt hast, gehe ich davon aus, dass Du in Bezug auf große Ziele bisher nicht konsequent die Cappuccino-Strategie anwendest. Deine Begründung dafür mag sein, dass eben große Ziele vollkommen anders funktionieren müssen als das kleine Ziel, in der Pause einen Cappuccino zu trinken. Dieser Ansicht möchte ich allerdings deutlich widersprechen! Ich bin der festen Überzeugung, dass unser menschliches Gehirn ganz einfach dafür gemacht ist, Probleme zu lösen und Ziele zu erreichen. Es ist so designt, es macht das ganz automatisch ohne Dein Zutun. Das ist der Grund dafür, dass ich Dir diese Strategie in diesem Buch noch einmal wirklich fundiert erkläre, damit Du die Bewusstheit erlangst, wie die Cappuccino-Strategie tatsächlich funktioniert, sodass Du sie auch bei Deinen großen Zielen in Deinem Alltag ganz leicht anwendest.

## Nur wissen oder auch anwenden?

Damit kommen wir zu einer viel wichtigeren Frage, die ich Dir hier stellen möchte: Gehörst Du zu den Menschen, die einfach nur Wissen sammeln wollen, oder bist Du jetzt schon bereit für die Anwendung? Möchtest Du lernen, wie Du die Cappuccino-Strategie in Deinem Alltag erfolgreich einsetzen kannst? Das mit dem Wissen ist nämlich so eine Sache. In unserer Zeit erlebe ich viele Menschen, die einfach nur Wissen sammeln wollen. Sie lesen ein Buch nach dem anderen, besuchen einen Workshop nach dem nächsten und lernen eine Methode nach der anderen kennen. Leider kommen sie nie wirklich dazu, diese herrlichen Methoden auch anzuwenden und sich dadurch wirklich zu verändern. Oft genug liegt es daran, dass diese Menschen ein anderes Ziel haben: Sie spüren in sich eine Unsicherheit, wir könnten sie „Angst" nennen, und die möchten sie gerne überwinden. Und diese Menschen glauben, dass sie die Angst überwinden können, wenn sie nur genug Wissen anhäufen.

Angst ist leider ein großes Thema in unserer Gesellschaft, denn als Kinder haben wir nicht gelernt, wie wir unsere Ängste überwinden können. Von Eltern, Lehrern und anderen Menschen haben wir nur gehört, dass man die Angst unterdrücken muss, dass man sie ignorieren sollte, dass man sich von ihr nicht kleinkriegen lassen darf, dass man sie bekämpfen muss so gut es geht und viele weitere Tipps in dieser Richtung. Das hat dazu geführt, dass die allermeisten Menschen irgendeine Alternative suchen, ein Mittel gegen die Angst. Das ist absolut sinnvoll! Denn wer möchte schon den Rest seines Lebens in Angst verbringen? Die Anhäufung von Wissen ist eben eine solche Methode, die allerdings, wie die allermeisten anderen Methoden auch, nicht wirklich dauerhaft hilfreich ist, um die Angst zu besiegen.

## Wissen, wie es funktioniert

Die Alternative dazu heißt Anwendung, denn bei der Anwendung muss sich eine Methode oder Strategie im Alltag bewähren. In diesem Buch geht es mir ganz klar darum, dass Du die Cappuccino-Strategie in Deinem Alltag anwendest. Aus diesem Grund bin ich auch so glücklich, dass diese Strategie so schnell erklärt ist und sich so einfach anwenden lässt. Ich ahne heute schon, dass der eine oder andere Journalist und Kritiker mir vorhalten wird, dass ich eine Strategie in diesem Buch ausführlich erkläre, die sich in vier Sätzen umschreiben lässt. Das sind dann genau die Menschen, denen es um die Theorie geht, um das Wissen, und nicht darum, aus ihrem Leben konkret etwas zu machen und eine solche Strategie anzuwenden. Mir geht es im Detail um die Anatomie des Zielesetzens; ich möchte Dich überreden und überzeugen, dass Du wieder Deine Zukunft planst, dass Du wieder bereit bist, etwas Großes zu riskieren und Dich darauf einstellst, dass das Leben ganz anders funktioniert, als Du bisher gedacht hast.

Insofern ist die Cappuccino-Strategie im Wesentlichen eine Bedienungsanleitung für das Leben an sich und die Frage, die darin steckt, soll ausführlich beantwortet werden: Wie funktioniert dieses Universum? Natürlich hätte ich mir vermutlich genau wie Du gewünscht, dass ich diese Bedienungsanleitung in meiner Kindheit bekommen und erlernt hätte. Ich hätte mir gewünscht, dass meine Eltern und Lehrer mir diese Bedienungsanleitung nicht nur im Detail erklärt hätten, sondern vor allen Dingen auch jeden Tag vorgelebt hätten. Das haben sie aber nicht und ich gehe davon aus, dass es in Deinem Fall auch so war. Also möchte ich mit diesem Buch nacharbeiten und Dir etwas zur Verfügung stellen, das Du am besten schon vor 20 oder 30 Jahren bekommen hättest. Ist das schlimm, dass Du diese Bedienungsanleitung erst heute bekommst? Das kannst Du nur selbst beurteilen! Ich finde es wichtig, dass Du sie überhaupt erhältst.

Bevor ich also im Detail und sehr konkret darauf eingehe, wie die Cappuccino-Strategie funktioniert und wie Du sie im Alltag einsetzen kannst, möchte ich Dir erst den Mut geben, damit Du wieder beginnst, Ziele zu planen und Deine Zukunft sinnvoll vorzubereiten. Es gibt in unserer Zeit viele Gründe, die eigene Zukunft nicht zu planen. Doch so vielfältig die Argumente sind, so sehr wirst Du auf den kommenden Seiten doch entdecken, wie viel Spaß und Freude es bereitet, mithilfe der Cappuccino-Strategie Deine Zukunft vorzubereiten. Immer wieder kannst Du Dir dabei klarmachen, dass wir alle im selben Boot sitzen. Denn nur wenn jeder Mensch beginnt, das Leben seiner Träume zu planen und Stück für Stück Realität werden zu lassen, hat die Menschheit auf dem Planeten Erde eine lebenswerte Zukunft. Wir dürfen lernen, über unsere konkreten Ziele zu sprechen, bevor wir hektisch betriebsam in einen Alltag starten, der dann nicht so lebenswert ist, wie wir es gerne hätten. Gerade auch in der Zeit des technologischen Umbruchs, in der wir uns befinden, ist es wichtig, dass wir möglichst offen über unsere Ziele sprechen.

## Große Firmen haben seltsame Ziele

Dieses Buch wird Dich auch dazu anleiten, Dir die Ziele anderer Menschen im Detail anzuschauen. So gibt es zum Beispiel große Firmen in den USA, deren wichtigstes Ziel es ist, die Unsterblichkeit ihrer Anführer zu gewährleisten. Weil diese Forscher sich selbst für so unglaublich genial halten, wollen sie mit aller Macht und unter Einsatz unglaublicher Ressourcen sicherstellen, dass ihre Brillanz für die Ewigkeit erhalten bleibt. Für dieses Ziel setzen sie viele Millionen Dollar ein und beschäftigen Hunderttausende von Menschen. Andere große Unternehmen setzen alles daran, die Menschheit von sich abhängig zu machen, die Wasservorräte zu kontrollieren und die Ölpreise zu bestimmen, um möglichst viel Geld zu verdienen und sich alles kaufen zu können, was man für Geld kaufen kann. Stell Dir doch einfach mal nur kurz vor, diese Firmen würden in aller Öffentlichkeit offen über ihre Ziele sprechen. Würden dann noch Menschen für diese Unternehmen arbeiten?

Doch in diesem Buch geht es nicht darum, auf die großen Firmen und die führenden Nationen zu schauen, um ihre Ziele zu analysieren. Es geht in diesem Buch um Dich und Dein Leben! Es geht um die Frage, ob Du bereit bist, Dir lebenswerte Ziele zu setzen und eine Zukunft zu erschaffen, in der wir alle leben wollen und können. Die Veränderung dieses Planeten, die weltumspannende Heilung und die Korrektur von Fehlern, die wir in den vergangenen 200 Jahren gemacht haben, all diese Themen beginnen bei Dir persönlich. Wenn Du Dich veränderst, wenn Du lernst, die Cappuccino-Strategie positiv anzuwenden, dann wird diese Zukunft Realität werden, von der wir heute nur träumen können. Lass uns also aufhören, auf die anderen zu zeigen, die diesen Planeten ausbeuten und zerstören. Finde stattdessen die Bereiche in Deinem Leben, in denen Du Dich selbst ausbeutest und in denen Du nicht liebevoll mit Dir selbst umgehst. Die Heilung beginnt bei Dir und in Deinem Leben und die Cappuccino-Strategie hat die Kraft, dies für Dich möglich zu machen!

## Die Meisterschaft erreichen

Es geht also ausschließlich um die Frage, ob Du die Erkenntnisse, die Du in diesem Buch gewinnst, in Deinen Alltag überträgst und wirklich anwendest. Bist Du bereit, eine Meisterin oder ein Meister zu werden bei der Bewältigung und Überwindung Deiner Probleme? Vielleicht hast Du auch nur die Nase voll von dem Leben, das Du bisher lebst? Das mag der Grund sein, warum dieses Buch den Weg in Dein Leben gefunden hat. Du musst nicht gleich die Meisterschaft anstreben, denn oft genug ist es schon ein großer Erfolg, wenn Du ein oder zwei wichtige Lebensthemen gelöst hast. Darauf würde ich mich konzentrieren: den Spaß und die Leichtigkeit wieder in Dein Leben zu bringen, dass Du beginnst, die Chancen zu sehen, die sich Dir bieten.

# 4. Ich habe gar kein Ziel!

„Ich weiß nicht, was ich will!" – das ist der wohl häufigste Satz, den meine Frau Wiebke und ich in unseren Seminaren hören. Denn Ziellosigkeit ist meiner Meinung nach eine viel größere Volkskrankheit als die viel zitierte Depression oder die sogenannten Angststörungen. Ja, ich würde sogar so weit gehen, dass Depression und auch Angststörungen sowie viele weitere Erkrankungen einfach nur daher rühren, dass die Menschen nicht gelernt haben, sich richtige Ziele zu setzen. Doch wer kein Ziel hat, der wird vom Leben einfach hin und her getragen, er folgt den allgemeinen Strömungen, lässt sich von den Medien berieseln, ist abhängig von dem, was andere Menschen meinen, und nicht in der Lage, das Leben seiner Träume zu erschaffen.

Das ist natürlich nicht über Nacht gekommen. Unsere Elterngeneration, die im Wesentlichen nach dem Krieg gelebt und gearbeitet hat, war da noch ganz anders. In den 70er- und 80er-Jahren des letzten Jahrtausends gab es allgemein akzeptierte Ziele, an denen sich die meisten ausgerichtet haben. Ein eigenes Haus, möglichst zwei Kinder, zwei Autos, vielleicht einen Hund und wenn es das Leben gut mit einem meinte, dann gab es eine Waschmaschine und später sogar einen Trockner von der Firma Miele. Wer das erreichte, der war allgemein anerkannt, der hatte es geschafft, dessen Leben hatte Sinn und Zweck. Und natürlich hat das in dieser Generation vielen genügt; sie hatten den Krieg überlebt, sie wussten, was es bedeutet, durch die Hölle zu gehen. Mindestens aus den Erzählungen ihrer Eltern war ihnen klar, was Hunger bedeutet. Einige unserer Eltern haben ihn sogar selbst erlebt. Dass diese Generation andere Bedürfnisse hatte, ist doch aus heutiger Sicht wirklich gut zu verstehen.

## Um Erlaubnis fragen

Es gibt auch noch andere Effekte, über die man sich im Klaren sein darf: Wir können uns heute kaum vorstellen, dass Frauen in Deutschland bis zum Ende der 1970er-Jahre noch eine schriftliche Genehmigung ihres Ehemannes vorlegen mussten, wenn sie eine feste Arbeitsstelle antreten wollten. Das, was sich heute wie eine Information aus der Steinzeit anhört, war die Realität unserer Eltern. Das Überleben war wichtiger als die Frage, welches persönliche Ziel man hatte. In Sicherheit zu sein, jeden Tag etwas zu essen zu haben, die Miete bezahlen zu können und dann später eine sichere Rente zu haben – all dies genügte den Menschen damals.

Meine Generation und auch die nachfolgenden können heute kaum mehr nachvollziehen, was es bedeutet, in der Nachkriegszeit groß zu werden. Es gab immer genug zu essen, wir erlebten keine Not, die Wirtschaft ging ständig bergauf, der Wohlstand nahm seit den 1970er-Jahren immer mehr zu, wir kennen es nicht anders. Wenn die Grundbedürfnisse von uns Menschen befriedigt sind, dann streben wir natürlich nach Höherem, dann stellen sich andere Fragen als früher. Zum Beispiel fangen immer mehr Menschen an, sich zu fragen, warum sie hier auf dem Planeten sind. „Was soll das alles?", „Hat mein Leben Sinn und Zweck?", höre ich Dich in diesem Moment denken. „Oder bin ich einfach nur eine Laune der Natur, ein Zufall, und darf jetzt sehen, wie ich über die Runden komme?"

## Deine Eltern verstehen Dich nicht

Höchstwahrscheinlich haben sich Deine Eltern solche Fragen nie gestellt und aus diesem Grund verstehen sie auch nicht, warum Du Dich jetzt mit ihnen beschäftigst. Diese Fragen waren viele Jahre irrelevant, vermutlich sogar in den vergangenen 2.000 Jahren. Natürlich gab es immer schon Philosophen, die sich mit diesem Thema beschäftigt haben. Aber die normalen Menschen, die haben einfach alles darangesetzt, zu überleben. Das ist unsere Vergangenheit auf diesem Planeten und in den vergangenen 2.000 Jahren gab es nur wenige Auserwählte, denen es so gut ging und die so viel

Geld und Reichtum hatten, dass sie sich über die grundlegenden Fragen des Überlebens keine Gedanken mehr machen mussten.

Hab also Verständnis für Deine Eltern, wenn Du wie viele von uns feststellen musst, dass sie Deine seltsamen Fragen und Deinen seltsamen Lebensstil nicht verstehen! Sie können und konnten Dich auf die heutige Zeit nicht wirklich vorbereiten, weil es so etwas auf diesem Planeten bisher nicht gegeben hat, zumindest nicht in den Zeiten, von denen ich im Geschichtsunterricht gehört habe. Insofern darfst Du auch beginnen, mit Dir selbst ein großes Herz zu haben, Dir selbst zu verzeihen! Vielleicht hast Du, wie die meisten Menschen, nie gelernt und auch nie geübt, Dir andere Ziele zu setzen.

Lass es uns auf den Punkt bringen: Wenn Deine Eltern normal sind, dann haben sie nicht geträumt, dann hatten sie keine großen Ziele und sie haben Dich auch nie dafür begeistert, Dir selber große Ziele zu setzen. Vielleicht hattest Du sogar Eltern, die sehr ängstlich waren, die sich sehr viele Sorgen um Dich gemacht haben. Das ist das genaue Gegenteil von großen Zielen, denn Ängste machen klein, sie lassen Dich in der Box bleiben, in der vielleicht schon Deine Eltern gelebt haben. Nur, um es noch einmal deutlich gesagt zu haben: Dies ist kein Vorwurf an Deine Eltern! Sie sind anders groß geworden als Du, sie hatten einen anderen Lebenshintergrund, andere Aufgaben, andere Perspektiven und vor allen Dingen auch völlig andere Werte.

## Die meisten Berufe wird es bald nicht mehr geben

Übrigens ist das meiner Beobachtung nach auch heute noch so, dass die meisten Eltern keine großen Ziele haben und das dementsprechend auch ihren Kindern vorleben. Denn viele Eltern empfehlen zum Beispiel ihren Kindern immer noch, eine ordentliche Berufsausbildung zu machen oder besser noch ein Studium zu absolvieren. Doch was ist die richtige Ausbildung? Experten weisen darauf hin, dass es die meisten Berufe, die heute noch absolut gefragt sind, in zehn Jahren aufgrund der rasanten Entwicklung der Technologie nicht mehr geben wird. Allein wenn Du darüber nachdenkst, welche Aufgaben in wenigen Jahren schon von Robotern übernommen werden können, wird Dir bewusst, dass sich das Berufsleben eines jungen Menschen heute kaum mehr sinnvoll planen lässt.

Was bedeutet das für Deine Ziele? Ich glaube, und darauf werde ich in einem späteren Kapitel noch einmal ausführlich eingehen, dass Du gut daran tust, Deine eigenen Stärken zu entdecken und weiterzuentwickeln. Diese Stärken sind es, die Dich einzigartig machen und die Dir eine Perspektive geben, die sonst kein anderer Mensch auf diesem ganzen Planeten hat. Leider sind allerdings den meisten Menschen ihre eigenen Stärken nicht bewusst und so darf es in diesem Buch auch darum gehen, dass Du Dir klarer darüber wirst, was Deine einzigartigen Fähigkeiten sind.

### Was fällt Dir leicht?

Das ist ein Thema, über das Du bei der einen oder anderen Tasse Cappuccino in einem ruhigen Moment schon einmal nachdenken kannst: Was sind Tätigkeiten, die Dir wirklich leichtfallen? Was könntest Du den ganzen Tag tun, ohne dass Dir langweilig werden würde? Was tust Du heute schon, ohne dass Dich jemand dazu überreden muss?

Je bewusster Du Dir in Bezug auf diese Themen wirst, desto leichter wird es Dir fallen, das Leben Deiner Träume zu erschaffen.

## Erfolgreich träumen

Ich möchte sogar so weit gehen, festzustellen, dass den meisten von uns das Träumen verboten wurde. Als kleiner Junge war ich ein echter Tagträumer; ich konnte stundenlang an meinem kleinen Schreibtisch sitzen und aus dem Fenster auf den Rasen in unserem Garten und in den dahinterliegenden Wald schauen, anstatt Hausaufgaben zu machen. Und dann flogen meine Gedanken; sie schwebten, trugen mich an fremde Orte und ließen mich Abenteuer erleben, die so wundervoll waren, dass ich die Realität gerne gegen diese Träume eintauschte. Das machte natürlich meine tatsächlich erlebte Realität nicht schöner, im Gegenteil, meine Traumwelt war so wunderschön, so perfekt, so schön konnte es in der Realität wohl niemals werden. Zumindest war ich damals davon überzeugt.

In der Zeit, in der ich damals träumte, haben andere junge Menschen Klavierspielen gelernt oder Flöte, Gitarre und Saxophon, sie haben ihre Hausaufgaben gemacht und sind verschiedenen Sportarten nachgegangen. Damals hat mir niemand erzählt, dass das Tagträumen ein ganz normaler Vorgang ist, dass viele Menschen das tun. Ich fühlte mich eher wie ein Aussätziger, der etwas Verbotenes tat, etwas, das einen auf keinen Fall weiterbringt, sondern eher in große Schwierigkeiten. Auf der anderen Seite hatte ich mit meinen Tagträumen auch immer wieder Glück, zumindest würden viele Menschen das so bezeichnen. So habe ich zum Beispiel die Literatur von Karl May geliebt; Winnetou, Old Shatterhand und all die großartigen Cowboys waren die Helden meiner Kindheit. Genau wie sie wollte ich reiten lernen, wollte mit einem wunderschönen Pferd im wilden Galopp durch die Wildnis rasen. Tatsächlich kam dieses Pferd dann wenige Jahre später als Scirocco in mein Leben. Scirocco war so kraftvoll und schnell, dass es tatsächlich für den wilden Galopp immer reichte, auch wenn meine reiterlichen Fähigkeiten ihm deutlich unterlegen waren. Wir hatten eine herrliche Zeit miteinander!

Bewusst war mir damals der Zusammenhang zwischen meinen intensiven Wünschen und dem manifestierten Ergebnis nicht hundertprozentig klar. Heute verstehe ich, dass es einfach das intensive Träumen war, das Scirocco in mein Leben gebracht hat. Aber ich war weit davon entfernt, den Mechanismus zu verstehen, wie aus den Gedanken, die ich dachte, und den Gefühlen, die ich fühlte, erlebte Realität geworden war. Das änderte nichts daran, dass ich auch in den darauffolgenden Jahren immer wieder ganz viele Lebensumstände manifestierte, die genau meinen Träumen entsprachen.

Bei mir hieß das Thema damals Zündapp KS 80, ein wundervolles Motorrad, mit dem ich zwei Jahre lang durch die Gegend gefahren bin und dass mir herrliche Stunden beschert hat. Schon mit zwölf Jahren, als ich die Anzeige des Herstellers in einem Jugendmagazin gesehen hatte, hatte mich das Design dieses Motorrads in den Bann gezogen. Es war einfach in jeder Hinsicht perfekt. Leider dauerte es danach noch vier Jahre, bis ich dieses Motorrad fahren durfte. Aber ich hielt an meinem Traum fest, denn ich wusste, dass dieses Motorrad genau das Richtige für mich war.

## Unterstützung tut gut

Meine Eltern haben mich immer wieder darin bestärkt, an solchen Träumen wie dem Pferd oder dem Motorrad festzuhalten und so lange weiter zu träumen, bis sie Realität geworden waren. Im Gegensatz zu vielen anderen Kindern hatte ich Eltern, die selber auch Träume hatten, beruflich und auch privat. So fuhr mein Vater etwa einen Porsche 356, von dem er viele Jahre geträumt hatte und der zu dieser Zeit eines der tollsten Autos war, die es gab. Meine Mutter konzentrierte sich unter anderem auf den Erfolg in ihrer Praxis, ein äußerst erfolgreiches Unternehmen mit bis zu 15 Mitarbeitern. So erlebe ich jeden Tag am Beispiel meiner Eltern, wie wichtig es ist, sich selbst Ziele zu setzen, zu träumen und dann Schritt für Schritt diesen Traum wahr werden zu lassen.

Allerdings gehörte für meine Eltern auch etwas anderes dazu: Ihre Träume konnten immer nur wahr werden, wenn sie hart, und damit meine ich angestrengt, intensiv und auch über längere Zeit, dafür gearbeitet hatten. „Es ist uns nicht in den Schoß gefallen.", das war einer der Sprüche, die bei uns an der Tagesordnung waren. Das Motto war einfach und klar: Wenn sie etwas erreichen wollten, dann mussten sie dafür kämpfen, einen Preis bezahlen und bereit sein, alles zu geben. Da war es wieder, mein Thema Selbstdisziplin, an dem ich ja schon vorher oft genug gescheitert war. Meine Eltern waren beide sehr disziplinierte Menschen; wenn sie etwas erreichen wollten, dann setzten sie sich voll dafür ein. Mustergültig! Ich war und bin bis heute nicht so, ich träume gerne – weiterhin.

## Eine andere Ausgangsbasis

Ich weiß, dass die meisten Menschen, die dieses Buch lesen, einen anderen Start ins Leben hatten. So berichten zum Beispiel die meisten unserer Teilnehmer, dass sie nicht beim Träumen bestärkt wurden, schon gar nicht von ihren Eltern. Auch diese Eltern haben oft hart gearbeitet, alles gegeben, so wie es in den 70er- und 80er-Jahren des letzten Jahrtausends eben gewesen ist. Doch der entscheidende Unterschied war, dass diese Menschen oft nicht für große Ziele und Träume gearbeitet haben, sondern dass es bei ihnen um das Überleben ging. Viele dieser Eltern wollten vor allen Dingen eines: Sie wollten, dass es ihre Kinder einmal besser haben würden. Deshalb haben viele von ihnen zum Beispiel gearbeitet, um den eigenen Kindern ein Studium zu ermöglichen. Wenigstens ihre Kinder sollten Karriere machen, sollten es leichter haben, viel Geld verdienen und damit das Einfamilienhaus und den Zweitwagen zusammen mit der Miele-Waschmaschine sehr früh in ihrem Leben erreichen. Dagegen ist überhaupt nichts einzuwenden, wenn dies Deine Ziele sind!

Es kann allerdings genauso gut sein, dass dieses Verhalten Deiner Eltern, das, was Du jeden Tag erlebt hast, dazu geführt hat, dass Du nie geträumt hast. In unseren Seminaren stelle ich zum Beispiel unter anderem die Frage, ob jemand davon träumt, eines Tages in der Business-Class der Lufthansa zu fliegen. In einem Practitioner, das ist sozusagen unser Anfängerseminar, hatte ich dazu mal ein interessantes Gespräch mit einer Teilnehmerin: „In der Business-Class zu fliegen ist unnötig und viel zu teuer!" Ich fragte zurück: „Möchtest Du denn gerne in der Business-Class fliegen, ist es Dein Ziel?" Sie antwortete wiederum, dass dies unnötig teuer sei, Geldverschwendung. Ich wiederholte einfach meine Frage und wenn ich mich recht erinnere, musste ich sie vier oder fünf Mal wiederholen: „Möchtest Du gerne in der Business-Class fliegen?"

Es dauerte noch eine ganze Weile, bis sie zu einem neuen Ergebnis kam: „Wenn ich von allem wirklich mehr als genug hätte, ein eigenes Haus, ein tolles Auto, herrliche Urlaube und immer noch viel Geld auf dem Konto, dann würde ich auch in der Business-Class fliegen." Um das deutlich zu sagen: Mir geht es hier nicht darum, dass jeder in der Business-Class fliegen muss. Mir geht es auch nicht darum, dass jeder diesen Wunsch haben muss, im Flugzeug vorne zu sitzen. Das Thema ist ein anderes: Erlaubst Du Dir zu träumen? Und Träumen bedeutet an dieser Stelle für mich Folgendes: Träumst Du von einer Zukunft, in der Du im Flieger vorne sitzt? Oder in der Du eine wertvolle Uhr an Deinem Handgelenk trägst? Oder in der Du 30 Paar Schuhe in Deinem Schrank hast? Oder eine Zukunft, in der Du in einer liebevollen Beziehung lebst, wundervolle Kinder hast? Was immer Dein Traum, Dein Wunsch, Dein Ziel ist: Weißt Du schon, wie diese Zukunft aussieht?

## Es geht nicht um materielle Ziele

Die Cappuccino-Strategie handelt nicht im Wesentlichen von materiellen Zielen, von Reichtum, teuren Uhren, teuren Autos und noch teureren Villen! Hier geht es um das Prinzip: Es geht um die Frage, was Dein Wunsch ist, was Du erleben möchtest. Das kann durchaus auch finanzielle Unabhängigkeit bedeuten, vielleicht sogar Reichtum? Denn wenn Du im Moment finanziell gesehen immer nur so gerade über die Runden kommst, dann kann es für Dich durchaus wichtig sein, erst einmal genügend Geld zu manifestieren und in Dein Leben zu schaffen, damit Du Dir darum keine Sorgen mehr machen musst.

Der Satz „Geld ist nicht so wichtig" wird schließlich in den allermeisten Fällen nur von solchen Menschen benutzt, die oft nicht so viel Geld haben. Ich glaube, dass Geld in unserer Gesellschaft nicht ganz so wichtig ist wie die Luft zum Atmen, aber doch immerhin so wichtig, dass Du es gerne in Dein Leben einladen darfst. Geld ist ein Tauschmittel für Erfahrungen, für die Lebenserfahrungen, die Du machen möchtest. Das bedeutet nicht, dass man sich alles für Geld kaufen kann. Und doch stimmt es, dass Du zumindest in unserer Gesellschaft die allermeisten Dinge mit Geld kaufen kannst, die sehr viel Spaß machen. Das können auch wundervolle Momente mit einem geliebten Menschen, Deinen Freunden, Deinen Kindern oder Deinen Verwandten und Bekannten sein. Auch diese wundervollen Momente werden durch Geld nicht besser oder schlechter und so kannst Du jetzt schon an die Stelle kommen, dass Du darüber nachdenkst, was wirklich wichtig ist in Deinem Leben.

### Was ist Dir wichtig?

Wenn Du es Dir bei einer Tasse Cappuccino in Deinem Lieblingssessel oder auf Deinem Lieblingssofa gemütlich machst, dann kannst Du also mal über diese Frage nachdenken. Wenn es wirklich erlaubt wäre, sich das Leben seine Wünsche und Träume selbst zusammenzustellen, was wäre Dir dann wichtig? In unseren Seminaren fassen wir das mit der folgenden Frage zusammen:

„Wie ist Dein Leben in richtig?"

Da kannst Du ja schon mal drüber nachdenken und ich werde später noch einmal auf dieses Thema zurückkommen.

## Vielleicht hast Du nie geträumt

Es kann also sein, dass Du nie wirklich groß geträumt hast, zumindest nicht, dass Du Dich heute daran erinnern würdest. Ja, das stimmt, ich bin der festen Überzeugung, dass jeder Mensch mal geträumt hat, zumindest als er ein kleines Kind gewesen ist. Das macht ja meine Arbeit als Trainer und Autor auch relativ leicht: Ich gehe davon aus, dass meine Frau und ich die Menschen in unseren Seminaren nur daran erinnern müssen, dass sie als Kind noch von einem wunderschönen Leben geträumt haben. Es geht also um eine Fähigkeit, die Du schon beherrscht hast, in der Du sogar eine Meisterin oder ein Meister gewesen bist. Doch wir sind an einer anderen Stelle! Es kann sein, und so geht es übrigens sehr vielen Teilnehmern, die in unsere Seminare kommen oder die uns per E-Mail kontaktieren, dass Du seit vielen Jahren nicht mehr geträumt hast. Das merkst Du daran, dass Dir im Moment vielleicht gar nicht klar ist, wie das Leben aussehen würde, wenn es für Dich perfekt wäre.

Dir dürfte inzwischen klar geworden sein, dass dies eben auch mit den Menschen zusammenhängt, die Dich großgezogen haben, mit denen Du in Deiner Kinder- und Jugendzeit zusammen gewesen bist. Und es hängt auch mit den Menschen zusammen, mit denen Du Dich heute umgibst.

## Es gab praktisch keine Vorbilder

So hast Du zum Beispiel, wie die meisten anderen auch, in der Schulzeit vielleicht keine Vorbilder gehabt. Denn die meisten Lehrer haben auch keine großen Ziele, die kennen ihr monatliches Gehalt und können ihre Möglichkeiten abschätzen, mehr Geld zu verdienen. Die meisten Lehrer, die ich kennengelernt habe, haben sich damit abgefunden, dass sie den Rest des Lebens ein eher durchschnittliches Leben haben. Ja, die meisten Lehrer können schon zu Beginn ihres Berufslebens abschätzen, wie viel Rente sie eines Tages bekommen werden. Falls es dann noch so etwas wie Rente gibt! Große Ziele in der Schule? Da ist zumindest in Deutschland absolute Fehlanzeige. An den meisten Schulen wird gelehrt, wie man jemanden kritisieren kann, der große Visionen, große Ideen für die Zukunft hat. Schüler tun gut daran, wenn sich an den Rahmen halten, der von der Schule, von den zuständigen Ministerien und natürlich auch von dem jeweiligen Lehrer gesetzt wird.

Das ist wiederum kein Vorwurf an die Lehrerinnen und Lehrer; sie bewegen sich einfach in einem vorgegebenen Rahmen und falls sie den verlassen, müssen sie mit ernsthaften Konsequenzen rechnen. Ich möchte in diesem Buch auch keine Diskussion darüber beginnen, ob es da draußen dunkle Mächte gibt, die von der Misere profitieren. Die also auf geschickte und öffentlich nicht bekannte Weise die Gesellschaft so manipulieren, dass der normale Mensch keine Chance hat, als dem Konsum, der Kontrolle durch die Medien und damit der Ziellosigkeit zu verfallen. Ich glaube nicht, dass uns diese Diskussion im Rahmen dieses Buches weiterbringt. Denn es geht um Dich und nur um Dich! Das bedeutet konkret, dass es keine Rolle spielt, wie Du groß geworden bist, auf welcher Schule Du gewesen bist, welche Berufsausbildung Du gehabt hast, ob Du studiert hast oder nicht und ob Du heute das Leben Deiner Träume bereits lebst. Es geht nur um eine einzige Frage: Bist Du bereit, Dich persönlich zu verändern, um das Leben Deiner Träume zu erschaffen?

Dann ist es ein guter Ausgangspunkt zu verstehen, warum Du mithilfe dieses Buches vielleicht entdeckst, dass Du bisher keine großen Ziele gehabt hast. Wenn Du das entdeckst, dann ist es ganz wichtig, dass Du Dich nicht selbst dafür kritisierst. Deshalb beschreibe ich in diesem Kapitel ausführlich die Gründe, warum Du vielleicht bisher keine Ziele gesetzt hast und warum es auch sein kann, dass es Dir am Anfang ein wenig schwerfällt. Das ist völlig normal und meine Erfahrung aus unseren Seminaren zeigt mir, dass dieses Thema wirklich weit verbreitet ist. Falls Ziellosigkeit ein Thema ist, dann kann ich Dir nur versichern, dass Du Dich in allerbester Gesellschaft befindest. Es geht den meisten so.

## Die visionsfreie Gesellschaft

Wenn Du in Deutschland groß geworden bist, und ich vermute, dass das auch für die Schweiz und Österreich gilt, darfst Du jetzt erkennen, dass die Gesellschaft im Wesentlichen visionsfrei und ziellos ist. Das fällt Dir vor allen Dingen dann auf, wenn Du zum Beispiel mal in die USA reist. Dort ist es völlig normal, dass Menschen Ziele haben und je größer diese Ziele sind, desto stolzer sind die Menschen darauf und desto mehr werden sie von den anderen dafür bewundert. Jenseits des großen Teiches ist es völlig normal, große Visionen zu haben, von einer großartigen Zukunft zu träumen – zumindest für sich selbst. Ob das jetzt gut oder schlecht ist, ist wiederum eine andere Diskussion. Für Deinen eigenen Fortschritt ist es jedenfalls hilfreich, dass Du Dir klar darüber wirst, dass unsere Gesellschaft relativ visionsfrei und ziellos ist.

Es beginnt, wie oben schon beschrieben, in den meisten Familien und auch in der Schule. Und da endet es noch lange nicht! Wenn Du Dir Universitäten anschaust, kleine, mittlere und große Unternehmen, Vereine oder auch die Kirche – in all diesen Organisationen gibt es im Wesentlichen keine großen Ziele. Zumindest werden sie nicht kommuniziert und zum Teil werden auch Ziele gesteckt, die einfach irrelevant sind und niemanden dazu motivieren, Großes zu leisten. So setzen zum Beispiel viele Unternehmen finanzielle Ziele: Der Umsatz des nächsten Jahres muss doppelt so hoch sein wie der des vorhergehenden oder der Gewinn muss eine bestimmte Höhe erreichen. Doch wenn der einzelne Mitarbeiter danach fragt, was er von diesem höheren Umsatz oder dem höheren Gewinn habe, dann bekommt er bestenfalls ausweichende Antworten. Wir dürfen wohl anerkennen – und darauf werde ich später noch einmal sehr genau eingehen –, dass die meisten von uns nicht nur durch noch mehr Geld einfach nicht zu motivieren sind. Deswegen sind diese Ziele untauglich.

## Europa – ja oder nein?

Ich wurde einmal in einem Fernsehinterview gefragt, woran ich festmachen würde, dass die Welt sozusagen auf einem guten Weg sei. Ich glaube, dass wir das zum Beispiel in Europa gut daran erkennen können, dass wir heute, keine 80 Jahre nach dem Zweiten Weltkrieg, von Deutschland bis nach Portugal fahren können, ohne auch nur einen Reisepass zu benötigen. Immerhin kommst Du auf diesem Weg, je nachdem welche Route Du fährst, durch Österreich, Italien, Frankreich und Spanien. Diese Länder waren im Krieg miteinander, haben sich bitter bekämpft. Heute ist es gelungen, dass diese Länder eine Einheit bilden. Ja, ich habe auch schon das dumme Gerede gehört, dass Europa sich unbedingt wieder aufspalten muss und dass die Deutsche Mark dringend zurückkehren sollte. Und doch geht es um etwas anderes: Wenn wir eines Tages eine Welt haben wollen, in der Menschen auf dem ganzen Planeten friedlich zusammenleben, dann kann und sollte meiner Meinung nach Europa ein Vorbild für diese vereinigte Welt sein. Verschiedene Sprachen, Kulturen, Geschmäcker, Lieblingsspeisen, Rollenmodelle und vieles andere mehr, und doch können Menschen ganz offensichtlich friedlich zusammenleben.

Natürlich könnten Du und ich jetzt stundenlang diskutieren, ob wir wirklich eine vereinigte Welt haben wollen. Ich persönlich kann Dir ganz klar sagen, dass das mein tief empfundener Wunsch ist und dass ich fest daran glaube, dass dies die einzige Möglichkeit ist, wie wir die Probleme der Vergangenheit überwinden und eine lebenswerte Zukunft gemeinsam erschaffen können. Warum ich das hier so ausführlich diskutiere? Weil dieses Thema meiner Meinung nach dieselbe Struktur hat, die sich auch in der gesellschaftlichen Ziellosigkeit widerspiegelt. Denn große Ziele lassen sich vielleicht nicht immer über Nacht erreichen; sie erfordern von jedem einzelnen und manchmal eben auch von einer Gruppe von Menschen, dass sie sich längere Zeit auf ein großes Ziel konzentrieren, damit es wahr werden kann. So sehe ich Europa und so sehe ich auch das Ziel, dass die Menschheit als Ganzes wieder zusammenfindet.

## Auf jeden Fall dagegen

Ein anderer Aspekt in diesem Kontext sind alle Zusammenschlüsse, die sich gegen etwas bilden. Die Anti-Atomkraftbewegung, eine Anti-Kriegsdemonstration und nicht zuletzt Spendensammlungen gegen Aids in Afrika – all diese und viele Beispiele mehr lassen sich finden, in denen es darum geht, dass Menschen sich nicht für ein bestimmtes Ziel zusammenschließen, sondern ausschließlich gegen vorhandene Umstände vorgehen. Wenn ich jedoch das Ziel nicht formulieren kann, das ich anstrebe, dann kann ich es nicht erreichen. Natürlich hilft es, genau zu wissen, was Du nicht willst. Deshalb ist es manchmal so hilfreich, wenn Du Dich überfordert, an die Wand gedrängt, wütend oder auf irgendeine andere Weise negativ fühlst. Das kannst Du als Warnsignal dafür nehmen, dass Du umdenken solltest.

In dem Kontext, in dem wir uns gerade befinden, macht es Dir klar, dass es die Tendenz einer visions- und zielfreien Gesellschaft letztlich noch fördert, wenn sich Menschen gegen etwas zusammenschließen. Dann können sie stundenlang darüber debattieren, was sie nicht mehr wollen, und müssen nicht ein einziges Mal klar äußern, wo es hingehen soll.

## Hauptsache Arbeit oder Rente

Ganz ähnlich geht es auch beim Thema Arbeitslosigkeit zu: Für viele Menschen, und das ist natürlich verständlich, geht es nur darum, irgendeinen Job zu haben, um das Geld für die Miete zu verdienen. Ähnlich sieht es bei der Rente aus: Viele Rentner leben einfach nur noch vor sich hin. Im Moment steht noch genug Geld für sie zur Verfügung, sodass sie sich diesen Luxus leisten können. Es muss allerdings die Frage erlaubt sein, ob dies ein angenehmer Luxus ist. Ich beobachte ziemlich viele Rentner dabei, dass sie einfach zehn, 20 oder gar 30 Jahre lang völlig ziellos zu Ende leben. Im aktiven Berufsleben werden sie nicht mehr gebraucht, steuerlich wird verhindert, dass sie länger arbeiten als unbedingt nötig, die nachfolgende Generation hat zumindest in unserer Gesellschaft kein großes Interesse an den Rentnern. Und so ist die Rente in Deutschland ein Äquivalent für Sinn- und Ziellosigkeit geworden. Vom „wohlverdienten Lebensabend" ist dann die Rede, doch das meint bei vielen nur, dass ein Arzttermin den nächsten jagt und ein Wehwehchen dem anderen folgt. Hauptsache, es kümmert sich überhaupt noch jemand um einen, auch wenn das der Internist, der Zahnarzt oder irgendein anderer Facharzt ist. Auch hier geht es mir wiederum nicht um die Kritik an einer Person oder einem bestimmten Personenkreis! Ich möchte Dich darauf hinweisen, dass es quasi egal ist, wo Du in Deutschland hinschaust: Fast niemand hat ein großes Ziel, eine Vision oder verschwendet auch nur einen Gedanken daran, wie das Leben seiner Träume aussehen würde.

Aus diesem Grund kann dieses Buch für Dich die große Wende einleiten; ich möchte Dich dazu verführen, wieder Ziele zu entdecken, zu träumen und Deinen Wünschen den Stellenwert in Deinem Leben einzuräumen, den sie verdient haben. Ansonsten hat Leben mehr mit „Dahinvegetieren" zu tun, eben mit dem Überleben, das die meisten von uns heute so alltäglich finden.

## Gefalle ich den anderen?

Ein weiterer Aspekt in der Zielplanung ist für viele Menschen, dass sie den anderen unbedingt gefallen wollen. Darauf zielt ja typischerweise auch die Kindererziehung ab, ganz gleich, ob sie in der Familie oder in Organisationen wie einer Schule stattfindet: Das wichtigste Ziel ist, dass die anderen davon überzeugt sind, dass Du okay bist. Manchmal bedeutet dies, dass man die Hose so weit herunterziehen muss, bis die Unterhose dauerhaft sichtbar wird. Dann fährt einem zwar regelmäßig der Bus vor der Nase weg, weil man mit heruntergelassener Hose eben nicht so gut laufen kann, aber es ist mega in. Oder es bedeutet, dass eine ganz normale Hose an allen möglichen Stellen Löcher haben muss. Je mehr Löcher sie hat, umso besser.

Ich habe ja manchmal sogar die Vermutung, dass irgendjemand damals in den 1980er-Jahren die Jeans eingesammelt hat, die wir wegwerfen mussten. Denn damals gab es eine klare Entscheidung: Entweder hätte Deine Mutter Dir ein großes Herz aufs Knie genäht, schön rot und auffällig, oder sie hätte Dir klargemacht, dass Du diese Jeans in der Schule nicht mehr tragen darfst. Offensichtlich gab es einen cleveren Geschäftsmann, der damals schon viel Weitblick hatte, und der muss unsere Jeans damals aus dem Müll gesammelt und zurückgelegt haben. Heute können wir diese Hosen in Modeläden für teures Geld wieder für unsere Kinder kaufen, die damit dann ganz stolz den anderen zeigen, dass sie dazugehören.

Meine Frau und ich waren neulich auf einem Treffen von Harley-Davidson-Fahrern, bei dem Tausende von Motorrädern in einer kleinen Innenstadt zusammenstanden, während ihre Fahrer ausgelassen miteinander feierten. Was uns auffiel war, dass in diesem Kreis besonders viele

Menschen zu sein schienen, denen es völlig egal war, was die anderen von ihnen dachten. 60- und 70-Jährige mit langen, geflochtenen Zöpfen, tätowierten Armen, Beinen und sonstige Körperteilen, schrill lackierten Motorrädern und mindestens ebenso schrill gefärbten Haaren – all dies war dort zu sehen. Natürlich lässt sich jetzt einwenden, dass es diesen Menschen schlicht darum ging, anders zu sein als die anderen. Ich persönlich finde das auch für mich eine sehr gute Motivation, denn schließlich, Du erinnerst Dich, sind wir ja die, vor denen uns unsere Eltern immer gewarnt haben!

## Der Orden wartet nicht auf Dich

Es gibt auch noch eine religiöse Variante: Ganz viele Menschen stellen sich die Frage, was der liebe Gott von ihnen möchte, welche Erwartungen er hat und wofür er sie belohnen wird, wenn sie eines Tages ihren Löffel zurückgegeben haben. Die Vorstellung dazu ist etwa die, dass da draußen ein Gott über uns wacht, der Regeln aufgestellt hat, eben die Zehn Gebote. Vermutlich gibt es noch weitere Regeln, wie man dieses Leben in Perfektion leben kann, und die werden sonntags in der Kirche vermittelt. Wenn man sich an diese Regeln hält, wenn das, was man hier auf der Erde tut, den Segen des lieben Gottes findet, dann findet man sich eines Tages im Himmel wieder. Das könnte dann wohl in etwa so aussehen: Du wachst auf und stellst fest, dass Du den Löffel zurückgegeben hast. Und dann findest Du Dich in einem Stadion wieder. Es ist riesengroß und auf den Rängen sitzen, wie könnte es anders sein, Heerscharen von Engeln, die Dich feiern. Dann steht er, der Chef, direkt vor Dir, Gott persönlich, um Dir einen Orden zu überreichen. Es ist der Orden dafür, dass Du ordentlich gelebt hast, dass Du Dich gut verhalten hast und dass Du Dich an die Regeln gehalten hast.

## Lebst Du so?

Wenn Du mal kurz Zeit hast, dann denke doch gerade mal darüber nach, ob Du vielleicht in dem ein oder anderen Lebensbereich genauso lebst, als würdest Du eines Tages einen Orden dafür bekommen. Es muss ja nicht so sein, dass Du religiös oder im weitesten Sinne im christlichen Glauben aufgewachsen bist. Vielleicht glaubst Du gar nicht an Gott? Es geht um etwas anderes: Bitte überprüfe doch mal, ob es irgendwo in Deinem Leben ein Belohnungssystem gibt. So ähnlich wie der Lohn, den Du am Ende eines Monats bekommst, wenn Du ordentlich gearbeitet hast. Gibt es so etwas in Deinem Modell der Welt, bezogen auf das gesamte Leben? Oder wartet da draußen etwas anderes auf Dich, vielleicht ein Geistführer, wenn Du esoterisch genug angehaucht bist, der Dir zu Deinem Leben Feedback geben wird?

Falls Du nun erkennst, dass Du an eine solche Instanz glaubst, dann kannst Du vielleicht jetzt darüber nachdenken, ob Du das wirklich weiterhin tun möchtest. Denn natürlich hält Dich eine wie auch immer geartete höhere Instanz, die Dich überprüft, gegebenenfalls davon ab, das Leben Deiner Träume zu leben. Einfach mal ein Thema zum Reflektieren …

Geh doch zumindest mal im Rahmen dieses Buches und nur für die Zeit, in der Du dieses Buch liest, davon aus, dass Du nicht das willst, was alle wollen, zumindest nicht in Deinem privaten Leben. Wie oben schon beschrieben ist das meiner Meinung nach das Lebensmodell der 1970er-Jahre, weil eben alle ein Haus und eine Miele-Waschmaschine wollten. Vielmehr kann es doch sein, dass Du etwas anderes haben möchtest als alle anderen.

## Anders sein als Prinzip

Ich erwähne es hier, weil es sein kann, dass Du die explizite Erlaubnis haben möchtest, vielleicht zum ersten Mal in Deinem Leben anders zu sein als alle anderen. Vermutlich ist es sogar die absolute Voraussetzung dafür, dass Du endlich das Leben Deiner Träume erschaffen kannst. Denn ich bin mir absolut sicher, dass Individualität bedeutet, dass Du ab heute mehr und mehr anfängst darüber nachzudenken, was Du und nur Du willst. Falls Du in einer Partnerschaft lebst, kann das auch bedeuten, dass Du jetzt im Moment Deine Partnerin oder Deinen Partner noch nicht in die Zielplanung einbeziehst. Selbst wenn dieses Buch Dich an der einen oder anderen Stelle absolut dazu verführt, ganz intensiv über Deine Ziele nachzudenken und Du das Bedürfnis verspürst, die Menschen in Deiner Umgebung in diesen Prozess einzubeziehen. Vielleicht kann es sinnvoll sein, das erstmal für Dich zu behalten. Mir geht es dabei nicht so sehr um die Reaktion der anderen. Ich empfehle es Dir deshalb, weil Du jetzt erst einmal Dich selbst erfinden darfst. Gerade wenn Du noch nie intensiv über Deine großen Ziele nachgedacht hast, wenn Dir die Übung fehlt, dann ist es ganz wichtig, dass Du Dich nicht von anderen dabei beeinflussen lässt.

Wir leben ja schon in einer Zeit, in der die gesellschaftliche Anerkennung für viele Menschen zumindest nicht mehr die Rolle spielt, die sie früher einmal gespielt hat. „Was sollen die Nachbarn denken?" – dieser Satz hat heute einfach nicht mehr die Relevanz wie vielleicht noch vor 20 oder 30 Jahren. Dabei ist das eine Extrem für Dich so ungesund wie das andere: Wenn Du bestimmte Dinge nur deshalb tust, um Deinen Nachbarn zu ärgern, dann hast Du nicht viel gewonnen. Denn dieser Nachbar würde Dich immer noch fernsteuern, in diesem Fall dadurch, dass Du ihm eben genau nicht gefallen willst. Falls provozierende Kinder in Deinem Haushalt leben, dann kannst Du das ganz deutlich beobachten. Es gibt im Leben der meisten Menschen eben eine Phase, in der sie alles anders machen müssen als ihre Eltern. Die Betonung liegt auf anders! Und es ist vollkommen in Ordnung. Ich glaube, dass es ein normaler Nestflüchter-Trieb ist, so wie er sich auch bei Vögeln beobachten lässt. Wie soll ein junger Mensch sich jemals von seinen Eltern lösen, wenn er nicht zumindest temporär alle ihre Lebensmodelle für vollkommen unsinnig hält?

Ich kann zumindest von mir selber sagen, dass ich diesem Gedanken intensiv nachgegangen bin und ihn auch ausgelebt habe. Falls Du es also mit einem pubertären Menschen in Deinem Umfeld zu tun hast, habe ein großes Herz mit diesem Menschen. Ich vermute, dass er oder sie unter dem „Anderssein-müssen" viel mehr leidet, als Du jemals darunter leiden kannst. Je weniger Energie Du aufwendest, diesen Menschen von Deinen Zielen und Deinem Lebensmodell zu überzeugen, desto sanfter und liebevoller wird diese Phase des Flüchtens aus dem Nest vorübergehen.

## Das kannst Du für die Cappuccino-Strategie nutzen

- Auch bisher hattest Du schon Ziele, sie waren Dir vielleicht nur nicht bewusst.
- Du kannst nicht keine Ziele setzen, Ziele sind die Basis des Lebens.
- Mit der richtigen Strategie ist es viel leichter Ziele zu erreichen.
- Wissen alleine genügt nicht, Du darfst lernen, die Cappuccino-Strategie anzuwenden.
- Du lebst in einer weitgehend visions- und zielfreien Gesellschaft.
- Deine Eltern sind in einer anderen Zeit groß geworden, sie haben andere Ziele und müssen Dich und Deinen Lebensstil nicht verstehen.
- Werde Dir klarer darüber, was Dir leichtfällt.
- Finde Menschen, die Dich gerne unterstützen.
- Du brauchst niemandem zu gefallen.
- Am Ende des Lebens wartet kein Orden auf Dich und keine Auszeichnung.
- Du darfst wieder lernen zu träumen.

# 5. Ich will gar keine Ziele haben

Es gibt verschiedene Gründe, warum manche Menschen sich gar keine Ziele mehr setzen wollen. Es kann zum Beispiel daran liegen, dass sie sich von Zielen massiv unter Druck gesetzt fühlen. Bei einer unserer Teilnehmerinnen war das ganz konkret: An diesem Seminartag ging es darum, die eigenen Lebensziele zu planen. Ich nahm mir zwei Stunden Zeit für die Vorbereitung, in denen ich ausführlich erklärte, wie man sich Ziele setzt, wie man sie richtig formuliert und wie es leichtfällt, diese Ziele zu finden. Je länger sie mir zuhörte, desto mehr merkte ich, dass ihr Stresslevel stieg; sie wurde immer angespannter. Als sich dann endlich jeder Teilnehmer mit Zettel und Stift in eine Ecke des Raumes zurückzog, um seine Ziele zu notieren, hatte ich Gelegenheit, mich mit ihr zu unterhalten. Wir fanden gemeinsam heraus, dass allein schon das Wort „Ziele" sie in einen solchen Stress versetzte, dass sie kaum mehr weiterdenken, geschweige denn planen konnte. Sie sagte, Ziele hätten etwas mit Arbeit zu tun, sie müsse dann kämpfen und sie habe sofort das Gefühl, dass sie es nicht schaffen würde.

Ich konnte dieser Teilnehmerin sehr leicht helfen, indem ich sie bat, das Wort „Ziele" durch Wörter wie „Wunsch", „Traum", „Vorhaben", „Idee" oder „Vision" zu ersetzen. Selbstverständlich sind diese Begriffe nicht hundertprozentig gleichbedeutend mit dem Wort „Ziel" – es gibt Bedeutungsunterschiede, die allerdings so gering sind, dass sie in diesem Kontext vernachlässigt werden können. Wenn es also so sein sollte, dass auch Dich das Wort „Ziel" in Stress versetzt, dann probiere doch einen der anderen Begriffe. Vielleicht fühlt sich das Wort „Wunsch" für Dich viel sanfter, leichter und damit auch erreichbarer an. Auch hier gibt es kein Richtig oder Falsch, es gibt nur das, was für Dich funktioniert und was Dir gefällt! Darauf kommt es an.

Für mich persönlich beschreiben die Ziele das Leben meiner Träume und ich nehme mir regelmäßig Zeit, um über diese nachzudenken. Zudem nehmen sich meine Frau und ich mindestens einmal im Jahr eine Woche Zeit, nur um unsere Ziele zu planen und aufeinander abzustimmen. Natürlich sprechen wir auch den Rest des Jahres ständig und immer wieder über Ziele, konkretisieren sie und werden uns noch klarer darüber, was wir genau wollen. Doch dieses Ritual, uns einmal im Jahr gemeinsam eine Auszeit nur für die Zielplanung zu nehmen, hat sich absolut bewährt.

## Burn-out wegen falscher Ziele

Auch das heute in den Medien viel zitierte Thema „Burn-out" ist meiner Meinung nach eine Ziellosigkeit. Du fragst Dich jetzt vielleicht, warum gerade Burn-out, das doch typischerweise sehr erfolgreiche Managerinnen und Manager befällt, etwas mit Ziellosigkeit zu tun haben soll? Auch solche Menschen kommen in unsere Seminare und sie berichten vor allen Dingen eins: Sie haben viele Jahre lang große Ziele erreicht, haben ein Unternehmen erfolgreich gemacht, Hunderte oder sogar Tausende von Menschen geführt und Reichtümer angehäuft. Und in all den Jahren haben sie gehofft, dass sie das Erreichen dieser Ziele glücklich machen würde. Dann stellen sie fest, dass es offensichtlich nicht stimmt und dass das Erreichen von Zielen nicht automatisch glücklich macht. Oft genug stellen Menschen dann bei genauerer Betrachtung fest, dass sie gar nicht ihre eigenen Ziele erreicht haben, sondern zum Beispiel die Ziele ihrer Eltern.

Vor wenigen Wochen hatte ich ein Gespräch mit einer Teilnehmerin, die 34 Jahre alt war. Ihr wurde im Rahmen unseres zwölftägigen Seminars klar, dass sie alles erreicht hatte, was sich ihre Eltern erhofft hatten: Sie hatte studiert, sie war in einem namhaften Unternehmen beschäftigt und sie verdiente viel Geld. Inzwischen war sie sogar verheiratet und ihr Mann und sie dachten darüber nach, ein Kind zu bekommen. Alles bestens also, zumindest aus Sicht ihrer Eltern. Doch dann wurde ihr klar, dass dies alles gar nicht ihre Ziele gewesen waren. Sie hatte etwas studiert, was nicht ihren Neigungen entsprach, sondern einfach das, was ihre Eltern für erfolgversprechend hielten.

## Die Hoffnung, (endlich) zu gefallen

Dahinter kann also der Antrieb liegen, anderen zu gefallen, und bei einigen von uns kann das sogar bedeuten, endlich den eigenen Eltern zu gefallen. Denn die eigene Lebenserfahrung, das Feedback der Eltern, Lehrer und anderen Menschen, hat viele dazu geführt, dass sie sich nicht okay finden. Dabei ist es genau das, was sie sich so sehnlich wünschen: dass eben genau diese anderen Menschen eines Tages zu ihnen kommen und sagen: „Endlich hast Du es geschafft, Du bist toll, jetzt lieben wir Dich!"

Es hat ein wenig Zeit in Anspruch genommen, bis ich gemeinsam mit einigen unserer Teilnehmer darauf gekommen bin, dass Eltern und andere Menschen einem vor allen Dingen dann das Feedback geben, man sei nicht okay, wenn sie sich selbst nicht okay finden. Jetzt dreht sich das gesamte Thema vor Deinen Augen um! Du sitzt mit jemandem zusammen, der Dir stolz von seinen Erfolgen berichtet, und nach diesem Gespräch stellst Du plötzlich fest, dass Du Dich viel schlechter fühlst als vorher. Gehörst Du auch zu den Menschen, die bisher gedacht haben, dass sie sich nach solchen Gesprächen schlechter fühlen, weil der andere so ein „toller Hecht" oder eine „tolle Hechtin" ist? Dann möchte ich Dir heute eine neue Idee zu diesem Thema geben!

## Viele Menschen fühlen sich ganz klein

Was wäre, wenn Du Dich nur deshalb nach solchen Gesprächen schlecht fühlst, weil Du den anderen fühlst und mitbekommst, wie es ihm wirklich geht? Lass mich das genauer erklären: Ich gehe davon aus, dass wir Menschen mehr sind als nur eine Ansammlung von Haut und Knochen und gegebenenfalls noch ein wenig Gehirn. Ich glaube stattdessen, dass wir Energiewesen sind, dass wir aus Energie bestehen und dass diese Energie auch in einer Art Feld um unseren Körper herum ist und von anderen Menschen wahrgenommen werden kann. *By the way*: Die Wissenschaft bestätigt immer mehr, dass dieses Energiefeld auch messbar ist. Lange Zeit haben nur unsere Messgeräte nicht ausgereicht, um dieses Feld zu messen oder etwa auf Fotos zu zeigen.

Wenn Du also mit einem anderen Menschen zusammentriffst und ein wenig sensibel für solche Energien bist, dann kannst Du fühlen, wie sich dieser Mensch fühlt. Was wäre nun also, wenn der „tolle Hecht" sich gar nicht so fühlt wie es die Informationen, die aus seinem Mund kommen, Dich glauben machen wollen? Was wäre, wenn dieser Mensch Dir nur deshalb all seine wundervollen Erfolgsgeschichten auftischen muss, weil er sich selbst so klein fühlt? Dann wäre es nur logisch, dass Du Dich nach dem Treffen schlechter fühlen könntest als vorher, aber nicht, weil Du nicht okay bist oder nicht genug geleistet hast, sondern nur, weil der andere sich so klein fühlte und Du das gefühlt hast. Es hatte gar nichts mit Dir zu tun!

## Wie fühlen sich die Menschen um Dich herum?

Diese Erkenntnis kann Deine gesamte Wahrnehmung der Welt, die Du erlebst, vollkommen und von Grund auf verändern! Denn wenn Du jetzt zurückkommst auf das Thema, mit dem wir oben begonnen haben, gibt es natürlich auch dazu eine interessante Wendung: Was wäre, wenn Deine Eltern Dich nur deshalb so viel kritisiert haben (wenn dies der Fall war oder ist), weil sie selbst so unglücklich mit ihrem eigenen Leben waren oder sind? Ich habe nämlich auch bei mir selbst festgestellt, dass ich andere Menschen viel leichter annehmen kann, wenn ich mich mit mir selbst und mit meinem Leben im Reinen fühle. Nicht, dass es mir dann vollkommen egal wäre, was andere tun. Sondern es ist mir gleichgültig im wahrsten Sinne des Wortes: es ist gleich gut, unabhängig davon, für welchen Weg sich der andere entscheidet. Er kann sich so oder so verhalten, das hat in diesen Situationen keinen entscheidenden Einfluss auf meine Gefühle, meine Wahrnehmung und meinen Umgang mit dieser Person.

## Auch ein geringes Selbstwertgefühl kannst Du fühlen

Und diese Erkenntnis lässt logischerweise noch einen anderen Schluss zu: Wenn Du von Eltern großgezogen wurdest, die ein geringes Selbstwertgefühl hatten und die unzufrieden mit ihrem eigenen Leben waren, dann wäre eine mögliche Konsequenz davon, dass Du zumindest nicht mit einem optimalen Selbstwertgefühl in dieses Leben gestartet bist. Vielleicht beschäftigt Dich dieses Thema sogar bis heute?

Genau da liegt dann aber der Hase logischerweise im Pfeffer: Lass uns die Geschichte von oben einfach weiter durchspielen. Hier sind Eltern, die mit ihrem eigenen Leben nicht wirklich zufrieden sind. Sie kritisieren andere, haben dauernd etwas zu nörgeln, kritisieren die Politiker, die Kirche und praktisch jeden anderen Menschen, mit dem sie zu tun haben, wobei noch nicht einmal das ein wichtiges Kriterium ist. Schließlich kann man sogar jemanden kritisieren, den man nicht einmal kennt. Diese Eltern haben ein oder mehrere Kinder, die eben in diesem entsprechenden Umfeld der Unzufriedenheit und der Dauerkritik groß werden. Aus der vielen Kritik und vermutlich auch den gut gemeinten Ratschlägen der Eltern zieht dieses Kind beziehungsweise ziehen diese Kinder ihre Schlüsse und leiten daraus auch ihr eigenes optimales Verhalten ab. Das beinhaltet dann letztlich auch eine bestimmte Art zu leben, die perfekte Berufsausbildung, die richtige Beziehung und nicht zuletzt die perfekte Methode, die eigenen Kinder zu erziehen.

Es wäre logisch, dass ein Kind, das in einer solchen Umgebung aufwächst, beginnt, die Ziele der Eltern auszuleben. Schließlich möchte es eben nicht das Opfer dieser bissigen Kritik werden, es möchte, wie jedes andere Kind auch, von seinen Eltern anerkannt und geliebt werden. Also wird sich dieses Kind nach der Decke strecken, wird aus all der Kritik, die es in seiner Kindheit gehört hat, das vermeintlich optimale Verhalten ableiten. Doch was dieses Kind vermutlich übersieht, ist, dass die Eltern nur deshalb bissige Dauerkritik an sich selbst und anderen geübt haben, weil sie eben mit ihrem eigenen Leben so unzufrieden waren oder sind.

Natürlich würdest Du Dich dann auch klein und ungeliebt fühlen, wenn Du mit Menschen zusammen wärest, die sich selbst klein und ungeliebt fühlen. Wenn dies Deine eigenen Eltern sind, dann kann es eben, wie in

meinem Fall, ein bisschen Zeit in Anspruch nehmen, um die Zusammenhänge wirklich zu durchschauen und zu verstehen, dass Du einfach nur das
Verhalten Deiner Eltern kopiert hast, anstatt es zu hinterfragen.

## Was ist das Lebensgefühl Deiner Eltern?

Das ist mal wieder eine schöne Frage zum Nachdenken bei einer guten Tasse
Cappuccino: Wie haben sich Deine Eltern überwiegend gefühlt? Was war das
dominante Gefühl, in dem Du groß wurdest? Oder, falls Deine Eltern noch am
Leben sind: Wie fühlen sie sich heute die meiste Zeit?

Und welche dieser Gefühle hast Du vielleicht kopiert, übernommen, in Dein
eigenes Leben integriert? Dazu noch einen Hinweis: Diese Gefühle werden sich
für Dich völlig normal anfühlen, so, als wären sie selbstverständlich und würden zum menschlichen Dasein dazugehören. Du darfst Dir also bei einer Tasse
Cappuccino darüber klar werden, dass dies nur kopierte Gefühle sind, und Du
kannst dann beschließen, dass Du sie mit Unterstützung dieses Buches loswerden möchtest. Dein Ziel ist doch sicherlich auch, Dich selbst und auch andere
Menschen wertzuschätzen, zu loben und einfach toll zu finden, oder?

## Auf dem Holzweg

Einen der heftigsten Fälle dieser Art hatte ich vor einigen Jahren: Damals
waren unsere Seminare noch nicht ausgebucht und so gab es die Möglichkeit, dass an den Samstagen Gäste zu Besuch kamen, um unsere Akademie
kennenzulernen. An einem dieser Samstage nahm ein 75-jähriger Herr teil
und bei der abendlichen Abschlussmeditation konnte ich beobachten, wie
ihm die Tränen die Wangen hinunterliefen. Offengestanden war mir das
ein wenig unangenehm; ich mag es nicht, wenn ältere Herren in meinem
Seminar weinen. Nachdem die anderen Teilnehmer gegangen waren, kam
dieser Herr zu mir und wischte sich eine Träne aus dem Gesicht. Er berichtete mir, was in ihm vorgegangen war: „Ich habe mich zum Bauingenieur
ausbilden lassen und zeitlebens für die Firma Siemens gearbeitet. Ich war

sehr erfolgreich, habe sehr viel Geld verdient, und den drei Frauen, mit denen ich (nacheinander) verheiratet war, konnte ich ein wundervolles Leben ermöglichen. Heute in Ihrem Seminar ist mir bewusst geworden, dass dieser Beruf nicht der richtige für mich war, ich habe ihn nie wirklich gemocht. Eigentlich wollte ich als Heiler arbeiten. Ich wusste schon als junger Mann, dass ich heilende Fähigkeiten habe und dass ich diese zum Wohl anderer Menschen einsetzen sollte. Was kann ich heute noch in meinem Alter aus diesen Fähigkeiten machen?"

Du machst Dir keine Vorstellung davon, wie vielen Managern und anerkannten Persönlichkeiten es genauso geht. Sie spielen eine Rolle, schlimmstenfalls zeitlebens, die sie nie wirklich glücklich machen kann, weil es nicht ihr „eigenes" Leben ist. Hier ist die Kehrtwende angesagt, die Besinnung auf Deine eigenen Werte und Ziele. Dieses Buch bringt Dich auf diesem Weg sehr gut voran, wenn Du bereit bist!

## Der Preis war zu hoch

Ein anderer Aspekt ist, dass Du vielleicht deshalb keine Ziele mehr setzen magst, weil Du in der Vergangenheit für die erreichten Ziele einen zu hohen Preis bezahlt hast. Auch das ist in unserer Gesellschaft weit verbreitet! Natürlich beginnt diese Idee an einer ganz entscheidenden Stelle: Die Vorannahme lautet, dass wir Menschen für ein Ziel einen Preis bezahlen müssen. Dieser Glaubenssatz ist absolut weit verbreitet, ja, ich glaube sogar, dass viele Menschen stolz darauf sind, diesen Preis zu bezahlen. „Von nichts kommt nichts!", dieses Sprichwort kennst Du sicherlich auch. Das ist ja zugleich auch eine wundervolle Erklärung dafür, warum manche Menschen eben nichts haben. Die waren einfach nicht bereit, genug zu geben, um das zu bekommen, was sie angeblich haben wollten. Zu faul, zu träge, oder was?

Selbst wenn Du nicht auf solch herablassende Weise über andere Menschen denken solltest, so taucht doch dieses „Preis bezahlen" erschreckend häufig vielleicht auch in Deinem Alltag auf! Es ist ein Satz, der dem einen oder anderen von uns so leicht über die Lippen geht, etwa in Situationen wie „Lass uns heute Abend essen gehen, wir haben es uns verdient!". Ich erwische mich selbst immer wieder mal in Situationen, in denen ich einen solchen Satz zu meiner Frau sage. Ich möchte das nicht, ich möchte „einfach so" mit ihr essen gehen können oder was immer das Ereignis ist, das wir gemeinsam genießen. Ich möchte nicht vorher das Gefühl haben, dass ich einen Preis bezahlen, dass ich Anstrengung leisten muss, um mir dann später etwas gönnen zu dürfen. Diese Hamsterrad-Ethik hat mich ohnehin schon viel zu viele Jahre meines Lebens in ihren Bann gezogen. Ich bin so erzogen worden, meine Eltern haben es mir vorgelebt. „Man muss sich nach der Decke strecken!", das ist ein weiteres Sprichwort in diesem Zusammenhang. Letztlich weisen alle in dieselbe Richtung: Wenn Du nur bereit bist, alles zu geben, dann kannst Du das als Belohnung bekommen, was Du haben möchtest.

## Handelt das Leben von Belohnungen?

Schon wieder so ein Satz zum Reflektieren: Handelt Dein Leben von Belohnungen? Vielleicht denkst Du jetzt gerade: „Was hat er denn nun schon wieder? Es ist doch toll, etwas zu leisten und sich dann dafür etwas gönnen zu können!" Ich sage nicht, dass diese Methode nicht funktioniert. Ich kam vor einigen Wochen im Zusammenhang mit den Recherchen für dieses Buch sogar auf die Idee, dass solche Glaubenssätze vielleicht erst mit der Industrialisierung erfunden wurden. Schließlich wurde damals stärker als jemals zuvor dafür gesorgt, dass Menschen Zeit gegen Geld tauschen. Wenn der Arbeiter also bereit ist, genügend Zeit zu geben (für einen Unternehmer, dem die Fabrik gehört), dann bekommt er dafür eben auch genügend Geld. Wenn der Unternehmer diese Idee in die Köpfe der Arbeiter bekommt, dann werden sie immer dann, wenn sie mehr Geld haben wollen, mehr für ihn arbeiten. Letztlich ein gut ausgeklügeltes System! Trotzdem kann es doch falsch sein. Also hinterfrage es bitte für Dich: An welchen Stellen in Deinem Leben bezahlst Du einen Preis dafür, dass Du hoffst, glaubst oder weißt, dass Du irgendwann in der Zukunft dafür etwas anderes bekommen wirst, nach dem Du Dich so sehr sehnst?

Es sind Menschen, die in diesem Glaubenssystem leben, die sehr häufig feststellen, dass die erreichten Ziele ihnen nicht die Befriedigung geben, die sie sich erhofft hatten. Und genau diese Menschen drehen dann ihr eigenes Modell auf den Kopf und sagen über das erreichte Ziel, dass der Preis dafür zu hoch gewesen sei. Ich möchte Dir also schon an dieser frühen Stelle im Buch eine entscheidende Frage zu diesem Thema stellen: Kann es sein, dass das komplette dahinterliegende Modell der Welt schlicht und ergreifend unsinnig ist? Dass es gar nicht die Art und Weise ist, wie Leben gedacht war, dauernd den einen oder anderen Preis zu bezahlen?

Lass es uns doch einfach mal gedanklich durchspielen. Nehmen wir an, im Leben ginge es darum, dauernd Preise zu bezahlen, um dann Ziele zu erreichen, die Du erreichen möchtest. Dann wäre ein Großteil Deines Lebens davon gekennzeichnet, dass Du in der Phase bist, in der Du wieder einen Preis erarbeitest. Dazu kämen dann die Phasen Deines Lebens, in denen Du den Ertrag hoffentlich genießt. Das Modell ist an sich gar nicht so schlimm, wenn die Phasen in einem guten Verhältnis zueinander stehen. Nehmen wir an, dass Du 10 Prozent Deiner Lebenszeit dafür gibst, die Preise zu erarbeiten, und 90 Prozent Deiner Lebenszeit die Ziele genießen kannst, die Du dadurch erreicht hast. Dann wäre das Verhältnis zwischen Lebensglück und Lebensschmerz eben neun zu eins, eine halbwegs akzeptable Bilanz und vermutlich dramatisch viel besser als das, was die meisten Menschen auf dem Planeten sich gerade zusammenleben. Denn nach meiner Beobachtung ist das Verhältnis nicht neun zu eins, sondern bestenfalls zwei zu acht oder eins zu neun – zumindest bei den meisten Menschen, die ich bei dem beobachte, was sie Leben nennen.

## Hollywood als Vorbild

Letztlich leben die allermeisten Menschen ihr Leben ein wenig auf die Art, wie es in einem Blockbuster aus Hollywood dargestellt wird: Der Held lebt zu Beginn des Films ein an sich ganz normales Leben, so wie Du vielleicht bis zu Deinem 15., 20. oder 25. Lebensjahr. Dann beginnt plötzlich das

Chaos zuzuschlagen, irgendwelche dämonischen Kräfte haben sich gegen den Helden verbündet, das Böse ist überall und es bedroht ihn. Was folgt ist ein Auf und Ab, Gut gegen Böse, Böse gegen Gut, mal ist der eine oben, mal der andere – es zeichnet sich nicht klar ab, wer dieses Drama gewinnen wird. Es gibt Zeiten der Hoffnung und die wechseln sich ab mit Zeiten der tiefen Verzweiflung, aber die ganze Zeit über ist eins klar: Der Held gibt sein Bestes, er zahlt seinen Preis, um das zu meistern, was das Leben ihm an Herausforderungen vor die Füße wirft.

Wenn es sich dann nicht um einen französischen Film handelt, bei dem es gut sein kann, dass der Held stirbt, sondern um einen echten Film aus Hollywood, dann können wir ein Happyend erleben. Strahlend tritt der Held aus den Trümmern hervor; er hat es geschafft und damit hat er die Erlaubnis, zumindest noch wenige Minuten (im richtigen Leben nennen wir das Rente) die Früchte seines Einsatzes zu genießen. James Bond lässt grüßen, auch wenn seine Belohnung nicht die Rente ist, denn so ein strahlender Sieger wird ja wohl nicht in Rente gehen! Trotzdem, das Prinzip der Belohnung dafür, dass ein Preis bezahlt wurde, ist tief in die Gesellschaft eingraviert, zumindest in der westlichen Welt.

## Dein Unterbewusstsein kopiert Strukturen

Ich habe eine These zu diesem Thema: Dein Unterbewusstsein kopiert Strukturen, in diesem Fall die Strukturen, die seit Jahrzehnten von Filmen vorgegeben werden. Denn wenn ich Menschen danach frage, ob sie die Struktur eines guten Hollywood-Films in ihrem Leben wiederfinden können, dann wird es vielen Menschen bewusst, dass sie hier ganz offensichtlich eine Struktur kopiert haben. Natürlich erleben sie die Situation anders; sie sind nicht der Held eines Films, der irgendwie lernt zu überleben und dann am Ende mit viel Glück es eben doch irgendwie schafft. Zumindest nehmen sie sich nicht so wahr. Auch das Thema, mit dem wir oben begonnen haben, dass Menschen einen Preis bezahlen, um in das gelobte Land zu kommen, zieht sich ebenfalls konsequent durch diese Filme.

Unser Sohn hat mir in diesem Zusammenhang erklärt, dass das eben schon mindestens seit den Griechen, Aristoteles lässt grüßen, die herkömmliche Art sei, ein Drama zu gestalten. Fünf Akte und es ist ganz klar vorgegeben, was in welchem zu geschehen hat. Vor einigen Jahren dürfte ich einem Vortrag von Syd Field lauschen, einem Mann, der in seinem Leben an sehr, sehr vielen erfolgreichen Hollywood-Produktionen mitgearbeitet hat und der sich wohl besser als die allermeisten seines Fachs mit den Strukturen eines guten Films auskennt. Es ist genau diese Struktur, die ich oben aufgezeigt habe, die einen Film erfolgreich sein lässt.

Dabei ist noch etwas anderes wichtig: Die meisten von uns folgen diesen Filmen, egal, ob es sich um eine Romanverfilmung, eine neue Episode von James Bond oder um Harry Potter handelt, mit ausgesprochen starken Gefühlen. Aus diesem Grund ist es so wahrscheinlich, dass unser Gehirn die entsprechende Struktur für erstrebenswert hält und sie in unser eigenes Leben überträgt. Sonst hätten wir ja nicht so starke negative oder positive Gefühle empfunden, wenn es uns nicht wichtig gewesen wäre. Ja, in einem guten Film geht es natürlich genau darum, dass ich mich eins mit dem Helden fühle, dass ich mitleide, wenn er leidet, und mittriumphiere, wenn er den gewünschten Erfolg endlich erreicht. Das würde ich nicht tun, wenn dieser Film und dieser Held mir nicht wichtig wären. Meine These ist, dass die allermeisten Menschen, die diesen Filmen ausgesetzt sind, ihr eigenes Leben nach diesem Vorbild gestalten.

## Mein Leben – ein Hollywood-Film

Nimm Dir dieses Thema doch einfach mal mit auf einen kleinen Spaziergang: Kann es sein, dass Dein eigenes Leben durchaus einen respektablen Hollywood-Film abgeben würde? Ich erinnere mich zum Beispiel daran, dass ich manchmal bei meiner Ursprungsfamilie Szenen erlebt habe, die alles in den Schatten stellten, was in solchen Filmen zu dieser Zeit zu sehen war. Da hätten die Zuschauer abgeschaltet und gesagt: „Jetzt haben die vom Fernsehen aber wirklich übertrieben!" Ich vermute, dass es auch in Deiner Familie solche Szenen gegeben hat und vielleicht noch heute gibt. Doch zum Ernst der Lage zurück: Mach

Dir doch einfach mal bewusst, wo Du Dein Leben wie einen Hollywood-Film gestaltest. An welchen Stellen kämpfst Du vielleicht schon seit Jahren um Dein Recht oder zum Beispiel auch um Gerechtigkeit? Und wo zahlst Du einen (vielleicht viel zu hohen) Preis in der Hoffnung, dass Du dadurch eines Tages eine Belohnung erhältst?

## Den Kuchen teilen

Dies bringt uns konsequent weiter zu einem anderen Aspekt, der sehr nah am vorhergehenden liegt: Ganz viele Menschen leben in einem Modell von Welt, in dem es um einen Kuchen geht. Dieser Kuchen ist riesig, um genau zu sein sogar sehr riesig, denn er umfasst die Ressourcen der ganzen Welt. Doch außer der Luft zum Atmen, bei der die allermeisten Menschen davon ausgehen, dass sie auf jeden Fall reicht, selbst wenn sie doppelt so viel atmen würden wie bisher, gibt es im Modell dieser Menschen praktisch keine andere Ressource, die in ausreichender Menge und Qualität für alle Beteiligten zur Verfügung steht. Ob das Geld, Nahrung, Wasser, Arbeitsstellen, liebevolle Beziehungen, Autos, Uhren oder etwas anderes ist, spielt keine Rolle. Klar ist, es gibt einen Kampf um die Verteilung dieser Ressourcen.

Was hat das mit Deinem Leben zu tun? Der Haken an diesem Modell von Welt ist, dass Du davon ausgehst, dass Du in jedem Fall jemand anderem etwas wegnehmen musst, wenn Du es haben möchtest. Hoffentlich gilt das für Dich nicht in Bezug auf die Luft zum Atmen. Zumindest geht es den meisten unserer Teilnehmerinnen und Teilnehmer so, dass sie der festen Überzeugung sind, dass es davon zeitlebens genug gibt, selbst wenn sie ab sofort nur noch joggen und damit ihren Sauerstoffbedarf dramatisch steigern würden. Doch wenn Du feststellst, dass Du in diesem Modell des Mangels gelebt hast, dann kann es gut sein, dass Du niemandem etwas wegnehmen möchtest. Natürlich kenne ich auch genügend Menschen, die für sich ganz klar entschieden haben, dass sie zwar an den Mangel an Ressourcen glauben, aber dass das für sie nur eins bedeutet: Sie müssen einfach schneller, besser als die anderen sein, die Ellenbogen etwas weiter ausfahren und sich von den vorhandenen Ressourcen so viel sichern, wie sie nur können.

Für mich ist es reine Ironie zu beobachten, wie zum Beispiel erfolgreiche Geschäftsleute auf der gesamten Welt und insbesondere in den USA viele Jahre ihres Lebens damit zubringen, ungeheure Mengen an Reichtum aufzuhäufen, dabei die Steuergesetze auf bestmögliche Weise biegen und beugen, billige Arbeitskräfte in der sogenannten Dritten Welt auszubeuten, dass es einfach überhaupt keinen Spaß macht, dabei zuzusehen, dann anschließend die erbeuteten Millionen- oder Milliardenbeträge über Stiftungen an die ausgebeuteten Menschen zurückzuverteilen. Das alles kann natürlich nur passieren, solange die Menschheit davon ausgeht, dass jeder Einzelne nicht alles haben kann, was er haben möchte. Dass es diesen unsäglichen Verteilungskampf gibt, der logischerweise Sieger hervorbringt und eben auch Verlierer.

## Der Darwinismus lässt grüßen

Das Überleben des Stärksten, der sich gegen alle anderen durchsetzen kann, wurde von diesen Menschen zum wichtigsten Lebensmotto überhaupt erkoren. Natürlich kannst Du Dir jetzt die Frage stellen, ob nicht wenigstens dieses Modell der Wahrheit entspricht, weil es doch überall auf dem Planeten zu beobachten ist. Und um es noch einmal ganz platt zu erklären: Wenn es in der Bäckerei, in der Du heute oder morgen einkaufen gehst, ein bestimmtes Brot nur noch einmal gibt und die Dame vor Dir kauft es, dann ist das doch der Beweis dafür, dass die Ressourcen offensichtlich beschränkt sind.

Meine Frau und ich haben das in einer Bäckerei mal durchgespielt, wobei ich genauer sagen muss, dass meine Frau die ausschlaggebende Person in dieser Situation gewesen ist, was ich sehr an ihr bewundere. Die Dame vor uns kaufte tatsächlich das letzte Brot von einer Sorte, an der wir auch interessiert waren. Und in dem Moment, als sie es kaufte, sagte meine Frau: „Oh mein Gott, schau mal, sie kauft uns das letzte Brot vor der Nase weg. Was sollen wir jetzt bloß tun? Jetzt werden wir kein Brot bekommen, das uns schmeckt." Natürlich sagte sie diesen Satz lachend, aber das änderte nichts daran, dass sich die Dame zu uns umdrehte und anbot, uns das Brot zu überlassen. Im Kampf um die knappen Ressourcen zeigte sie Mitleid. ☺ Wir haben ihr das Brot gegönnt, denn schließlich war sie vor uns dran und wir lieben es im Übrigen, immer mal ein neues Brot auszuprobieren, weil es anders schmeckt als alle Brote, die wir sonst typischerweise essen. Abwechslung schafft schließlich immer die Möglichkeit, etwas Neues, Besonderes, Anderes zu entdecken und damit sein Leben auf schöne Weise zu bereichern.

Es stimmt sicherlich, dass der Darwinismus und die im Umfeld der Industrialisierung geschaffenen Glaubenssysteme, die auch von der Kirche bestärkt wurden, den Mangel tief in unserem Glaubenssystem verankert haben. Also darfst Du Dir jetzt die Frage stellen, ob Du Dich aus diesem limitierenden System befreien möchtest. Alles, was Du um Dich herum beobachten kannst, die Natur, das Wasser, die Sterne – überall erlebst Du eine Welt der Fülle, wenn Du nur bereit bist, genau genug hinzuschauen. Und spätestens wenn Du einen eigenen Garten hast, in dem Du im Herbst die Blätter zusammenfegen darfst, dann weißt Du, dass das Prinzip der Natur die Fülle ist. Kein einziger Baum auf diesem Planeten stellt sich im Frühjahr die Frage, mit wie vielen Blättern er in diesem Jahr auskommen wird, soll oder sollte. Und offensichtlich scheint auch die Kraft, die die Sterne am Himmel entstehen lassen kann, kein Problem damit zu haben, Sterne und Planeten in einem wilden Überfluss zu erzeugen. Der Nachthimmel, den man etwa in der Wüste erleben kann, bestätigt auf eine lebensverändernde Weise dieses Prinzip des Überflusses.

## Das Beispiel Milchstraße

Bis heute ist für mich das eindrücklichste Beispiel dabei die Milchstraße. Wie Du vermutlich weißt, leben wir am Rande dieses Sternensystems. Selbst in der Milchstraße ist unser Sonnensystem mit unserer kleinen Sonne und der noch viel kleineren Erde ein ganz kleiner Fleck, scheinbar unbedeutend, zumindest wenn man von seiner Größe ausgeht. Ohne es jemals in der Schulzeit wirklich gelernt zu haben, wusste ich bereits, dass es innerhalb dieser Milchstraße zigtausende Planetensysteme wie unseres gibt – in der Milchstraße! Wir haben heute zumindest mit Raumschiffen keine Möglichkeit, auch nur in dieser Milchstraße nennenswert umherzureisen, geschweige denn ans andere Ende der Milchstraße zu fliegen. Wir können noch nicht einmal absehen, dass das irgendwann einmal mit der Technologie möglich sein wird, die Menschen entwickeln.

So erreichte mich dann eines Tages die Information, dass es da draußen Hundert Millionen von Milchstraßen gibt. Diese Zahl darfst Du Dir einfach mal auf der Zunge zergehen lassen, Hundert von Millionen. Andere Quellen sprechen sogar von Milliarden von Milchstraßen. Also ist das, was für mich als kleiner Mensch auf dem Planeten Erde schon unfassbar ist, die Milchstraße, da draußen noch quasi unendlich viel öfter vorhanden. Wenn wir das auf die Anzahl der Sonnen oder gar auf die Anzahl der Planeten umrechnen, dann werden Zahlen genannt, die ich kaum mehr benennen kann. Das alles ist einfach unfassbar. Und das bedeutet für mich, dass es da draußen eine Macht geben muss, deren Prinzip die absolute Fülle, der Überfluss ist. Vielleicht ist es also doch nur ein Märchen, das uns auf der Erde aufgetischt wurde, dass es einen Mangel gibt, den wir verwalten und verteilen müssen?

### Mach den Mangel noch einmal konkret!

Wo glaubst Du an den Mangel? In welchem Deiner Lebensbereiche hat er sich vielleicht konkret manifestiert? Welche Ziele hast Du vielleicht in Deiner Vergangenheit gar nicht anstreben wollen, weil Du niemandem etwas wegnehmen möchtest?

## Immer nur das Neueste

Ich habe das Thema bei mir persönlich ganz konkret in Bezug auf Smartphones kennenlernen dürfen. Ich erinnere mich noch an die Zeit, als das erste iPhone auf den Markt kam. Da ich mich für Technik sehr begeisterte, hat mich auch dieses Produkt sofort in seinen Bann gezogen. Von da an ging es immer weiter, jedes neue Modell wollte ich so schnell wie möglich besitzen, zumindest bis zum iPhone 4 blieb das so. Ich hatte dauernd das Gefühl, hintenan zu sein, nicht wirklich das Beste zu haben – der Mangel war allgegenwärtig. Dann hat sich dieses Gefühl verändert, vielleicht nicht wirklich über Nacht, aber inzwischen geht es mir in Bezug auf Smartphones und viele andere Produkte auch vollkommen anders. Mich interessiert nicht mehr so sehr, ob ich das neueste Samsung S7, S8 oder S9 habe. Ich muss auch nicht mehr der Erste sein, der es kauft und benutzt. Der Überfluss an Smartphones ist so allgegenwärtig, dass ich ganz viele Menschen dabei beobachte, wie es ihnen plötzlich nicht mehr so wichtig ist. Für mich ist das ein sehr schönes Beispiel dafür, wie wir den Überfluss um uns herum erleben können und wie er dann unser Gefühl verändert. Sicher kennst Du auch einige Lebensbereiche, in denen Du dieses absolute Gefühl von Überfluss, von „genug" nachvollziehen kannst. Was wäre, wenn Du dieses wunderschöne, zufriedene Gefühl in allen wesentlichen Lebensbereichen Deines Lebens haben könntest?

### Wo erlebst Du schon den Überfluss?

Also kannst Du jetzt bei einer guten Tasse Kaffee einfach mal die Bereiche Deines Lebens sammeln, in denen Du diesen Überfluss schon einmal erlebt und vor allen Dingen auch gefühlt hast. Wovon hast Du mehr als genug? Und bitte achte darauf, dass dies positive Dinge sind, nicht die Ameisen in Deinem Garten, die Dich vielleicht jeden Sommer nerven! Nein, wähle positive Beispiele, nimm die Dinge in Deinem Leben, die wirklich ausreichend zur Verfügung stehen.

Noch ein Gedanke dazu: In einer Zeit, als es meiner Frau und mir finanziell ziemlich schlecht ging, habe ich gezielt in einigen wenigen Lebensbereichen den gewünschten Überfluss hergestellt. So kaufte ich zum Beispiel anstelle von einer Rolle Frischhaltefolie drei Rollen, von denen ich zwei in unseren Vorratsraum legte. Immer wenn ich dann in unseren Vorratsraum ging, konnte ich den Überfluss erleben, sehen, fühlen. Einige Zeit später kaufte ich mir dann auf einer USA-Reise Tennissocken im Überfluss, die zu einem wirklich erschwinglichen Preis angeboten wurden. So hatte ich plötzlich mehr als genug Socken in der entsprechenden Schublade unseres Kleiderschranks. Und wenn ich morgens die Schublade öffnete, konnte ich wiederum den Überfluss am eigenen Leib erfahren. So habe ich im Lauf der Zeit immer mehr Lebensbereiche gezielt aufgebaut, die mir wirklich ganz konkret und jeden Tag das Gefühl geben, dass ich mehr als genug habe. Was für ein wunderschönes Gefühl! Bist Du jetzt schon bereit, darüber nachzudenken, in welchen Lebensbereichen Du Dir jetzt das Gefühl von Fülle und Überfluss erschaffen möchtest? Wo kannst Du annähernd unabhängig von Deinen finanziellen Ressourcen (Beispiel Frischhaltefolie) den Überfluss für Dich konkret positiv erlebbar machen?

## Willst Du auch immer mehr?

Würdest Du dann den Antrieb verlieren, wenn Du von allem mehr als genug hättest? Natürlich kann das eine berechtigte Angst sein. Denn das Vermeiden von Mangel und der unbedingte Wille, immer wieder etwas Neues zu sein, zu erleben oder zu besitzen, schneller, höher, weiter, auch und gerade in Bezug auf den Konsum – dieses Thema kann einen zeitlebens dazu bringen, immer noch etwas mehr zu arbeiten, etwas mehr Geld zu verdienen und damit noch mehr Möglichkeiten zu haben. Bis sich das Ganze umdreht und Du entdeckst, dass der Überfluss das natürliche Prinzip des Universums ist und dass Du den Überfluss auch in Deinem eigenen Leben überall beobachten kannst. Es ist viel zu früh in diesem Buch, als dass ich Dich jetzt schon mit dem Gedanken beschäftigen möchte, dass wir alle in absehbarer Zeit dieses Gefühl des Überflusses und der Leichtigkeit in jedem Bereich unseres Lebens haben können. Doch vielleicht bist Du jetzt schon bereit, zumindest einmal kurz darüber nachzudenken, wie schön es wäre, wenn das eines Tages die Wahrheit auf diesem Planeten sein würde.

## Doch da sind wir noch nicht

Doch an diesem Punkt sind wir noch nicht angelangt, noch bestimmt der Mangel das Leben der allermeisten Menschen auf diesem Planeten und er scheint fast davon unabhängig zu sein, über welche Ressourcen die Menschen verfügen. Selbst in unserer Gesellschaft, in der wir praktisch überall mit einer unglaublichen Fülle konfrontiert sind, ist der Mangel für viele das beherrschende Gefühl. Falls dann zum Beispiel genügend Geld und Ressourcen vorhanden sind, übertragen diese Menschen das Gefühl des Mangels auf andere Lebensbereiche. Zu wenig Zeit, zu wenige Freunde, zu wenig Liebe in der Partnerschaft, zu wenig Anerkennung, zu wenig Sportlichkeit, zu wenig Flexibilität – das Prinzip des Mangels scheint unabhängig von den konkreten Lebensumständen erlebbar zu sein.

Es erscheint wichtig, dass Du jetzt wie wir alle anfängst, diesen Mangel in Deinem Leben zu überwinden. Eine Möglichkeit wäre, dass Du einfach von allem mehr als genug hättest. Doch ich hoffe, dass Du verstanden hast, dass dies keine Lösung ist. Das Mangelgefühl ist ein Mindset, ist eine Art und Weise zu denken, und Du darfst diese Art und Weise zu denken jetzt verändern. Es ist also nicht davon abhängig, wie viel Du besitzt, denn es gibt auch sehr viele reiche Menschen, die in anderen Lebensbereichen große Mangelgefühle haben. Für Menschen in den Industrienationen heißt meiner Meinung nach die Aufgabe, die Mangelgefühle zu überwinden, unabhängig davon, wo sie im Moment stehen.

Um es noch mal deutlich zu sagen: Es ist definitiv ein Weg, die eigenen Mangelgefühle zu überwinden, indem Du in dem einen oder anderen Lebensbereich ein Gefühl von Fülle entwickelst. Das ist auch deshalb wichtig, damit Du überhaupt weißt, wie sich diese Fülle anfühlt. Vielleicht ging es Dir als Kind so wie mir; ich kannte damals nur das Gefühl von genug: genug Essen, genug Zeit, genug Spielzeuge, genug neue Ideen, genug Freunde – alles war in ausreichender Fülle vorhanden. Doch wenn Du vielleicht seit vielen Jahren nicht mehr dieses Gefühl gehabt hast und Dich im Moment auch noch nicht wieder daran erinnerst, dann kann es eben hilfreich sein, dass Du, so wie in dem oben genannten Beispiel mit der Frischhaltefolie oder den Tennissocken, gezielt in einem Lebensbereich diese Fülle herstellt. Wenn Du Dich dann immer mal wieder am Tag und in Bezug auf dieses eine Thema in das Gefühl des Überflusses begibst, wenn Du abends den Sternenhimmel anschaust, Dir bewusst machst, wie unendlich groß dieses Universum ist, dann wirst Du feststellen, dass sich das Gefühl, ausreichend viel zu haben, mehr und mehr in Deinem Leben ausbreitet. Das ist ein wundervolles Gefühl!

## Den Mangel beseitigen

Eine weitere Möglichkeit, Gefühle des Mangels Schritt für Schritt aus Deinem Leben zu vertreiben, ist das konkrete Handeln. Nehmen wir an, Du möchtest mehr Freunde haben. Vielleicht bist Du in eine neue Stadt gezogen oder hast Dich in der Vergangenheit eben nicht so verhalten, dass Du heute viele Freunde hast. Das ist nicht schlimm, sondern nur ein Feedback bezüglich Deines früheren Verhaltens. Wenn Du also jetzt entscheidest, das Mangelgefühl in diesem Bereich zu überwinden, dann darfst Du Dein Verhalten verändern. Du könntest zum Beispiel gezielt zu Veranstaltungen gehen, bei denen sich Menschen treffen, zum Beispiel Menschen, die ähnliche Interessen wie Du selbst haben. Das hängt natürlich von Deinen Hobbies ab, aber ich bin mir sicher, dass Du etwas Passendes findest, wenn Du nur wirklich möchtest. Ebenso gut könntest Du eine Sportart wählen, in der ein Team zusammenarbeiten muss, um das gewünschte Ergebnis zu erreichen, oder Du spielst diesen Sport aus Spaß, zum Beispiel so etwas wie Volleyball, Basketball oder eine andere Mannschaftssportart.

Falls Du Kinder hast, die in die Schule gehen, dann könntest Du zum Beispiel mit anderen Eltern den Kontakt suchen und auf diese Weise Freunde finden. Entscheidend an dieser Idee ist, dass Du durch Deine Handlung und Dein Verhalten das Gefühl des Mangels überwinden kannst. Es spielt dann keine Rolle mehr, wie viel Geld Du hast oder welche Gegenstände Du besitzt, Dein Verhalten ist in diesem Bereich der ausschlaggebende Punkt, um die Mangelgefühle verschwinden zu lassen. Denn sobald Du dann von Deinen Vereinskameraden, Mitspielern oder Miteltern zu dem einen oder anderen Termin eingeladen wirst, wird Dir bewusst, wie beliebt Du schon bist. Und je mehr Dir das bewusst wird, desto mehr Freunde findest Du. Am besten setze Dich also jetzt gleich hin und überlege Dir, in welchen Mangellebensbereichen Du durch konkrete Handlungen und eine Änderung Deines Verhaltens dauerhaft ein neues Gefühl erreichen kannst.

 **Handele und beseitige so den Mangel!**

Um den Mangel zu überwinden und Dein Denken nachhaltig zu verändern, ist es wichtig, dass Du konkrete Schritte einleitest. Das ist ein schönes Thema für einen Spaziergang oder den Besuch in einem Café: In welchem Lebensbereich kannst Du durch welche gezielte Handlung dem Mangel entgegenwirken und ihn vielleicht sogar komplett beseitigen?

Denke übrigens bitte auch an die Lebensbereiche, in denen Du vielleicht ein Mangel an freier Zeit manifestiert hast. Insbesondere bei diesem Thema hilft konkretes Handeln, etwa das Setzen und Einhalten von Terminen, ein neues Zeitmanagement oder eine neue Einteilung Deines Alltags sehr schnell, das Gefühl von Mangel zu verändern. Lerne mit all diesen Maßnahmen in kurzer Zeit, dass Du wirklich die Schöpferin oder der Schöpfer Deines Lebens bist und übernimm die Verantwortung!

## Es fühlt sich nicht gut an

Eines der wichtigsten weiteren Themen, warum Menschen sich keine Ziele (mehr) setzen, ist dies: Sie haben die Erfahrung gemacht, dass ihnen dieses Ziel keinen Spaß machte, als sie es erreicht hatten. Das ist in unserer Gesellschaft weiter verbreitet, als Du Dir vielleicht jetzt vorstellen kannst. Der Weg dorthin funktioniert ungefähr so: Jemand setzt sich ein Ziel, oft ist es ein ambitioniertes Ziel, dieser Mensch möchte wirklich etwas Großartiges erreichen. Das kann eine tolle Karriere sein, der Wunsch, wirklich viel Geld zu verdienen, ein Haus zu besitzen oder gleich ganz viele und Mietwohnungen dazu. So ein Ziel in der Kategorie von wirklich groß.

Nun arbeitet dieser Mensch hart und konsequent über viele Jahre hinweg daran, dieses Ziel wahr zu machen. Er macht auch tägliche Visualisierungsübungen, denn das haben diese Menschen meist früh in ihrem Leben gelernt. Er versetzt sich täglich in die erwünschte Situation, auch um sich immer wieder zu motivieren, weil er spürt, dass er nur mit absoluter Disziplin und Härte dieses riesige Ziel erreichen kann. Dann, viele Jahre später, kommt dieser Mensch am gewünschten Ziel an und stellt frustriert fest, dass das Ziel an sich, all der Reichtum, vielleicht auch der Ruhm und die Anerkennung der anderen Menschen, ihm nicht so viel Freude bereitet, wie er seinerzeit gedacht hatte.

Du machst Dir keine Vorstellung davon, wie viele Menschen in unseren Seminaren genau dieses Problem haben! Und wenn wir dann davon sprechen, wie wichtig es ist, sich Lebensziele zu setzen, dann sind das die ersten Teilnehmer, die in der Pause zu mir kommen. Sie beschweren sich darüber, dass das ja wohl nicht sein könne. Schließlich hätten sie im Leben alles erreicht, von dem andere Menschen nur träumen können. Und es stimme einfach nicht, dass solche Ziele einen dann wirklich glücklich machen würden.

## Auf die harte Tour

Die Cappuccino-Strategie richtet sich auch an Menschen, die genau dieses Problem haben oder hatten. Meine These ist nämlich, dass diese Menschen nicht deshalb von dem Ziel enttäuscht wurden, weil es das falsche Ziel war. Ich gehe vielmehr davon aus, dass sie so unendlich enttäuscht sind, weil sie so hart für das Ziel gearbeitet haben. Es ist ihnen, wie das Sprichwort schon sagt, nicht in den Schoß gefallen. Und ich gehe davon aus, dass diese Menschen unterbewusst sauer sind auf das Ziel und das erreichte Ergebnis, weil es ihnen eben so viel abverlangt hat. Deswegen freuen sie sich auch nicht, obwohl sie das erreicht haben, was vielleicht viele andere Menschen als absolut erstrebenswert bezeichnen würden. Vielleicht kennst Du sogar persönlich Menschen, denen es genauso geht?

Falls das so ist, dann darfst Du aufpassen. Denn die Schwierigkeit ist die, dass wir anderen von diesen Menschen hören und dann davon ausgehen, dass Geld, Ruhm und Ehre doch nicht so glücklich machen, wie wir immer gedacht haben. „Schau Dir an, die haben alles und sind auch nicht glücklicher als wir!", so wird dann von anderen oft über diese Menschen geredet. Hier wird also mehr als ein Kind mit der Badewanne ausgeschüttet. Lass mich das konkret machen: Ich stelle die Methode infrage, mit der diese Menschen ihre Ziele erreicht haben! Die Cappuccino-Strategie handelt eben genau davon, dass auch Du lernen kannst, jedes Ziel, so groß es auch sein mag, auf sanfte, liebevolle und leichte Weise zu erreichen. Und wenn Dir ein Ziel nicht viel abverlangt, dann bist Du natürlich auch glücklich, sobald Du das Ziel erreicht hast. Es war ja nicht schwierig, weil Du gelernt hast, wie Ziele zu setzen und zu erreichen wirklich funktioniert.

Falls Du also zu den Menschen gehörst, die in der Vergangenheit Ziele mit harter Arbeit, Kampf und Ellenbogendenken erreicht haben, dann sei in diesem Buch besonders aufmerksam. Es kann sein, dass Du am Anfang meine Methoden nicht magst und nicht daran glaubst, dass Du mit der Cappuccino-Strategie wirklich alles erreichen kannst. Doch ich vermute auch, dass Du flexibel genug bist, um eine neue Methode zu lernen. Zum einen hättest Du sonst dieses Buch jetzt nicht in Deiner Hand und würdest an dieser Stelle lesen, zum anderen bist Du dann offensichtlich ein Mensch, der Ziele erreichen kann, indem er sich persönlich verändert. Darum geht es in diesem Buch: Du veränderst Dich und durch Dein verändertes Verhalten erreichst Du Ziele auf neue Art und Weise.

## Dann doch lieber nicht

Diese und ähnliche Erfahrungen können also dafür sorgen, dass ein Mensch sich einfach keine Ziele mehr setzen möchte. Es gibt noch andere Erfahrungen im Umgang mit Zielen, die diese Enttäuschung auslösen können. So kenne ich zum Beispiel einen Mann, der für sein Leben gerne einen Porsche 911 fahren und sein Eigen nennen möchte. Er liebt dieses Auto, er findet das Design perfekt, das Fahrgefühl, und wann immer er einen Porsche auf der Straße fahren sieht, dreht er sich nach diesem Wagen um. Vor eineinhalb Jahren hat er sich zwei Eigentumswohnungen in Hamburg gekauft, als Geldanlage, versteht sich. Dafür musste er sogar Kredite aufnehmen, die er in den nächsten 20 Jahren abbezahlen wird. In diesen Eigentumswohnungen leben andere Menschen, ja, er hat sogar eine Menge Aufwand betrieben, um für diese fremden Menschen die Wohnungen herzurichten. Die Böden mussten gemacht werden und die Bäder wurden erneuert.

Wenn man den reinen Geldbetrag sieht, hätte er sich anstelle einer der beiden Wohnungen auch einen schönen Porsche 911 kaufen können. Dieses Auto hätte ihn jeden Tag begeistert, wann immer er damit gefahren wäre. Als ich mit ihm über diese Idee sprach, konnte ich seine Augen mal wieder leuchten sehen, er war absolut begeistert davon. Wenn er stattdessen von seinen Wohnungen spricht, haben seine Augen noch nie geleuchtet. Natürlich ist es bestimmt vernünftig, sich zwei Eigentumswohnungen zu kaufen und diese zu finanzieren, gerade in einer Zeit, in der die Zinsen so günstig sind wie noch nie. Falls eines Tages schlechte Zeiten kommen, so der Plan dieses Mannes, wird er seinen Mietern kündigen und selbst in eine dieser Zwei-Zimmer-Wohnungen einziehen. Er mag es zwar nicht, aber er hat auf jeden Fall schon mal diesen Notfallplan für die schlechten Zeiten.

## Eine andere Idee

Dabei ist sein Traum vollkommen klar: Er würde gerne einen Porsche 911 fahren. Aber das lässt sich natürlich aufschieben bis zu dem Zeitpunkt, an dem er vielleicht in Rente geht, wenn die Lebensversicherung ausgeschüttet wird, wenn er von seinen Eltern Geld erbt oder ein anderer glücklicher Umstand eintritt, der ihm so viel Geld beschert, dass er sich eben diesen Porsche kaufen kann.

Zufälligerweise hat derselbe Mann mir von seinem Schwiegervater berichtet: Dieser hat zeitlebens als Handwerker hart gearbeitet und es weit gebracht, ein Einfamilienhaus mit großem Grundstück und nach dem Verkauf seines Mehrfamilienhauses hatte er über eine Million Euro auf seinem Konto. Das war für ihn der perfekte Zeitpunkt, um einen lang gehegten Traum wahr zu machen: Er ging zum Porsche-Händler, um sich einen Porsche Macan zu bestellen. Zwar hätte er auf dieses Traumauto noch mindestens sechs Monate warten müssen, weil diese Fahrzeuge extrem begehrt sind, aber gehindert am Kauf hat ihn etwas anderes: Er hätte über 70.000 Euro für dieses Auto ausgeben müssen. Das war natürlich viel mehr, als er jemals für ein Auto bezahlt hat. Plötzlich spielte es keine Rolle mehr, dass er über eine Million Euro auf seinem Konto hatte. Er konnte sich nicht einmal vorstellen, so viel Geld für ein Auto zu bezahlen. Er war es sich nicht wert, denn er hatte sich noch nie in seinem Leben etwas so Großes und Teures gegönnt.

Das Fazit war schnell gefunden: Er kaufte sich einen Audi Q3, der glücklicherweise aufgrund des kleinen Motors und der schlechten Innenausstattung zu einem ausgesprochen günstigen Preis von knapp über 30.000 Euro beim Händler an der Ecke angeboten wurde. Leider gab es einen kleinen Nachteil: Wenige Tage nach dem Kauf des neuen Fahrzeugs wurde diesem Herrn von seinem Internisten mitgeteilt, dass er aufgrund seines gesundheitlichen Zustandes nicht mehr Auto fahren dürfe. Er habe seinen Führerschein zurückzugeben, denn das Steuern eines Autos sei nicht mehr zu verantworten.

Meine Frau und ich nennen dieses Verhalten im Seminarkontext das Erst-wenn-Spiel. Dieser Ausdruck stammt aus der Binsenweisheit „Erst wenn der Hund tot ist und die Kinder aus dem Haus sind, beginnt das richtige Leben." Dieses Erst-wenn-Spiel beschäftigt die meisten Menschen ein Leben lang; sie warten immer auf den perfekten Zeitpunkt, auf das Geld, die richtigen Umstände oder was auch immer. Natürlich ist dieses Beispiel traurig, denn dieser Mann hat sein Leben lang für das viele Geld gearbeitet, um sich dann endlich wirklich etwas leisten zu können, was er sicher auch verdient hat. Aber es fehlte ihm an der Übung, sich etwas zu gönnen. Denn wer sich nie etwas gönnt, der wird das auch im Alter von 70 nicht mehr mal eben so hinbekommen. Zumindest ist dies meine Beobachtung.

### Wo spielst Du das Erst-wenn-Spiel?

Wenn Du mal Zeit hast, dann kannst Du Dir diesen Effekt ja auch einmal in Deinem eigenen Leben bewusst machen: Wo wartest Du auf bessere Zeiten oder darauf, dass die Kinder aus dem Haus sind, dass Deine Partnerin oder Dein Partner sich verändert, dass Dein Hund oder Deine Katze ein neues Zuhause gefunden hat – kurz, was würdest Du am liebsten heute schon erleben, schiebst aber Geld, Zeit oder einen anderen beliebigen Grund vor, weshalb Du das noch nicht machen kannst?

Das ist ein schöner Punkt der persönlichen Veränderung: Ab heute kannst Du Dir gezielt die Frage stellen, wie Du das vielleicht doch schon früher wahr machen kannst, welchen Weg es geben könnte, dass Dein Traum in Erfüllung geht. Vielleicht, und das kann sein, nicht ganz so perfekt, wie Du es Dir erträumt hast. Aber auf jeden Fall ist es besser, heute mit der Umsetzung zu beginnen, als den Rest Deines Lebens zu warten!

## Er hat noch nicht gelernt

Hat der jüngere Mann mit dem Porsche-Wunsch vom Verhalten seines Schwiegervaters gelernt? Nein, bisher nicht, zumindest soweit ich es beurteilen kann. Wir haben uns dann noch etwas intensiver darüber unterhalten, warum er sich bisher keinen Porsche 911 gekauft hat. Ich fand dabei heraus, dass er sich früher einmal ein solches Fahrzeug gegönnt hatte und zwar in einer besonders sportlichen Version. Schon als junger Mann war er also Porsche gefahren und er hatte es wirklich genossen, einmal mehr leuchteten seine Augen, als er mir davon erzählte. Er berichtete dann auch, dass er in dieser Zeit oft zu schnell gefahren war, Geschwindigkeitsbeschränkungen übertreten hatte und das eine oder andere Knöllchen bezahlen musste. Das war inzwischen für ihn der wichtigste Grund, sich keinen

Porsche mehr zu kaufen, weil er befürchtete, dass er wieder zu schnell damit fahren würde.

Also war früher einmal etwas mit seinem Traum schiefgegangen oder hatte nicht genau so funktioniert, wie er es sich vorgestellt hatte. Das ist weiterer wichtiger Grund für viele Menschen, die eigenen Ziele und Träume zu beerdigen. Doch nur weil früher mal etwas nicht funktioniert hat, heißt das doch nicht, dass es niemals für Dich funktionieren kann! Es geht dabei natürlich nur um solche Themen, denen Du wirklich nachtrauerst, also die Dir wirklich wichtig sind in Deinem Leben, so wie der Porsche 911 diesem Mann wichtig ist. Er würde am liebsten immer noch ein solches Auto fahren!

 ## Welchen Wunsch hast Du beerdigt?

Hier ist also einmal mehr ein schönes Gedankenspiel, das Du bei einer Tasse Cappuccino spielen kannst: Welchen Deiner Wünsche hast Du vielleicht irgendwann mal in diesem Leben beerdigt, weil Du einfach nicht daran glaubtest, dass er wahr werden könnte?

Das können auch völlig abgedrehte Sachen sein, die Dir jetzt einfallen: Vielleicht wolltest Du immer schon mal mit einem Rucksack durch die Welt reisen? Vielleicht wolltest Du mal eine Zeit lang auf einer einsamen Insel leben? Eine unserer Teilnehmerinnen hat davon geträumt, mal eine ganze Nacht alleine in einem Kaufhaus zu sein. Ein verrückter Traum? Vielleicht ja, aber vielleicht auch einfach etwas, das sich mit ein bisschen Aufwand und Recherche verwirklichen lässt. Vielleicht gibt es da draußen einen Kaufhausbesitzer, der ihr diesen Wunsch erfüllt? Sie müsste ihn halt fragen.

Wir wissen aus dem Feedback unserer Teilnehmer, aus Hunderten von persönlichen Berichten, dass auch verrückte, seltsame, ungewöhnliche Wünsche sehr wohl wahr werden. Du kannst Dir leicht vorstellen, dass unsere Teilnehmer anfangen, ihre Träume zu leben. Wir haben sogar ein ganzes Buch darüber geschrieben, in dem die Teilnehmer berichten, was alles in ihrem Leben wahr geworden ist, wovon sie vorher kaum zu träumen gewagt haben. „Ein Traum wird wahr!" – so heißt dieses Buch. Alle Berichte darin stammen von Menschen, die genau das getan haben, worum es in der Übung oben geht: Sie haben einfach nur darüber nachgedacht, was sie immer schon mal tun, erleben, machen wollten, und haben es dann konsequent Schritt für Schritt Realität werden lassen. Für mich ist das Erstaunliche daran, dass diese Menschen sehr, sehr oft unterstützt wurden auf eine Weise, mit der sie vorher nie gerechnet hätten. Das ist also ein weiterer Grund, warum es hilfreich sein kann, endlich wieder zu träumen.

## Das Träumen abgewöhnt

Was Dich vielleicht auch abhalten kann wieder zu träumen, sind Sprichwörter wie dieses: „Träume sind Schäume." Vielleicht hast Du solche Sprichwörter in Deiner Kindheit gehört oder bei einer anderen Gelegenheit aufgeschnappt. Es kann also ganz wichtig für Dich sein, Dich einmal grundsätzlich mit dem Thema Träumen und Wünschen zu beschäftigen, denn genau dann findest Du heraus, was Du darüber wirklich denkst. Immerhin haftet den „Träumern" in unserer Gesellschaft so ein bisschen das Verspielte an, das Unrealistische, so, als seien sie einfach in einer anderen Welt unterwegs und stünden nicht wirklich mit beiden Füßen auf der Erde. Und damit könne man solche Menschen nicht richtig ernst nehmen.

„Man kann nicht alles haben!", auch das ist ein solches Sprichwort, das Du vielleicht gehört hast. Gerade in der Kindererziehung wird dieses Sprichwort gerne herbeigezogen, wenn Eltern das Gefühl haben, dass sie bei den vielen Wünschen der Kinder gar nicht nachkommen können. Und doch scheint es so zu sein, dass wir Menschen eine Tendenz haben, wirklich viel haben zu wollen. Es muss nicht um Geld, Schmuck, Kleidungsstücke oder Wohnungen gehen, also nicht um etwas Konkretes. Ich glaube, dass es in uns Menschen einen ganz natürlichen Antrieb gibt, nach dem „höher, schneller, weiter" zu streben; es scheint sozusagen in der menschlichen Natur zu liegen.

Erstaunlich ist für mich, dass vor allen Dingen kleinere Kinder und auch viele junge Menschen noch wissen, was sie für große Ziele haben. Ein weiterer Grund, warum ich bereits davon gesprochen habe, dass meine Arbeit im Wesentlichen daraus besteht, Menschen wieder an ihrer Träume zu erinnern und damit an ihre Fähigkeit, Träume wahr werden zu lassen. Es gibt Untersuchungen dazu, dass Kinder im Alter von bis zu zehn Jahren noch sehr genau sagen können, was ihr persönlicher Lebensplan ist, warum sie auf dem Planeten sind, was sie hier tun und was ihre Absicht war und ist. In einer solchen Untersuchung wurden dieselben Kinder Jahre später wiederum befragt, ob sie sich daran erinnern, warum sie hier sind. Sie konnten es nicht mehr sagen, sie erinnerten sich nicht mehr. Kann es vielleicht sein, dass das für jeden von uns gilt? Das Leben mit unseren Eltern, Lehrern und anderen Vorbildern hat vielleicht einfach nur dafür gesorgt, dass wir unsere Träume, Wünsche und Ziele vergessen, vielleicht sogar verdrängt haben.

Vielleicht träumst Du einfach nur deshalb nicht mehr, weil Du aufgegeben hast? Denn wie bei den meisten Menschen mag es auch bei Dir so sein, dass sogar wichtige Träume nicht in Erfüllung gegangen sind. Das ist natürlich eines der schlimmsten Dinge, die einem Menschen passieren können. Insbesondere Kinder träumen ja zum Teil von riesigen Dingen, Häusern, Autos, großen Unternehmen oder was auch immer; sie scheinen ihren Drang, ihre Zukunft zu erträumen, kaum zu bremsen. Doch was passiert dann, wenn diese Träume niemals wahr geworden sind?

 ### Was würdest Du Dir sehnlichst wünschen?

Nimm Dir doch mal eine kleine Auszeit, setz Dich in Ruhe hin, nimm ein Blatt Papier und einen Stift zur Hand und mach Dir bewusst, was Deine sehnlichsten Träume, Wünsche und Ziele waren und sind. Hier geht es natürlich insbesondere um die, die nicht in Erfüllung gegangen sind. Vielleicht wirst Du jetzt wie die allermeisten Menschen feststellen, dass es im Laufe der Jahre immer um dieselben Themen gegangen ist, dass auch Du bei Deinen Wünschen, Träumen und Zielen sehr konstant dieselben Dinge haben möchtest. Ist es nicht erstaunlich?

Viele Menschen haben zeitlebens dieselben Themen, sei es Geld- oder Zeitmangel, Streitigkeiten in der Familie oder mit den Nachbarn. Es ist erstaunlich. Und auch die daraus resultierenden Ziele bleiben immer dieselben, sie wollen mehr Geld, mehr Zeit oder mehr von was auch immer. Nur ein Fortschritt lässt sich nicht beobachten, meiner Meinung nach deshalb, weil sie sich nicht auf die aus den ständig gleichen Problemen resultierenden Ziele und Lösungen konzentrieren. Du findest jetzt Deine Themen und dann fokussierst Du Dich mit Hilfe der Cappuccino-Strategie auf die Lösungen und die Ziele, die Du Dir setzt. Was sind also Deine Themen, die immer wieder auftreten? Und welche Ziele hast Du bisher schon daraus gefunden oder Du findest sie jetzt?

Viele Menschen gehen ja einfach davon aus, dass jeder diese Wünsche hat, dass zum Beispiel, um bei einem simplen Thema zu bleiben, jeder reich sein will oder jeder in einer liebevollen Beziehung leben möchte. Aber das stimmt nicht. Wenn man etwas genauer hinsieht, dann haben wir Menschen doch unterschiedliche Wünsche. Zum Teil unterscheiden die sich nur in Nuancen, und zum Teil sind sie fundamental unterschiedlich. Das ist eine erstaunliche Erfahrung, finde ich, sich bewusst zu machen, dass meine eigenen Träume etwas Individuelles, etwas Besonderes haben. Vielleicht stimmt es nämlich, dass ich auch mit meinen Träumen, Wünschen und Zielen dieser Welt etwas Besonderes geben kann, eine einzigartige Perspektive, die kein Mensch je vor mir gehabt hat und kein Mensch je nach mir haben wird.

## Der Umgang mit geplatzten Träumen

Logischerweise sind wir Menschen frustriert, wenn wir nicht das bekommen oder die Umstände in unser Leben ziehen können, die wir haben möchten. Natürlich ist das auch für viele Menschen ein wichtiger Grund, überhaupt nicht mehr zu träumen, denn wenn Du nicht träumst, dann kannst Du ja auch nicht enttäuscht werden. Ich beobachte viele Menschen dabei, dass sie ihre Träume dann als nicht so wichtig ansehen. Oder sie spielen die Bedeutung gezielt herunter, nach dem Motto: „Ach, das brauche ich gar nicht, das ist mir nicht so wichtig." Hier komme ich natürlich an eine ganz zentrale Stelle in Bezug auf die Frage, welche Rolle Ziele in Deinem Leben spielen. Ist es wichtig, dass Deine Träume wahr werden?

Die eine Position zu diesem Thema – und ich persönlich bin der Meinung, dass dies eher die Position unserer Elterngeneration ist – ist die These, dass das Überleben alleine schon gut genug sein muss. In der Welt dieser Menschen haben Träume nicht den Sinn, erfüllt zu werden. Das sind die Menschen, die zwar ab und zu gerne mal träumen, aber die weder daran glauben noch darauf hinarbeiten und oft genug nicht einmal daran denken, dass diese Träume jemals wahr werden können. „Ach, wäre das eine schöne Welt.", das ist der typische Satz, den ein solcher Mensch sagen würde. Falls Du zu diesen Menschen gehörst, dann ist die Reise, die Du mit diesem Buch unternimmst, ganz besonders, weil sie Dich vom absoluten Nichtträumer zu einem Menschen werden lässt, der sehr bewusst, sehr gezielt und voller Freude vielleicht zum ersten Mal in seinem Leben echte große Träume entdeckt, die dann auch wahr werden dürfen.

## Träumen soll schlecht sein?

Die andere Position ist, dass Träumen etwas Negatives anhängt. „Träume sind etwas, was das Ego haben möchte, um sich selbst bestätigt zu finden", in etwa so hören sich die Sätze dieser Menschen an. Auch das ist ein Reframing – Reframing bedeutet, dass wir einem Thema einen neuen Bezugsrahmen geben, ihm eine neue Bedeutung zuordnen. Dieses Reframing ist an und für sich nichts Negatives, im Gegenteil, es kann sehr gut dafür verwendet werden, dass ich eine bisher als negativ empfundene Situation anders bewerte, zum Beispiel weil ich neue Hintergründe kennengelernt habe. Insofern ist das ein absolut normales, positives Verhalten, was Dich im Alltag sehr unterstützen kann! Allerdings gibt es eben auch Fälle, bei denen dieses Reframing negative Konsequenzen hat. Wenn Du also zum Beispiel davon ausgehst, dass Dein Ego etwas Negatives ist und dass die Ziele, die sich dieses Ego auf hinterlistige Weise setzt, Dich manipulieren und zu einem Opfer seiner negativen Absichten machen sollen, dann ist das ein gutes Beispiel für ein negatives Reframing.

Denn dann wäre es nur allzu logisch, dass Du das Träumen unterlassen hast, um eben nicht von Deinem Ego an der Nase herumgeführt zu werden. Ich bin ja an solchen Stellen eher simpel gestrickt, vielleicht weil ich ein Mann bin oder vielleicht auch deshalb, weil ich die Dinge gerne einfach habe. Wenn wir auf einem Planeten sind, der viele Wünsche und Träume in uns entstehen lässt, dann wird das schon alles seine Richtigkeit haben. Ich glaube auch nicht daran, dass Wünsche uns oder anderen schaden können, wenn sie voller Liebe und Freude entstanden sind.

Eine dritte Position in Bezug auf dieses Thema ist es, lethargisch geworden zu sein und einfach die Lust am Setzen von Zielen und am Träumen verloren zu haben. Das ist allerdings ein Umgang mit unerfüllten Wünschen und Träumen, den ich bei vielen Teilnehmern unserer Seminare beobachten kann. Sie glauben gar nicht mehr daran, dass das Leben ihrer Träume wahr werden kann. Deshalb haben sie begonnen, sich einfach mit dem abzufinden, was normal ist, was alle haben. Diese Menschen setzten sich keine Ziele, zumindest keine großen. Bestenfalls setzten sie sich Ziele, um zu überleben, um eine angenehme Rente zu haben oder etwas anderes in dieser Qualität. Lebensziele, die den gesamten Planeten positiv verändern können, die einen echten Unterschied machen? Solche Ziele lassen sich mit Lethargie weder finden noch jemals erreichen.

## Wann ist die richtige Zeit?

Ich möchte in diesem Zusammenhang schon einmal einen Hinweis darauf geben, wann die optimale Zeit ist, um über Wünsche, Träume und Ziele nachzudenken. Eines unserer Kinder rief uns an und teilte uns mit, dass es jetzt Headhunter werden wolle, es hätte damit endlich seinen ultimativen Berufswunsch gefunden und außerdem könne man damit wirklich reich werden. Dieser Anruf kam zu einer Zeit, als unser Kind sich in einer nicht so energievollen, positiven Stimmung befand, eben weil es nicht genau wusste, was es mit seinem

Leben anfangen sollte. Ich stellte ihm nur die eine entscheidende Frage: „Wie hast Du Dich zu dem Zeitpunkt gefühlt, als Du auf diese neue Idee gekommen bist?" Es stellte sich heraus, dass es sich zu diesem Zeitpunkt überhaupt nicht gut gefühlt hatte. Das ist natürlich eine entscheidende Erkenntnis! Wenn Du Dich schlecht fühlst, dann kannst Du praktisch jede Idee vergessen, die Dir in den Sinn kommt, während Du negative Gefühle hast.

Denn das Gesetz der Anziehung bestimmt, dass wir nur solche Dinge in unser Leben ziehen können, die zu unserer aktuellen Energie, zu unserem aktuellen Lebensgefühl passen. Um das für Dich noch einmal auf eine kurze Formel zu bringen: Fühlst Du Dich schlecht, vergiss bitte einfach jede Idee, die Dir in den Sinn kommt! Fühlst Du Dich gut, dann können auch nur gute Ideen zu Dir kommen. Insofern ist es sehr einfach zu wissen, ob eine neue Idee wirklich brillant ist. Du weißt das ab sofort schon in dem Moment, in dem diese Idee zu Dir kommt. Brillant kann sie nur dann sein, wenn Du Dich auch wirklich brillant fühlst in dem Moment, in dem Du die Idee hast. Das ist der Grund, warum viele von uns in den Momenten gute Ideen haben, in denen sie zum Beispiel entspannt unter der Dusche stehen, sich am Strand sonnen, schwimmen, laufen, Rad fahren oder spazieren gehen. Das hängt nicht von der Tätigkeit ab, sondern von der Frage, welche Tätigkeit Dir dabei hilft, Dich wohlzufühlen.

 **Finde mehr Situationen, in denen Du Dich gut fühlst!**

Um wirklich voranzukommen mit Deinem Leben, kann es also sehr wichtig sein, dass Du ab sofort darauf achtest, genügend Freiraum für Dich selbst zu haben. Es geht insbesondere um die Momente, in denen Du Dich wohlfühlst und von denen Du vielleicht schon weißt, dass sie Dich in einen besonders guten Gemütszustand versetzen. Denk doch einfach mal bei einer guten Tasse Cappuccino darüber nach, wann Du Dich wohlfühlst. Und wo wir gerade schon an dieser Stelle sind: Für mich ist es oft auch eine schöne Tasse Cappuccino, die ich in Ruhe in meinem Ohrensessel genieße, die in mir diese fantastischen Gefühle hervorrufen kann! Wie ist das bei Dir?

## Das kannst Du für die Cappuccino-Strategie nutzen

- Burn-out kommt häufig davon, dass Menschen keine Ziele mehr haben, für die sie sich begeistern.
- Du kannst das Ziel aufgeben, anderen Menschen zu gefallen.
- Achte im Alltag darauf, keinen Preis mehr zu bezahlen, also etwas Ungeliebtes zu tun, um etwas anderes dafür zu bekommen.
- Falls Dein Leben bisher wie einen Hollywood-Film verläuft, dann darfst Du jetzt neu und anders planen.
- Das Leben ist kein Wettrennen, es geht nicht darum, wer als erster am Ziel ist, sondern ob Du die Reise genießt.
- Beseitige konsequent jedes Gefühl von Mangel aus Deinem Leben und konzentriere Dich auf die Fülle, die Du überall beobachten kannst.
- Erwecke Wünsche und Träume, die Du beerdigt hast, wieder zum Leben.

# 6. Ich habe Angst vor Zielen

Manche Menschen haben einfach Angst vor Zielen, insbesondere vor großen Zielen. Sie sind es nicht gewöhnt, zu träumen, der Fantasie freien Lauf zu lassen. „Schuster, bleib bei Deinen Leisten", das wäre vermutlich das passende Sprichwort an dieser Stelle. Denn das eine ist, dass Dein Gehirn sich mit dem Träumen schwertut, wenn Du es nicht trainiert hast. Das andere ist, dass Dein Gehirn große Ziele nicht mag, wenn Du es nicht gewöhnt bist, große Ziele zu träumen. Du darfst also darauf achten, dass Du in den kommenden Wochen und Monaten beides so lange übst, bis Du es wirklich kannst.

Eine der besten Geschichten, die ich zu diesem Thema gehört habe, ist diese: Es ging um einen Fall, der vor vielen Jahren die Presse gegangen ist. Eine Mutter soll einen LKW hochgehoben haben, weil ihr Kind unter dem Rad lag. Ein Journalist versuchte viele Jahre später, diese Frau ausfindig zu machen. Es war jedoch nicht einfach, obwohl sie doch aufgrund ihrer Heldinnentat sehr prominent hätte sein müssen. Der Journalist fand heraus, dass diese Frau sich versteckte und öffentliche Auftritte scheute. Doch es gelang ihm, den Kontakt mit ihrer Familie und schließlich auch mit ihr aufzunehmen. Sie war allerdings kaum bereit, über das Ereignis zu reden. Doch nachdem der Journalist das Vertrauen aufgebaut hatte, sagte ihm die Frau Folgendes: Sie spreche nicht gern über „das Ereignis", weil es ihr deutlich mache, was sie alles hätte erreichen können, wenn sie nur wirklich gewollt hätte.

Diese Geschichte hat mich nachdenklich gemacht, denn ich frage mich natürlich, welche Ziele ich nicht erreicht habe, weil ich nicht an mich und meine Fähigkeiten geglaubt habe. Kann es sein, dass wir Menschen Angst vor unserer eigenen Größe, unseren Fähigkeiten und unseren Möglichkeiten haben? Auch wenn nicht jeder von uns in der Lage ist, einen LKW hochzuheben, so kann es doch sein, dass wir viel mehr erreichen könnten, wenn wir mehr an unsere Fähigkeiten und unsere Möglichkeiten glauben. Vielleicht magst Du die Geschichte dieser Dame zum Anlass nehmen, Dir selbst größere Ziele für die Zukunft zu stecken.

## Geld rauswerfen

Kann man Geld rauswerfen oder rausschmeißen; was denkst Du zu diesem Thema? Es gibt Menschen, die Wohlstand vermeiden und nie Geld haben wollen, weil sie genau davor Angst haben, dass sie es verschwenden würden. Solange sie kein Geld besitzen oder nur wenig, solange sie nur gerade so über die Runden kommen, kann das nicht passieren. Ich finde es in diesem Zusammenhang einmal mehr wichtig, dass Du Dir bewusst machst, was Du über Geld denkst. Ich habe neulich dazu eine schöne Geschichte von einer amerikanischen Rednerin gehört. Sie sagte: „Stellt Euch vor, ich würde jetzt einen unbekannten Geldschein, dessen Wert niemand einschätzen kann, während meines Vortrags durch den Raum reichen lassen. Dann würde ich plötzlich sagen, dass dieser unbekannte Geldschein einen Wert von umgerechnet 100.000 Euro hat. Wie würde sich Deine Wahrnehmung in Bezug auf diesen Geldschein verändern?"

Ein herrliches Gedankenspiel! Ich musste mir eingestehen, dass sich tatsächlich meine eigene Wahrnehmung von diesem Geldschein verändern würde, obwohl es weiterhin nur ein Stück Papier ist. Da liegt ein großes Thema in der heutigen Zeit: Aufgrund der Mangelgefühle, die viele Menschen empfinden, geben wir Geld so unglaublich viel Macht und messen ihm so viel Bedeutung bei. Dabei ist und bleibt Geld ein Zwischentauschmittel, das Du gegen Erfahrungen austauschen kannst. Es ist also per se nicht gut oder schlecht, sondern die entscheidende Frage ist, welche Bedeutung Du dem Geld gibst. Das wird auch darüber entscheiden, wie Du Dich in Zukunft in Bezug auf Geld verhältst. Vielleicht ist es auch für Dich an der Zeit, Dein Verhältnis zum Thema Geld zu prüfen und gegebenenfalls zu verändern?

## Lieber gründlich nachdenken

Ein weiteres Beispiel, bei dem die Angst vor großen Zielen deutlich wird, ist das gründliche Analysieren und Nachdenken – manchmal so lange, dass derjenige das Ziel längst aus den Augen verloren hat. Das könnte ich jetzt negativ auch „grübeln" nennen, denn es gibt Menschen, die von dieser Grübelei vom Handeln abgehalten werden; sie kommen einfach nicht „in die Puschen" oder „aus dem Quark", wie man umgangssprachlich sagt. Dahinter liegt in vielen Fällen die Angst, einen Fehler zu machen. Im Kreise unserer Teilnehmer beobachten wir das ganz häufig, insbesondere bei solchen Menschen, deren Eltern in der Kindheit Entscheidungen immer wieder infrage gestellt haben. Viele Eltern behaupten nämlich, dass ihr Kind unbedingt eigene Entscheidungen treffen soll. Wenn das Kind dann aber eine Entscheidung getroffen hat, dann allerdings muss es sich Sätze anhören wie: „Ach so, das ist Deine Entscheidung, na gut, dann probiere das mal aus und schau Dir an, ob das wirklich eine gute Entscheidung ist."

Die Entscheidung des Kindes wird also regelmäßig infrage gestellt und das kann einen jungen Menschen derart verunsichern, dass er als Erwachsener kaum mehr in der Lage ist, Entscheidungen zu treffen. Das beeinflusst natürlich dann auch das Setzen von Zielen, denn das bedeutet ja eben, sich für ein Thema zu entscheiden, sich festzulegen und dann so lange an diesem Ziel festzuhalten, bis es Realität geworden ist. Die ständige Angst, bei einer Entscheidung einen Fehler zu machen, für den man sich dann selbst später kritisiert oder von anderen kritisiert wird, ist weit verbreitet. Falls dies Dein Thema sein sollte, was kannst Du dann dagegen tun? Meine Empfehlung ist, dass Du mit kleinen Entscheidungen beginnst, die Du ganz bewusst triffst und das nur aus einem Grund: Das Ergebnis macht Dir Spaß! Miss die Qualität Deiner Entscheidung nur daran, ob es Dir Spaß gemacht hat, das zu tun, für das Du Dich entschieden hast.

## Sorgen machen gilt nicht

In unserer Gesellschaft ist es an der Tagesordnung, dass Menschen sich Sorgen um die Zukunft, um ihre Lieben und um alles mögliche andere machen. Es gibt sogar Menschen, die das „Sorgen machen" mit dem Gefühl der Liebe verbunden haben. Sie behaupten, dass sie sich nur deshalb zum Beispiel um ihre Kinder oder den Partner Sorgen machen würden, weil sie diese Menschen doch so sehr lieben. Doch sich Sorgen zu machen hat mit Liebe nichts zu tun! Wer sich Sorgen macht, der vergiftet vor allen Dingen sein eigenes Leben, weil er sein Gehirn dahingehend trainiert, ständig Horrorszenarien und negative Situationen zu planen.

Falls Du Dein Gehirn so trainiert hast, dann darfst Du jetzt gleich einschreiten. Schließlich ist nicht entschieden, wie die Zukunft aussieht. Ich bin allerdings fest davon überzeugt, dass Du Deine Zukunft so gestalten kannst, wie Du möchtest. Doch wie gestaltest Du Deine Zukunft? Ganz einfach: Mit den Gedanken, die Du selbst in die Zukunft sendest. Sorgen sind hier absolut kontraproduktiv, denn damit planst Du eine Zukunft, die Du gar nicht erleben möchtest. Das ist unsinnig! Fang gleich heute damit an, die Zukunft genau so zu planen, wie Du sie erleben möchtest. Falls dann mal eine Sorge vorbeikommt, was aufgrund Deiner Gewohnheit eventuell passieren kann, dann nehme diese negativen Gedanken gleich zum Anlass, um Dir das Gegenteil von Deiner negativen Planung vorzustellen. Das ist nämlich ganz toll: Wenn Du genau weißt, was Du nicht erleben möchtest, dann fällt es Dir viel leichter zu wissen, was Du erleben möchtest. Dreh die Situation einfach um und nimm das exakte Gegenteil von der Sorge, die Du Dir gemacht hast und stell Dir die positive Situation vor.

## Sorgen können beeinflussen

Falls Du Kinder hast, über die Du Dir Sorgen machst, dann ist das ebenfalls kein schönes Verhalten, weil Du eventuell damit diese Kinder auch negativ beeinflussen kannst. Denke immer daran: Wir sind Energiewesen und die Energie zwischen uns überträgt sich. Ob Du es aussprichst oder nicht, Deine Kinder bekommen sehr genau mit, ob Du Dir Sorgen um sie machst. Das passiert nicht, weil sie Gedanken lesen können, sondern es passiert deshalb, weil sie Dich fühlen können. Und wenn Du zu den Menschen gehört hast, die sich bisher gerne Sorgen gemacht haben, dann wissen Deine Kinder das. Doch es bringt weder sie noch Dich voran, eine negative Zukunft für sie zu planen. Mach bitte auch bei Deinen Kindern dasselbe: Plane für sie die schönste Zukunft, die Du Dir für sie vorstellen kannst. Gehe immer davon aus, dass alles gut sein wird – auch und gerade mit Deinen Kindern.

## Die Einstein-Frage

Albert Einstein hat zu diesem Thema eine Frage gestellt, die ich hier mit meinen eigenen Worten wiedergeben möchte: Ist da draußen ein Universum, das Dich liebt? Du kannst an dieser Stelle das Wort „Universum" gerne durch „Lieber Gott", „Das große Ganze" oder „Alles, was ist" ersetzen, denn das sind nur Namen und die spielen hier nicht die entscheidende Rolle. Die Frage zielt vielmehr darauf ab, was Du über die Konstruktion insgesamt denkst. Wenn Du davon ausgehst, dass da draußen dunkle Mächte sind, die Dich verfolgen und die Dir Schlechtes wollen, dann hättest Du in der Tat allen Grund, Dir Sorgen zu machen. Zumal Du diese dunklen Mächte nicht sehen kannst und damit nie genau weißt, wann und auf welche Weise sie in Dein Leben treten. Ich möchte allerdings deutlich sagen, dass ich das für völligen Unsinn halte.

Persönlich bin ich absolut davon überzeugt, dass dieses Universum uns alle liebt, ja, auch Dich und mich. Es ist ein Universum, das Dir alles schenken möchte, Dir alles geben möchte und Dir alles zur Verfügung stellen möchte, was Du Dir immer gewünscht hast. Allerdings bist Du in Deinen Wünschen absolut frei! Das bedeutet in diesem Zusammenhang auch, dass Du Dir Sorgen machen darfst und von dem Universum dabei nicht gestoppt wirst. Das liebende Universum möchte Dir die Möglichkeit geben, Dich als Schöpferin oder Schöpfer zu erfahren. So wie liebende Eltern etwa ihr

Kind auf einem Spielplatz auch ganz alleine Erfahrungen sammeln lassen, während sie es aus einiger Entfernung beobachten, so ist es auch mit dem Universum. Es ist immer für Dich da, wenn Du bereit bist und weißt, dass es für Dich da ist. Wenn Du das nicht weißt, dann wird Deine Lebenserfahrung sein, dass es nicht für Dich da ist.

## Einer unsichtbaren Macht vertrauen

Ich bin absolut bei Dir; dieses Thema kann einen ganz schön aus der Bahn werfen, vor allem dann, wenn man es zum ersten Mal hört. Denn es ist ein wenig paradox! Deine Antwort auf die Einstein-Frage ist entscheidend, denn das Universum verhält sich so, wie Du glaubst, dass es sich verhält; es spiegelt Dir Deine eigenen Glaubenssätze wider. Anders als viele Eltern wird es Dich also nicht mit Geschenken überhäufen, wenn Du nicht daran glaubst, dass es Dich mit Geschenken überhäuft.

Jetzt ist es wieder Zeit für Dich, bei einer guten Tasse Cappuccino über Deine Lebenserfahrung und Deine Zukunft nachzudenken. Noch mal die Frage: Ist da draußen ein Universum, das Dich liebt, unterstützt und Dir helfen möchte, die schönste Lebenserfahrung zu machen, die Du Dir vorstellen kannst? Und falls Du das bisher nicht geglaubt hast: Wärest Du vielleicht bereit, jetzt Deine grundsätzliche Einstellung zum Leben zu verändern? Lass es mich so sagen: Deine Antwort auf die Einstein-Frage wird über Dein gesamtes Leben entscheiden!

## Finde das Urvertrauen wieder

Ja, Du merkst es schon, dieses Buch geht wirklich weit! Eben noch hattest Du gedacht, dass es nur um Deine Ängste und um große Ziele im Leben gehen würde und dann kommt so etwas! Ich glaube trotzdem, dass dies an dieser Stelle entscheidend ist. Wir alle sind als kleine Kinder mit dem absoluten Urvertrauen geboren worden, mit dem wir in dieses Leben gestartet sind. Dann haben viele von uns das Urvertrauen in die Welt beziehungsweise das Universum verloren und es spielt keine Rolle, warum das so ist.

Wenn Du zu den Menschen gehörst, die gerade festgestellt haben, dass sie dieses Urvertrauen verloren haben, dann kann ich Dir sagen, dass Du es wiedergewinnen kannst! Es könnte eines Deiner wichtigsten Lebensziele werden, dass Du dieses Urvertrauen wieder entwickelst. Und ja, vielleicht ist es wichtiger als Weisheit, Reichtum oder die Frage danach, was für Autos in Deiner Garage stehen und wie viel Macht Du über andere Leute hast. Das Urvertrauen in das Leben an sich ist der entscheidende Schlüssel zu einem entspannten, liebevollen, sanften und rundherum schönen Leben!

## Realistisch zu planen ist wichtig

Für viele Menschen ist es entscheidend, realistisch zu planen. Es gibt sogar eine Zieleformel dazu, die mit den Buchstaben SMART abgekürzt wird. Das „R" steht in dieser Abkürzung für realistisch. Doch realistische Ziele sind sehr häufig langweilig und das aus einem ganz einfachen Grund: Wenn Du weißt, wie Du zu dem Ziel gelangen kannst, dann wird es Dich nicht wirklich begeistern, es zu erreichen. Ich bin fest davon überzeugt, dass große Ziele unrealistisch sein müssen, damit sie Dich begeistern können. Jetzt könntest Du mir natürlich die Frage stellen, warum Begeisterung an dieser Stelle so wichtig ist. Für mich ist die Begeisterung nicht nur das Salz in der Suppe, es ist schlicht das entscheidende Lebensgefühl, das ich so oft wie möglich in meinem Leben haben möchte. Begeisterung hat so viel Energie, so viel Kraft und damit die Möglichkeit, dass ich durch sie über mich hinauswachse.

Ich weiß sehr gut, dass in vielen Unternehmen, die die SMART-Formel nutzen, Mitarbeiter diese bei jedem Ziel überprüfen müssen, weil sie als richtig angenommen wird. Doch meine These ist eine andere: Unternehmen, die nach dieser Formel alle Ziele designen, sind nach einigen Jahren die langweiligsten Verwaltungsbetriebe, die man sich vorstellen kann. Sie haben nicht die Power, Menschen wirklich zu begeistern; Mitarbeiter, die in diesen Unternehmen arbeiten, springen morgens nicht vor Freude aus dem Bett, viele von ihnen bleiben lieber krank zu Hause. Da ist es doch kein Wunder, dass Unternehmen im Silicon Valley, wo die Ziele so riesig sind, dass wir uns in Deutschland verdutzt die Augen reiben, die besten Mitarbeiter der Welt anziehen. Menschen wollen von Zielen begeistert werden und das, was viele Gründer im Silicon Valley und auch an anderen Orten der Welt an Zielen setzen, das kann einen wirklich begeistern.

 **Wo hat der Realismus Deine Ziele getötet?**

Auch in Deinem eigenen Leben können Ziele dadurch kaputtgegangen oder verlorengegangen sein, dass Du sie dem Realismus geopfert hast. Jetzt ist es wichtig, dass Du diese Ziele wiederbelebst. Die entscheidende Frage, die Du vielleicht aus anderen Büchern zu diesem Thema schon kennst, lautet: Was wäre, wenn es doch möglich wäre? Alle Menschen, die wirklich Großes geschaffen haben, haben sich nur von diesem Motto leiten lassen und damit Autos und Flugzeuge erfunden, Wolkenkratzer gebaut und viele andere bis dahin unmögliche Dinge erreicht. Wo möchtest Du also gleich heute aufhören, nur realistisch zu sein und zu planen? Was würdest Du völlig unrealistisch planen wollen?

## Größe spielt eine Rolle ☺

Natürlich kann auch das Ziel einen Menschen in Angst versetzen, vor allem dann, wenn dieser es nicht gewohnt ist zu träumen. Ich will Dir auch ganz offen gestehen, dass ich den einen oder anderen Plan von den Silicon-Valley-Gründern weder für sinnvoll noch für erstrebenswert halte. Doch in diesem Buch spielt das nicht die entscheidende Rolle; es ist nicht das Ziel, die Ziele anderer Menschen zu hinterfragen. Was Du und ich von diesen begeisterten Gründern lernen können, ist, dass Du Dir große Ziele setzt. Begeisterung lässt sich mit großen Zielen viel leichter entfachen. Und für mich ist diese Begeisterung meine Möglichkeit, dass ich auf dem Weg zum Ziel keinerlei Selbstdisziplin benötige.

Wenn ich nicht motiviert bin, an dem Ziel dranzubleiben, dann mache ich das Ziel etwas größer, male mir mehr Details aus, stelle mir vor, wie wunderschön es sein wird, dort zu sein, obwohl ich keine Idee habe, wie ich da hinkommen soll. Und viele meiner großen Ziele begeistern mich jeden Tag, sie lassen mich innerlich aufblühen und bringen mir schon heute eine Freude, die ich kaum beschreiben kann. Das bedeutet nicht, dass nicht jeder Tag meines Lebens wunderschön ist, ich genieße wirklich jede Stunde meines Lebens und bin sehr glücklich. Gleichzeitig plane ich eine Zukunft, die mich ebenfalls wirklich begeistert und wirklich glücklich macht. Das ist die Lebensphilosophie, auf die ich in diesem Buch hinausmöchte.

Fang also wieder an, Dir große Ziele zu setzen, die Dich wirklich begeistern. Und insbesondere dann, wenn Du das lange nicht geübt haben solltest, wäre jetzt der genau richtige Zeitpunkt! Ich bin davon überzeugt, dass auch Du zu den Menschen gehörst, die sich wirklich begeistern können, sobald Du ein Ziel findest, das zu Dir passt. Ja, oft genug ist es so, dass uns die Ziele anderer Menschen nicht wirklich begeistern können. Das sind halt deren Ziele und nicht Deine! Damit Du allerdings eines Tages auf ein erfülltes, begeisterndes Leben zurückschauen kannst, ist es jetzt wichtig, dass Du eine Zukunft planst, die Dich dann später als Vergangenheit mit wundervollen Gefühlen erfüllt. Lustiger Gedanke, oder?

## Eines Tages schaust Du auf Dein Leben zurück ...

Ich persönlich finde Übungen zu diesem Thema ja ein bisschen morbide: Es gibt Bücher, die einem empfehlen, seine eigene Grabesrede zu schreiben. Was sollen also Menschen, die eines Tages an meinem Grab stehen, über mich sagen? Das gibt es auch als Abwandlung, nämlich als Rede zu Deinem 80. oder 90. Geburtstag. Wenn Dir das lieber ist, dann könntest Du diese Rede schreiben. Ich persönlich finde in diesem Zusammenhang etwas anderes viel wichtiger: Ja, jeder von uns wird eines Tages auf sein eigenes Leben zurückschauen und dann wird es Situationen geben, auf die wir besonders gerne zurückschauen. Genau von diesen schönen, liebevollen, glücklichen, spaßigen oder sonst wie positiven Momenten möchte ich möglichst viele haben, auf die ich eben dann zurückschauen kann. Das ist ein großer Antrieb für mich.

Wenn wir jetzt wieder gemeinsam den halben Schritt zum Thema Ängste zurückgehen, dann wird das auch sehr schön deutlich: Du willst ja nicht eines Tages auf ein Leben zurückschauen und stolz darauf sein, dass Du Dir jeden Tag Sorgen um die Zukunft gemacht hast, um dann später herauszufinden, dass 99,9 Prozent dieser Sorgen vollkommen überflüssig und unbegründet waren. Hast Du nicht auch schon bemerkt, dass das Leben in aller Regel viel besser verläuft, viel schöner und angenehmer ist, als Du es Dir mit Deinen Sorgen ausgemalt hattest? Und noch ein anderer Aspekt kommt hinzu: Sich Sorgen zu machen hält einen eben auch davon ab, sich große Ziele zu setzen und darüber nachzudenken, was man in der Zukunft erleben möchte. Sorgen sind also Zielekiller und da dies so ist, solltest Du ausgesprochen vorsichtig mit ihnen umgehen!

## Er ist so intelligent

Auch Menschen, die sich nur schwer entscheiden können, weil sie so viele Alternativen sehen, haben im Grunde genommen nur Angst vor einer falschen Entscheidung. Dazu haben wir im Seminarumfeld mal einen spannenden Kommentar gehört: Eltern berichteten von ihrem Sohn, dass er sich nur schwer entscheiden könne, weil er so intelligent sei, dass er zu jedem Thema ganz viele alternative Lösungen in Betracht zöge. Und allein schon die Anzahl der Möglichkeiten würde ihn überfordern. Du ahnst es schon, als NLPler nenne ich das Reframing und zwar eines von der Sorte, die nicht förderlich ist. Denn der Glaubenssatz hinter dieser Aussage lautet: Wenn jemand intelligent ist, zeigt sich das daran, dass er sich nicht entscheiden kann, weil er so viele Alternativen sieht. Da ja vermutlich kein Mensch von sich selber glauben möchte, dass er doof ist, wäre also das Nicht-entscheiden-Können ein Zeichen von Intelligenz, das erstrebenswert sein könnte.

Hier gilt es also einmal mehr umzudenken, denn ich bin fest davon überzeugt, dass man unabhängig vom eigenen IQ schnell Entscheidungen treffen kann. Es ist vielmehr die Methode, die Menschen in ihrem Kopf anwenden, um Entscheidungen zu treffen, die in solchen Fällen überarbeitet werden darf. Wir Menschen treffen typischerweise Entscheidungen aufgrund von Bildern in unserem Kopf – es können auch Filme sein – und dem dazugehörigen (Bauch-) Gefühl. Manche Menschen sprechen auch von Intuition, aber das hilft in diesem Zusammenhang nicht weiter, weil es den Vorgang, der dabei in Deinem Kopf passiert, nicht weiter erläutert.

## So funktioniert richtiges Entscheiden

Lass uns Entscheidungen einmal genauer ansehen: Am einfachsten ist es, eine typische Situation zu nehmen, in der eine möglichst zügige Entscheidung von Vorteil ist: der Besuch eines Restaurants. Was machst Du genau, wenn Du Dir die Speisekarte anschaust? Ich stelle diese Frage regelmäßig in unseren Seminaren und die Antwort der Teilnehmerinnen und Teilnehmer ist sehr einheitlich: Wir lesen, was im Angebot ist, und stellen uns dann in einem Film vor, wie dieses Essen wohl auf dem Teller aussieht. Auch wenn wir noch nie in diesem Restaurant gegessen haben, machen wir uns diese Filme in unserem Kopf. Das ist übrigens auch der Grund, warum wir dann manchmal enttäuscht sein können, wenn das Essen ankommt – einfach deshalb, weil es deutlich anders aussieht als der Film in unserem Kopf. ☺

Wenn Du Dir jetzt vorstellst, dass es zum Beispiel drei Gerichte gibt, die für Dich in die engere Auswahl kommen, dann vergleichst Du die drei Bilder, die Du Dir selbst in Deinem Kopf gemacht hast, miteinander. Mal machst Du das eine größer, dann das andere, dann das dritte, und wenn Du eine gute Entscheidungsstrategie hast, dann wird eines der drei Bilder so groß, dass es entweder die beiden anderen verdeckt oder Du „wirfst" die beiden anderen Gerichte aus Deinem Kopf heraus, Du lässt die Bilder verschwinden. Auf diese Weise bleibt nur ein Gericht übrig, das Du dann bestellst.

Menschen, die eine nicht so gute Entscheidungsstrategie haben, bleiben sozusagen bei Schritt eins stehen; sie machen immer wieder ein Gericht größer in ihrem Kopf, dann das nächste, dann fragen sie die anderen Menschen, mit denen sie im Restaurant sind, was diese wählen. Auf diese Weise entstehen wieder neue Bilder im Kopf und so ist es nicht verwunderlich, dass die Verwirrung im Kopf dieser Menschen zunehmen kann. Am Ende haben sie einfach viele verschiedene Bilder, doch keines setzt sich gegen die anderen durch. Doch genau darauf kommt es an, wenn Du lernen möchtest, Dich schnell zu entscheiden! Du wählst einfach das Bild, das sich jetzt im Moment am besten für Dich anfühlt, und schredderst die anderen Bilder, auf denen die Alternativen zu sehen sind.

## Auch Du hast eine gute Entscheidungsstrategie!

Ich bin fest davon überzeugt, dass auch Du in bestimmten Lebensbereichen gute Entscheidungsstrategien hast, selbst wenn Du Dich in anderen Bereichen nicht so gut entscheiden kannst. Denn es gibt einfach Situationen, in denen ein Zögern unsinnig ist, etwa wenn Du nachts wach wirst, weil Du zur Toilette musst. Ich wette, dass Du dann nicht ewig hin und her überlegst, ob Du jetzt wirklich gehen sollst. Du fällst einfach die Entscheidung und alle Alternativen, insbesondere die, jetzt einfach noch mal eine oder zwei Stunden liegen zu bleiben, scheiden aus.

Denk doch jetzt mal darüber nach, in welchen Situationen Du Dich sehr schnell entscheiden kannst und nutze die oben erwähnte Technik, um herauszufinden, wie Du es genau anstellst. Mach Dir bewusst, welche Bilder in Deinem Kopf sind und was Du mit den Bildern machst, die sozusagen aus dem Rennen sind.

## Neid kann ein Hindernis sein

Es kann natürlich auch sein, dass Du Angst hast, Deine Freunde in dem Moment zu verlieren, in dem Deine Träume wahr werden. Vielleicht befürchtest Du den Neid der anderen. Es lässt sich schon wahrnehmen, dass insbesondere in Deutschland viele Menschen neidisch sind und dass dies auch von Politikern und anderen Menschen gezielt genutzt wird, um auf negative Art und Weise Stimmung zu machen. Die Angst vor Neid ist deshalb eine ganz konkrete Befürchtung, die vielleicht auch für Dich eine Rolle spielt. Nimm Dir Zeit, um herauszufinden, wie wichtig dieses Thema gegebenenfalls für Dich ist. Unsere Teilnehmer und auch ich selbst haben damit schon unterschiedliche Erfahrungen gemacht. Es gibt Menschen, die einen absolut positiv unterstützen, wenn man ihnen von seinen großen Träumen erzählt. Doch leider ist auch das Gegenteil wahr: Andere Menschen reagieren eher ablehnend, wenn sie von großen Träumen hören. Vielleicht liegt es daran, dass sie in einem solchen Moment besonders deutlich spüren, dass sie selbst keine großen Ziele haben. Doch bevor sie sich damit beschäftigen und auseinandersetzen, dass sie vielleicht auch anfangen könnten zu träumen, putzen sie lieber den anderen herunter, machen ihn schlecht oder sind neidisch.

## Neid kommt vom Pizza-Modell der Welt

Du merkst natürlich schon, dass Neid auch viel damit zu tun haben kann, dass diese Menschen dem Pizza-Modell der Welt verfallen sind. Wenn Du etwas hast, was sie nicht haben, dann bedeutet das auch, dass Du es ihnen weggenommen hast. Wer noch nicht verstanden hat, dass wir auf diesem Planeten und in diesem Universum überhaupt unendliche Ressourcen haben, der muss logischerweise entsprechend skeptisch mit den Träumen anderer Menschen umgehen. Ich werde oft um Rat gebeten, wie man mit einer solchen Kritik beziehungsweise solchen Vorbehalten anderer Menschen umgehen sollte. Soll man sich weiterhin mit Menschen umgeben, die neidisch sind und einem das Leben der Träume nicht gönnen? Um es an dieser Stelle schon gleich zu sagen: Ich halte mich von solchen Menschen eher fern. Ich weiß, dass auch ich selbst da draußen eine ganze Reihe von Neidern habe, die zum Beispiel meine Bücher negativ bewerten oder irgendeine unsinnige Kritik an einem meiner Vorträge üben. Diese Menschen haben oft noch nicht verstanden, dass eine negative Kritik mit ihnen selbst heimgeht. Wer andere kritisiert, der kritisiert im Kern der Sache nur sich selbst, und die negativen Gefühle, die er dabei empfindet, die machen sein Leben kaputt.

Wenn Du es also von diesem Standpunkt aus betrachtest, dann ist es ganz wichtig, dass Du Dich von diesen Menschen fernhältst. Denn je mehr Du Dich mit der Kritik und dem Neid beschäftigst, desto mehr würdest Du ja genau diese Energie in Dein Leben einladen. Da Du Dich allerdings entschieden hast, Dein Leben positiv zu verändern, Dir große Ziele zu setzen und sie zu erreichen, ist es am einfachsten, zu diesen Menschen die nötige Distanz zu halten. Das passiert oft genug auch ganz automatisch in dem Moment, in dem Du beginnst, in einer höheren Energie zu schwingen, fröhlicher zu werden und mehr Spaß am Leben zu haben. Menschen, die nicht auf dieser hohen Ebene schwingen, werden dann einfach aus Deinem Leben verschwinden. Ich habe das oft genug selbst erlebt. Zum Beispiel hatte ich einen Freund, den ich wirklich sehr mochte. Über mehrere Jahre hinweg haben wir jede Woche miteinander telefoniert, uns ausgetauscht, miteinander diskutiert und wundervolle Gespräche geführt. Ich darf mir allerdings heute im Nachhinein selbst eingestehen, dass ich zu dieser Zeit nicht zu den freundlichsten Menschen auf diesem Planeten gehört habe, konkret: Ich war ziemlich mies drauf. Als ich dann aufgrund meiner persönlichen Weiterentwicklung und der Ziele, die ich mir selbst gesteckt hatte und die ich mehr und mehr erreichte, der fröhliche Mensch wurde, der ich heute bin, geschah Folgendes:

Ich versuchte wie gewohnt diesen Freund zu erreichen; ich rief ihn bestimmt 20-mal an, aber es gelang mir nicht. Was bis dahin vollkommen normal gewesen war, nämlich dass wir einmal oder zweimal pro Woche miteinander telefonierten, wollte mir dieses Mal einfach nicht gelingen. Am Ende schrieb ich einfach eine E-Mail und die Antwort, die ich zurückbekam, war so belanglos, dass ich die Lust verlor, den Kontakt aufrechtzuerhalten. Meine Frau gab mir schließlich die passende Antwort: Sie wies mich darauf hin, dass sich ganz offensichtlich meine Energie verändert hatte und dass dadurch dieser Kontakt nicht mehr möglich sei. Auch heute noch fällt es mir manchmal schwer, weil es mich traurig macht, dass bestimmte Menschen, die ich sehr mochte, einfach aus meinem Leben geschwungen sind. Einige konnten mit meinem Erfolg nicht umgehen, andere mit meiner

Fröhlichkeit, wieder andere nicht damit, dass meine Frau und ich eine so wundervolle, liebevolle und respektvolle Beziehung miteinander führen. Auch in diesem Lebensbereich haben wir leider immer mal wieder erfahren dürfen, wie neidisch Menschen sein können.

## Neid kann positiv sein

Neale Donald Walsh weist in seinem Buch „Gespräche mit Gott" zu Recht darauf hin, dass Neid durchaus eine positive Komponente haben kann. Ich selbst gehöre zu den Menschen, die sehr leicht neidisch sein konnten auf andere. Und ich gestehe, dass ich bis vor etwa 15 Jahren oft genug Neid empfunden habe, wenn andere Menschen etwas hatten, nach dem ich mich so sehr sehnte. Heute bin ich immer noch manchmal neidisch, aber ich würde sagen, dass ich dieses Gefühl ausgesprochen positiv einsetze. Es ist kein Neid, der mich innerlich zerfrisst, sondern es ist ein Gefühl, das sich so anfühlt wie: „Oh, ja, das würde ich wirklich auch gerne erleben!" Du machst Dir vermutlich keine Vorstellung davon, wie ich auf diese Weise unzählige Situationen in meinem Leben erlebt habe, die ganz wundervoll sind. Denn wenn ich mit diesem herrlichen Gefühl von: „Wie schön wäre es, wenn ich das auch erleben würde in meinem Leben?" den Gedanken ins Universum entsende, ist es meiner Meinung nach sehr einfach möglich, dass ich die entsprechenden Umstände auch in meinem Leben ziehe.

## Andere profitieren von Deinem Erfolg

Doch lass uns einen halben Schritt zurückgehen: Wenn Du befürchtest, dass zum Beispiel wichtige Freunde neidisch sein könnten auf Deinen Erfolg, sobald Deine Ziele mehr und mehr wahr werden, dann könnte das für Dich ein ganz konkreter Grund sein, Dir keine Ziele zu setzen. Meine Empfehlung an Dich lautet: Stell Dir vor, wie Deine Freunde von Deinem Erfolg profitieren können. Das ist eine sehr gute Möglichkeit, Deine Angst in diesem Zusammenhang zu überwinden. Und gleichzeitig kann es auch darum gehen, dass Du Deine Freunde loslässt, so wie ich es oben beschrieben habe. Wenn ihr viele wundervolle Erlebnisse miteinander geteilt habt, dann kann es eben jetzt an der Zeit sein, dass Du neue Freunde findest, mit denen Du dann wieder viele wundervolle Erlebnisse teilen kannst.

Schließlich gilt auch hier: Was Du loslässt, das kann bei Dir bleiben. Was die Energie am Fließen hindert, ist oft genug, dass wir Menschen an Dingen und Menschen festhalten, uns verkrampfen und mit diesem verkrampften Griff die Dinge nur noch schlimmer machen. Denn wenn etwas nicht freiwillig bei Dir bleiben möchte – und es könnte ja auch eine Freundin oder ein Freund sein –, dann wirst Du diesen Menschen nicht in Deinem Leben halten können, indem Du Dich umso mehr an ihn klammerst. Der Hintergrund dazu ist sehr simpel. Wenn Du krampfhaft versuchst, Umstände, Gegenstände oder eben Menschen in Deinem Leben zu halten, dann tust Du das ja deshalb, weil Du Angst hast, dass sie nicht mehr in Deinem Leben sein könnten. Doch mit dieser Angst wirst Du genau die Lebensumstände erschaffen, die so sind, wie Du sie nicht haben möchtest. Also: Lass einfach los, lass es fließen, lass es geschehen, damit die Energie nicht ins Stocken gerät, sondern frei fließen kann.

 **Spür hinein, wo die Energie frei fließt!**

Wieder eine kleine Idee, worüber Du bei einer guten Tasse Cappuccino nachdenken kannst: Oft genug kannst Du genau spüren, dass Du selbst das Fließen verhinderst, die Energie blockiert und in Bezug auf ein bestimmtes Thema mit Anspannung reagiert hast. Vielleicht hast Du solche Situationen bisher genutzt, um Dich selbst mit den entsprechenden inneren Dialogen heftig zu kritisieren. Allerdings hat Dich das nicht weitergebracht! Jetzt geht es also darum, dass Du gezielt lernst loszulassen. Eine kleine Möglichkeit, Dir die Anspannung bewusst zu machen, ist, sie im Bewusstsein zu halten und dann einfach weiter möglichst tief zu atmen. Dann wirst Du feststellen, wie die Anspannung auf ganz sanfte Weise aus Deinem Körper verschwindet. Finde jetzt konkrete Situationen, in denen Du bisher angespannt warst und die Du jetzt lösen kannst.

## Der positive Effekt

Falls Du zu den Menschen gehörst, die sich bisher immer mal wieder Sorgen gemacht haben, dann kannst Du übrigens leicht lernen, dieses Verhalten zu Deinem Vorteil zu nutzen. Sich Ziele zu setzen funktioniert nämlich genauso wie das Sorgenmachen! Du machst Filme Deiner Zukunft und stellst sie Dir so vor, als würden sie jetzt geschehen. Der einzige Unterschied ist, dass Ziele typischerweise Filme sind, die einen anderen Inhalt als Sorgen haben. ☺ Doch sie sollten genauso lebhaft vorgestellt sein und es ist schön, wenn Du sehr intensive, allerdings positive Gefühle empfindest, wenn Du Dir Filme von Deinem Ziel vorstellst! Du kannst also jetzt merken, dass es eine ausgesprochen positive Fähigkeit ist, sich Sorgen machen zu können, weil Du damit alles weißt, was Du für eine gute Zielplanung benötigst.

Wenn Du noch genauer hinschaust, dann kannst Du sogar noch mehr lernen. Denn Sorgen werden zum Beispiel dann als besonders bedrohlich empfunden, wenn Du besonders große, bunte Filme in Deinem Kopf hast. Dann können einen die Sorgen fast erdrücken. Dasselbe gilt wiederum für die Filme von Deinen Zielen: Je größer und bunter Du diese Filme in Deinem Kopf laufen lässt, umso intensiver wird das Gefühl in Deinem Körper, allerdings dieses Mal ein positives Gefühl. Wenn ich zum Beispiel dabei bin, mir ein neues Auto zu kaufen, dann stelle ich mir dieses Auto so groß vor, dass nicht einmal das Vorderrad in einen normalen Raum passen würde. Ich mache es Bild von dem gewünschten Auto so groß, dass es insgesamt 15 oder 20 Meter breit und entsprechend hoch ist. Dieses Bild stelle ich mir dann etwa im Abstand von fünf oder sechs Metern vor und damit wirkt es absolut anziehend auf mich.

### Schau Dir die Sorgen genau an!

Bei einer schönen Tasse Cappuccino (oder Tee) kannst Du also die Sorgenmachen-Strategie jetzt einmal genauer analysieren. Anstatt Dich von den negativen Bildern in die Flucht schlagen zu lassen, beobachte lieber genau, wie diese

Bilder beziehungsweise Filme in Deinem Kopf aussehen. Wie groß sind sie? Wie weit sind sie entfernt? Bist Du in dem Film drin, sodass Du an Dir selbst herunterschauen und Deine Füße sehen könntest? Merke Dir all das ganz genau und beobachte auch, was mit dem Film geschieht, wenn das negative Gefühl stärker wird. Wie oben beschrieben gehe ich davon aus, dass das negative Gefühl intensiver wird, wenn der Film größer wird. Auch das kannst Du ganz konkret ausprobieren, indem Du Dir eine Sorge vorstellst, die vielleicht schon länger in Deinem Kopf ist. Wenn Du Lust hast, kannst Du all das sogar auf einem Zettel notieren, also den Abstand des Films, die Größe, die Intensität der Farben und so weiter.

Dann überträgst Du das ganz leicht, was Du gerade von den Sorgen gelernt hast, auf Deine großen Ziele. Mach die Filme von dem gewünschten Ergebnis genauso, mach die Farben genauso bunt, stell sie Dir genauso lebhaft vor, wie Du Dir bisher die Sorgen vorgestellt hast. Damit hast Du eine der wichtigsten Lektionen gelernt, die es über das Setzen und Erreichen von Zielen zu lernen gibt. Lebendige, lebhafte, emotional intensiv empfundene Filme, bei denen Du auch bestenfalls etwas hörst, riechst, schmeckst und fühlst, sind die perfekte Basis für das Planen von Zielen!

## Erst einmal die Welt reparieren

Manche Menschen setzen sich keine persönlichen Ziele, weil sie der Meinung sind, erst einmal den Rest der Welt retten zu müssen. Es spielt dann keine Rolle, ob diese Menschen herrenlose Hunde aus Mallorca importieren, der Kirche Spendengelder überweisen oder an irgendeiner Demonstration in der Fußgängerzone teilnehmen oder ihre Kinder retten wollen. Der entscheidende Punkt hinter all diesen Aktivitäten ist in aller Regel der folgende: Diese Menschen sehen das Problem außerhalb von sich selbst und bevor sie mit der Veränderung bei sich beginnen, wollen sie erst einmal im Außen anfangen. Frei nach dem Motto: Sobald die Welt so schön ist, wie ich sie mir vorstelle, werde auch ich zufrieden sein.

Ich bin fest davon überzeugt, dass diese Methode ungeeignet ist, um das Leben Deiner Träume zu erschaffen. Und ich bin auch davon überzeugt, dass es nicht darum geht, die Welt zu reparieren. Natürlich haben wir Herausforderungen zu meistern, wir dürfen vieles verändern, um als Spezies zu überleben. Doch wenn ich hinschaue, dann sehe ich einfach nur einen Planeten, der von einer Spezies beherrscht wird, bei der der Einzelne, das Individuum, nicht gut mit sich selbst umgeht. Kannst Du verstehen, dass wir nur deshalb so viele Probleme im Außen haben, weil wir Menschen diese Probleme, Kämpfe und Schwierigkeiten in uns selbst haben?

Für mich ist das der Grund, warum ich meine Arbeit tue und warum ich dieses Buch schreibe: Du darfst damit beginnen, Deine Welt im Innern in Ordnung zu bringen und für Dich selbst eine wunderschöne Zukunft zu erschaffen. Je mehr Du das lernst und je besser Du diese Disziplin meisterst, umso mehr wirst Du dazu beitragen können, dass die Menschheit insgesamt heilt und die Erde in ein gesundes Gleichgewicht zurückfindet. Kritik am Verhalten anderer Menschen, das Aufspüren von fehlerhaftem Verhalten, das Ärgern, das Sorgenmachen, das Kritisieren, Nörgeln und Streiten, all diese Verhaltensweisen werden nur dafür sorgen, dass wir alle noch ein bisschen länger auf die gewünschte, ja ersehnte Heilung warten müssen.

## Übernimm die Verantwortung

Es ist vielmehr an der Zeit, dass Du jetzt die Verantwortung für Dich selbst und für Deine eigene Heilung übernimmst. Denn wir alle haben auf diesem Planeten nur eine Aufgabe: Wir dürfen lernen, unsere Gedanken unter unsere Kontrolle zu bringen und absichtlich zu denken. Die Cappuccino-Strategie hilft Dir dabei, das zu erlernen und immer besser darin zu werden, Deine Gedanken gezielt auf das zu richten, was Du erschaffen möchtest. Damit habe ich jetzt ein bisschen vorgegriffen; lass mich später noch einmal auf dieses Thema zurückkommen.

## Es ist schrecklich, egoistisch zu sein

Das ist sozusagen die andere Seite des Sorgenmachens: es geht meistens um andere Menschen. So kann es also sein, dass Du Dich jetzt in diesem Moment fragst, ob Du nicht viel zu egoistisch bist, wenn Du ab sofort nur noch auf Dich, Deine Gedanken und Deine Gefühle achtest. Ich glaube, dass hier eines der wichtigsten Missverständnisse der gesamten Menschheit liegt: Das Leben handelt ausschließlich von Dir! In allererster Linie geht es doch in diesem Leben darum, ob Du Dich wohlfühlst und ob Du Spaß hast bei dem, was Du Leben nennst. Es stimmt: Wenn Du das in den Mittelpunkt Deiner Bemühungen rückst, dann ist das auf der einen Seite sehr egoistisch. Doch auf der anderen Seite ist es – zumindest meiner Meinung nach – nicht das, was wir alle herkömmlich mit Egoismus meinen. Herkömmlich betrachtet ist es egoistisch, wenn jemand immer nur auf seinen Vorteil bedacht ist, darauf, ein möglichst großes Stück vom Kuchen zu bekommen und andere Menschen zu übervorteilen.

Das ist hier nicht gemeint! Der Egoismus, von dem ich spreche, liegt begründet in der Erkenntnis, dass es zunächst einmal Dir gutgehen muss, bevor Du ein Geschenk für die Welt sein kannst. Denn nur wenn Du Spaß hast, das Leben genießt, viele gute Gefühle fühlst und begeistert bist von dem, was Du an jedem Tag erlebst, können andere Menschen davon profitieren, Dir bei dem zuzuschauen, was Du Leben nennst. So ist diese Art von Egoismus gemeint.

In Bezug auf die Ziele, die Du in Deinem Leben erreichen möchtest, gehe ich grundsätzlich davon aus, dass es sich um Ziele handelt, mit denen Du eine Zukunft erschaffst, in der wir alle leben wollen. Das ist natürlich ein neues Kriterium für Ziele, das Du vielleicht bisher in Deinen Überlegungen nicht berücksichtigt hast. Mir geht es nicht darum, dass Du erst einmal das Wohl anderer Menschen in den Mittelpunkt stellst und Deine Ziele danach ausrichtest, dass möglichst viele andere Menschen davon profitieren. Doch ich bin der festen Überzeugung, dass Deine positiv und liebevoll empfundenen und entwickelten Ziele durchaus viele Aspekte enthalten und Wirkungen haben werden, die mindestens auch einigen anderen Menschen zugutekommen werden. Das ist ein schöner Aspekt der Zielplanung und damit kannst Du sicherstellen, dass der negative Egoismus, bei dem Du anderen Menschen in selbstsüchtiger Manier etwas wegnimmst, außen vor bleibt.

## Die Sache mit dem Glück

Auch auf das Thema „Glück" möchte ich an dieser Stelle eingehen: Natürlich ist es schön, wenn wir Menschen Glück haben. Doch auf der anderen Seite hat dieser Glücksbegriff etwas Zerbrechliches, etwas nicht Planbares, so, als könntest Du die Ereignisse in Deinem Leben eben doch nicht vollkommen bestimmen. Es schwingt sozusagen eine Energie mit bei diesem Begriff, die etwa lautet: Es hätte auch schiefgehen können, aber ich habe eben Glück gehabt. Damit Du mich richtig verstehst: Natürlich wünsche ich Dir alles Glück der Welt! Doch wenn ich ehrlich bin, dann wünsche ich Dir mehr als das. Ich wünsche Dir, dass Du verstehst, wie Du von dem Gefühl des Glückhabens hinkommen kannst zu einem tiefen Verständnis der Gesetze des Universums und wie Du es selbst beeinflussen kannst, dass die Dinge in Dein Leben kommen, die Du haben, erreichen beziehungsweise erleben möchtest.

### Was glaubst Du zum Thema Glück?

Also nimm dieses Thema mit bei einer guten Tasse Cappuccino: Was bedeutet Glück für Dich? Musst Du Glück haben, um in diesem Leben über die Runden zu kommen? Und von wem kommt das Glück? Gibt es da draußen jemanden, der uns Menschen das Glück zuteilt? Da sind wir natürlich wieder ein bisschen beim Gottesbegriff und der Frage, ob den Menschen grundsätzlich einheitlich viel Glück zugeteilt wird oder ob man eben ein Glückspilz sein muss, um möglichst viel Glück in seinem Leben zu haben. Wenn Du Lust hast, dann nimm Dir doch einfach mal die Zeit, um wirklich grundlegend Dein Verhältnis zum Glück zu klären. Denn natürlich gehe ich davon aus, dass Du Deine Ziele erreichen willst, weil Du glaubst, dass Du dann glücklicher bist als heute. Wenn Du dann auf der anderen Seite davon ausgehst, dass Dir nur eine bestimmte Menge Glück zur Verfügung steht, dann könnte Dir Dein Bild vom Glück durchaus im Weg sein.

Vielleicht wird Dir jetzt bewusster, dass der eine oder andere begrenzende Glaubenssatz aus Deiner Kindheit und eben der Zeit, die Du bisher auf diesem Planeten verbracht hast, durchaus im Weg sein kann, wenn Du große, schöne Ziele erreichen möchtest. Zum Glück lassen sich solche Glaubenssätze auflösen und einmal mehr hilft auch hier der Fokus auf das, was Du haben möchtest, um die alten Begrenzungen zu überwinden. Ich persönlich finde das Gefühl des Glücks ausgesprochen positiv und bin zu der Überzeugung gelangt, dass da draußen ein Universum ist, welches mir möglichst häufig dieses Gefühl geben möchte. Dieses Universum ist überaus froh, wenn ich glücklich bin; es möchte mich glücklich machen mit alldem, was es mir in der Welt der Materie zur Verfügung stellt. So wie Eltern sich freuen, wenn ihr Kind glücklich ist, so, glaube ich, freut sich auch das Universum, wenn ich glücklich bin. Dieser Wechsel der Perspektive hilft mir im Alltag sehr, Glück eben nicht als etwas Zufälliges zu empfinden, sondern als etwas durchaus Beabsichtigtes. Und je glücklicher ich bin, desto mehr Glück kommt in mein Leben. Ich bin einfach gerne glücklich!

## Zwei Schritte vor, zwei zurück

Vielen Menschen geht es so, dass sie zwar Ziele haben und sich eine schöne Zukunft ausmalen und manchmal sogar mit ihren Freunden, Verwandten und Familienmitgliedern darüber sprechen, was sie sich Tolles ausgedacht haben, doch dann rudern sie zurück. Es ist so, als würden diese Menschen tatsächlich zwei Schritte auf ihr großes, wundervolles Ziel zugehen, um dann augenblicklich wieder Gründe zu finden, warum es entweder unmöglich ist, das Ziel zu erreichen, oder warum sie sich gar nicht sicher sind, ob sie es wirklich erreichen möchten. Dabei fühlte es sich so gut an, als sie über das großartige Ziel gesprochen haben. Jeder, der anwesend ist, kann fühlen, wie gerne diese Menschen dieses Ergebnis in ihrem Leben haben würden, wie gerne sie dieses Ziel erreichen würden.

Es gibt auch Paare, die diese Technik perfektioniert haben; sie bremsen sich gegenseitig beim Formulieren und Erreichen der Ziele. Ich persönlich finde es immer traurig, weil ich ganz im Gegenteil dazu der Meinung bin, dass man insbesondere in einer Partnerschaft und Liebesbeziehung die Aufgabe hat, den anderen bestmöglich zu unterstützen, auch und gerade dabei, dass er oder sie Ziele findet, von denen die entsprechende Begeisterung ausgeht. Denn wer sollte mehr daran interessiert sein, dass man begeistert ist, als die eigene Partnerin oder der eigene Partner. Für meine Frau und mich ist das tatsächlich eine ganz entscheidende Komponente unserer Beziehung; wir sprechen ausgesprochen viel über unsere Ziele.

## Bitte um Unterstützung!

Wenn das bei Dir in der Partnerschaft oder in der Familie so sein sollte, dass Du Dich von den anderen eher ausgebremst fühlst in Bezug auf das Setzen und Erreichen Deiner Ziele, dann kannst Du diejenigen Personen doch einfach auch einmal konkret um Hilfe und Unterstützung dabei bitten. Den Versuch ist es doch mindestens wert, denn es kann ja sein, dass sich die anderen dessen gar nicht bewusst sind, dass sie bremsend auf Deinen Enthusiasmus wirken. Und ebenso wichtig kann es für Dich sein, dieses Thema als eines Deiner Ziele zu formulieren: Ich möchte Freunde, Verwandte und Bekannte in meinem Leben haben, die mich beim Finden und Erreichen meiner Ziele mit Freude und Spaß unterstützen, die mit Begeisterung zuhören, wenn ich über meine Zukunft spreche. Und ich möchte mich mit vielen Menschen umgeben, die ebenfalls große Ziele haben und fest davon überzeugt sind, dass sie diese erreichen können.

Für mich persönlich, das ahnst Du schon, ist das ein ganz wesentlicher Bestandteil meines Lebens. Ich achte immer darauf, dass ich mich mit Menschen umgebe, die ebenfalls große Ziele haben, möglichst sogar größere Ziele als ich selbst. Das wirkt ausgesprochen inspirierend auf mich, denn wenn die anderen in meiner Umgebung daran glauben, dass man große Ziele erreichen kann, dann fällt es mir natürlich auch leichter, daran zu glauben.

Die Kehrseite der Medaille ist selbstverständlich auch, dass Du selbst im Alltag darauf achten darfst, dass Du auf andere Menschen inspirierend und unterstützend wirkst, wenn sie über ihre Ziele sprechen. Vielleicht hast Du Kinder und dann ist es ganz besonders wichtig, dass Du fest davon überzeugt bist, dass sie große Ziele erreichen können – ihre großen Ziele! Denn natürlich sind ganz viele Eltern der Meinung, dass sie genau wüssten, welche Ziele ihre Kinder erreichen sollten und was sie begeistern sollte. Das hat aber mit der Realität nicht viel zu tun, meistens sind die Kinder von ganz anderen Zielen begeistert als ihre Eltern. Also darfst Du insbesondere dann, wenn Du Vater oder Mutter bist, darauf achten, dass Deine Kinder genügend Spielraum für eigene große Ziele haben und dass sie gleichzeitig bei Dir beobachten können, wie man sich erfolgreich große Ziele setzt und diese auch erreicht.

## Veränderung ist nötig

Lass mich zu diesem Thema noch einmal ganz konkret werden. Wenn Du Dir Ziele setzt, insbesondere dann, wenn Du Dir große Ziele setzt, dann bedeutet das im Wesentlichen eins: Du darfst Dein Verhalten verändern. Ich habe sogar in meinem Leben festgestellt, dass große Ziele, von denen ich wirklich begeistert bin, noch eine andere Wirkung haben: Je mehr ich mich für diese Ziele begeistere, desto auffälliger ist es, dass ich mich plötzlich für ein neues Verhalten interessiere oder neue Interessen entwickle, die ich vorher nicht gehabt habe. Worauf will ich hinaus? Ich möchte Dich deutlich darauf hinweisen, dass Du derjenige bist, der sich verändern darf, wenn Du große, andere Ziele erreichen möchtest als die, welche Du bisher in Deinem Leben erreicht hast. Dein Verhalten darf sich verändern und allein das ist schon etwas Wichtiges, was für den einen oder anderen Menschen bedrohlich wirken kann.

Wir Menschen gehören zu den Lebewesen, denen es auffällt, wenn etwas anders ist, aber am liebsten – und das muss nicht für alle Menschen gelten – nur das erleben möchten, was sie schon kennen. Ich habe bei mir selbst in den vergangenen über 20 Jahren feststellen können, dass ich mich an die Veränderung gewöhnen durfte und gewöhnen konnte. Heute ist die persönliche Veränderung, das Ausprobieren eines neuen Verhaltens, für mich eine alltägliche Erfahrung. Ich bemühe mich ständig darum, Dinge anders zu tun als bisher, um mein Gehirn flexibel zu halten und mich selbst darin zu üben, dass das Neue alltäglich ist. Allerdings kann es ja gut sein, dass dies das erste Buch ist oder das wichtigste, das Du zum Thema Lebensveränderung liest. Das würde konkret bedeuten, dass Du die freiwillige Veränderung bisher wahrscheinlich nicht gewohnt bist. Dann kann es durchaus sein, dass Du im Moment noch ein wenig zögerst, bevor Du Dir vollkommen bewusst bist, wie leicht die persönliche Veränderung vonstattengehen kann.

Denn das ist natürlich der konkrete Hintergedanke, der früher die Angst in Dir hätte auslösen können: dass Du ein neuer, anderer Mensch werden musst, der Du vielleicht gar nicht sein willst. Du machst Dir keine Vorstellung davon, wie viele Menschen diesen Gedanken gedacht haben, bevor sie in unsere Seminare kamen. Denn tatsächlich passiert im Rahmen der persönlichen Veränderung, insbesondere durch die großen Ziele, die Dich begeistern, etwas vollkommen anderes: Du wirst zum ersten Mal der Mensch sein, der Du wirklich sein möchtest, wirst mehr das Gefühl haben, Du selbst zu sein, als jemals zuvor in Deinem Leben. Das ist der Effekt, den Du auch nach dem Lesen dieses Buches bei Dir selber beobachten wirst. Es kann sogar sein, dass andere Menschen Dich darauf ansprechen, dass Du Dich so sehr verändert hast, nachdem Du dieses Buch gelesen hast. Und obwohl diese Menschen Dich darauf hinweisen, fällt es Dir selber an Deinem eigenen Verhalten gar nicht so deutlich auf. Das ist ein völlig normaler Effekt und ich erinnere mich sehr gut daran, dass meine Kinder mich seinerzeit darauf hingewiesen haben, dass ich mich an sehr vielen Stellen sehr anders verhielt und ich durch ihr Feedback bemerkte, dass ich meine eigene Veränderung gar nicht so sehr mitbekommen hatte.

## Veränderung geht leichter

Insofern brauchst Du an dieser Stelle keine Bedenken zu haben, dass Du ein anderer Mensch wirst, denn es geht nur um Dein Verhalten und, um genau zu sein, um Dein Verhalten in bestimmten Situationen. Im Gegenteil sind viele Menschen erstaunt darüber, wie leicht die Veränderung vonstattengeht, wenn sie sich ein großes Ziel gesetzt haben, das sie begeistert und wie magisch anzieht. Ziele setzen in Dir genau die Kräfte frei, die Du benötigst, damit die persönliche Veränderung leicht und mit sehr viel Spaß und Freude vorangeht.

### Finde Gründe für die Veränderung!

Dies ist wieder mal eine schöne Idee, über die Du bei einem Spaziergang oder eben bei einer guten Tasse Cappuccino nachdenken kannst: Warum würde es sich lohnen, sich für Deine großen Ziele zu verändern? Was genau ist Dir am Leben Deiner Träume so wichtig, dass Du dafür sogar bereit wärst, alte Verhaltensweisen über Bord zu werfen und neue Verhaltensweisen zu üben? Je mehr Gründe Du bei diesem Nachdenken findest, die Du vielleicht auch in einem kleinen Notizbüchlein notieren möchtest, desto mehr wirst Du feststellen, wie gut Du Dich bei dem Gedanken fühlst, dass Deine großen Ziele bereits erreicht sind. Fragen wie diese helfen Dir dabei, dass es Dir noch leichter fällt, Dir das Ergebnis vorzustellen, das Du erreichen möchtest. Insofern bringen Dich diese Fragen wirklich voran! Mir persönlich geht es so, dass mir in den Momenten, in denen ich mich ein wenig entspanne, sehr häufig solche Fragen in den Sinn kommen, sodass ich mich mit den Antworten in Ruhe beschäftigen kann.

## Wie Denken funktioniert

Den allermeisten Menschen ist nicht bewusst, dass das Denken mit Hören zu tun hat. Denn wenn wir Menschen denken, dann hören wir Stimmen in unserem Kopf, meistens unsere eigene. Das kannst Du jetzt ganz leicht nachvollziehen, indem Du das Buch kurz zur Seite legst oder zumindest woanders hinschaust und einen Gedanken denkst wie: „Ich lese gerade ein

Buch." Wenn Du diesen Satz denkst, dann hörst Du ihn in Deinem Kopf, er wird sozusagen von Dir selber gesprochen, auch wenn Du dabei Deinen Mund nicht bewegst. Ich bin absolut erstaunt, wenn ich zum Beispiel in unseren Seminaren mitbekomme, dass den allermeisten Menschen nicht klar ist, dass sie dies noch nicht mitbekommen haben. Natürlich kann man sich da die Frage stellen, was in unseren Schulen gelehrt wird, wenn dieser entscheidende Aspekt nicht berücksichtigt wird. Denken heißt also typischerweise mit sich selbst zu sprechen.

## Wer denkt wirklich?

Ein anderer spannender Aspekt des Denkens ist die Frage, woher Deine Gedanken kommen. Vielleicht hast Du Dir auch diese Frage noch nie gestellt? Wir alle gehen wie selbstverständlich davon aus, dass wir selber denken, dass dies sozusagen eine Funktion unseres Gehirns ist. Doch je länger ich mich mit diesem Thema beschäftige, desto weniger bin ich mir sicher in Bezug auf die Antwort auf diese Frage. Ich sage Dir, was meiner Meinung nach der entscheidende Punkt ist: Du kannst den nächsten Gedanken, den Du denken wirst, typischerweise nicht vorhersagen. Jetzt könntest Du einwenden, dass das nicht stimmt, denn wenn Du jetzt zum Beispiel denkst: „Schönes Wetter, schönes Wetter, schönes Wetter, schönes Wetter, schönes Wetter, schönes Wetter", dann kann ich mit relativ großer Sicherheit vorhersagen, dass Dein nächster Gedanke „schönes Wetter" sein wird. ☺

Doch für die anderen Gedanken, die Du den Tag über denkst, stimmt dies nicht. Da weißt Du typischerweise nicht, was Dein nächster Gedanke ist. Wenn es jetzt also wirklich stimmen würde, dass Dein Gehirn selbst die Gedanken denkt, müsstest Du dann nicht den nächsten Gedanken vorhersagen können? Wenn Du Dich mit dem Gesetz der Anziehung vertraut gemacht hast, dann ist Dir klar, dass der nächste Gedanke zumindest in einer Hinsicht dem vorhergegangenen sehr ähnlich sein wird: Er wird sich ähnlich anfühlen. Wenn Du also gerade darüber nachdenkst, wie schön

Dein Leben ist, wie angenehm, was für herrliche Freunde Du hast, wie schön Du wohnst und was für ein wundervolles Auto Du fährst, dann werden Deine nächsten Gedanken typischerweise auch mit dem Thema zu tun haben, dass irgendetwas anderes in Deinem Leben ebenfalls schön ist. Das ist eben das Gesetz der Anziehung in Aktion!

Das gilt natürlich auch andersherum: Wenn ein Mensch negative Gedanken denkt und zum Beispiel depressiv ist, also den überwiegenden Teil des Tages darüber nachdenkt, was alles negativ, schlimm und blöd in seinem Leben ist, dann wird dieser Mensch sehr wohl in der Lage sein, sehr viele weitere negative Gedanken anzuziehen und zu denken. Jetzt verstehst Du auch, was passiert, wenn Du Dich früher als Opfer gefühlt hast und Dich vielleicht sogar bei anderen oder bei Dir selbst darüber beklagt hast, wie schlimm die Welt zu Dir ist. Solche Gedanken haben früher dafür gesorgt, dass weitere Gedanken des Opferseins in Dein Leben kamen und dass Du Dich nur umso mehr als Opfer der Umstände gefühlt hast.

## Die Umstände gezielt erschaffen

Jetzt hast Du verstanden, dass Du genau diesen Kreislauf immer durchbrechen möchtest, falls Du zufällig noch einmal in ihn hineingeraten solltest, etwa dadurch, dass Du Dich mit frustrierten Familienangehörigen, depressiven Freunden oder nörgelnden Arbeitskollegen umgeben hast. Wenn Du lange genug mit solchen Menschen zusammen bist oder wenn Du Fernsehen guckst, dann wird Dir mehr und mehr die Flut der negativen Gedanken und Äußerungen bewusst werden, die von diesen Menschen und Quellen ausgehen. Da allerdings Deine Gedanken Deine zukünftige Realität erschaffen, darfst Du eben lernen, möglichst schnell solche negativen Schleifen zu durchbrechen, Dich auf die positiven Aspekte des Lebens zu fokussieren und dadurch in kurzer Zeit wieder in einen guten Gemütszustand zu kommen.

Ich möchte es einfach mal so ausdrücken: Wir alle, jeder Mensch auf diesem Planeten, haben absolut dieselbe Aufgabe zu bewältigen. Wir dürfen lernen, unsere Gedanken unter unsere Kontrolle zu bringen! Es spielt keine Rolle, wo Du lebst, wie viel Geld Du verdienst, wie erfolgreich oder erfolglos Deine Eltern waren, mit wem Du zusammenlebst oder ob Du alleine bist. Diese aktuellen Lebensumstände sind nur das Ergebnis der Gedanken, die Du bisher gedacht hast, der Wörter, die Du bisher ausgesprochen hast und der Taten, die Du daraufhin unternommen hast. Die Gegenwart, um das noch einmal ganz deutlich zu sagen, ist nur das Ergebnis von vergangenen Ereignissen. Und es dürfte Dir längst klar geworden sein, dass Du die Gegenwart nicht verändern kannst. Deswegen ist es ja so wichtig, dass Du mit dieser Gegenwart Deinen Frieden machst, eben weil Du sie jetzt im Moment nicht ändern kannst. Sie ist nur ein Ergebnis der Vergangenheit. Was Du ändern kannst, ist Deine Zukunft! Und Du änderst diese Zukunft und machst sie anders als Deine Vergangenheit und Deine Gegenwart, indem Du lernst, Deine Gedanken auf das zu fokussieren, was Du wirklich in Deinem Leben haben möchtest. Letztlich ist dies die Anatomie des Zielesetzens, es ist das, was hinter den Kulissen stattfindet, wenn Du eine Zukunft planst, die Du wirklich erleben möchtest.

Ich nehme mir deshalb in diesem Buch für diesen Aspekt so viel Zeit, weil es mir so unglaublich wichtig ist, dass Du diese neue Erkenntnis wirklich verstehst und beginnst, ab sofort danach zu handeln. Ich weiß, das alles kann Dir ausgesprochen trivial und einfach vorkommen. Und doch darfst Du in diesem Moment lernen, dass es eine echte Aufgabe und ein echtes Ziel ist, dass Du Deine Gedanken unter Deine Kontrolle bringst! Du darfst lernen, absichtlich zu denken. Lass mich das noch einmal genauer sagen: Du darfst lernen, absichtlich positiv zu denken.

## Die Gedanken wandern umher

Wenn Du das vielleicht jetzt zum ersten Mal in Deinem Leben hörst und beginnst, Deine Gedanken zu überprüfen, dann wird Dir höchstwahrscheinlich sehr schnell bewusst, wie sehr Deine Gedanken umherwandern. Ständig rückt etwas anderes in den Mittelpunkt der Aufmerksamkeit, ohne dass Du es bisher mitbekommen hättest und Du stellst fest, dass das Fokussieren Deiner Gedanken auf ein von Dir vorgegebenes Thema oder Ergebnis tatsächlich eine richtige Herausforderung darstellen kann – zumindest am Anfang. Deswegen ist es ja das Erste, was Du formulieren darfst: „Ich möchte meine Gedanken unter meine Kontrolle bringen, ich möchte lernen, absichtlich zu denken, ich möchte immer wieder darauf achten, dass ich mich gut fühle!" Diese Sätze können Dein neues Mantra werden, Du darfst sie wirklich immer mal wieder vor Dich hinsagen und noch besser wäre es, wenn Du zu Beginn eines jeden Tages einen Moment der Ruhe fändest, um diese Absichten zum Ausgangspunkt Deiner Aktivitäten zu machen.

## Gute Gefühle sind ein Katalysator

Das Leben Deiner Träume beginnt also in Deinem Kopf; es startet bei Deinen Gedanken und wie schnell es Wirklichkeit wird, hängt wirklich einzig und allein davon ab, wie sehr Du in der Lage bist, Dich auf die einzelnen Bestandteile dieses neuen Lebens zu konzentrieren und darauf zu freuen. Lass mich hier noch einmal auf die Frage eingehen, warum Du Dir überhaupt Ziele setzt. Das ist nämlich einfacher, als Du bisher vielleicht gedacht hast: Wir Menschen setzen uns Ziele, weil wir glauben, dass wir uns nach dem Erreichen dieser Ziele besser fühlen als heute. Das ist der einzige Grund!

Konsequenterweise bedeutet das auch, dass diese Zukunft, von der Du träumst, sehr gute Gefühle in Dir auslösen darf. Achte darauf, dass Du immer und ausschließlich eine Zukunft planst, die Du wirklich erleben möchtest. Das geht also weit darüber hinaus, das Sorgenmachen zu unterlassen, und es geht ganz klar darum, über die Zukunft nur noch positive Gedanken zu denken. Sobald Du bei diesen Träumen gute Gefühle empfindest, weißt Du sicher, dass Du auf dem genau richtigen Weg bist. Diese positiven Gedanken sind die Bestätigung, dass Du gemeinsam mit den unsichtbaren Kräften des Universums danach strebst, ein wunderschönes

Leben für Dich und die Menschen zu erschaffen, die Du liebst. Je mehr gute Gefühle Du dabei empfindest und je intensiver diese Gefühle mit ein wenig Übung werden, desto schneller werden Deine Träume wahr werden. Gute Gefühle sind sozusagen der Katalysator Deiner Träume.

## Folge Deinem Navigationssystem

Deine Gefühle sind Dein inneres Navigationssystem, und Menschen, die sich schon länger mit dem Gesetz der Anziehung und der Bedeutung des Denkens auseinandersetzen, haben längst erkannt, dass sie ihre eigenen Gefühle wie ein Navigationssystem nutzen können. Schlechte Gefühle, die Du empfindest, bedeuten nur eins: Dein höheres Selbst, Dein inneres Navigationssystem, die göttliche Führung oder wie auch immer Du dieses System nennen möchtest, gibt Dir einen klaren Hinweis, dass Du Deine Gedanken und Deine Aufmerksamkeit gerade auf etwas richtest, was Dir nicht helfen wird, die Zukunft Deiner Träume zu erschaffen! Gute Gefühle bedeuten dementsprechend, dass Du genau auf dem richtigen Weg bist.

Es ist also wie beim Topfschlagen, falls Du Dich an dieses Spiel aus den Kindertagen erinnerst. Beim Topfschlagen ging es darum, dass zum Beispiel eine Tafel Schokolade unter einem Topf versteckt wurde, einem Kind wurden die Augen verbunden und es musste dann mit einem Holzkochlöffel versuchen, den Topf zu finden. Damit es überhaupt eine Chance hatte, gaben die anderen Kinder dem Kind mit den verbundenen Augen Hinweise, die sehr einfach waren. „Kalt" bedeutete, dass das Kind in der falschen Richtung unterwegs war, „wärmer", „heiß" und „sehr heiß" deuteten darauf hin, dass es auf dem richtigen Weg war. Das ist die perfekte Analogie zum richtigen Umgang mit Deinen Gefühlen. Schlechte Gefühle bedeuten ausschließlich, dass Du den klaren Hinweis bekommst, Dich möglichst schnell auf etwas anderes zu konzentrieren, was bessere Gefühle in Dir hervorruft.

## Du brauchst das Schlechte nicht aufzuarbeiten

Das bedeutet dann konsequenterweise auch, dass es keine Notwendigkeit für Dich gibt, das Negative, Schlechte in Deinem Leben aufzuarbeiten oder Dich darauf längere Zeit zu konzentrieren, im Gegenteil! Je mehr Du Dich mit schwierigen Situationen in Deinem Leben auseinandersetzt, je mehr Du Dich um Deine Probleme oder die Probleme anderer Menschen kümmerst, je öfter Du in schlechten Gefühlen badest, desto negativer wird Deine nahe Zukunft sein. Vielleicht hast Du im Moment noch keine Vorstellung davon, wie fehlgeleitet viele Menschen in Bezug auf dieses Thema sind. Aus meiner Erfahrung weiß ich, dass insbesondere auch Therapeuten und Ärzte, Menschen, die anderen eigentlich helfen wollen, der festen Überzeugung sind, dass das intensive Kümmern um Probleme eine Lösung bringen könnte. Ich hoffe, dass Du jetzt schon bereit bist zu verstehen, wie unsinnig diese Idee ist.

Stattdessen bist Du geboren worden in eine Welt, die wirklich einfach zu verstehen ist, deren Spielregeln so simpel sind, dass die meisten Menschen sie nur aus diesem Grunde übersehen. Halte Dich einfach ab heute konsequent an das Bild des Topfschlagens. Folge dem guten Gefühl, lerne, Dich konsequent auf gute Gefühle, schöne Situationen, angenehme Bilder, schöne Erinnerungen und all das Positive in dieser herrlichen Welt zu konzentrieren. Das klingt Dir zu einfach? Und vielleicht stellst Du Dir in diesem Moment auch die Frage, warum Dir das vorher noch niemand gesagt hat? Warum Deine Eltern Dich nicht darüber informiert haben, wie einfach das Leben und wie simpel die Gebrauchsanweisung für diesen Planeten und das ganze Universum ist? Vergib all diesen Menschen, die Dir erklärt haben, wie das Leben funktioniert. Sie haben es einfach nicht gewusst. Sie haben es sich selbst und damit auch Dir schwerer gemacht, als man sich vorstellen kann. Nachdem Du jetzt weißt, wie einfach alles ist, brauchst Du allerdings die anderen nicht gleich zu bekehren.

# Geh mit Deinem Beispiel voran!

Stattdessen möchte ich Dir empfehlen, einfach als gutes Beispiel zu dienen, indem Du das Leben Deiner Träume erschaffst. Das ist nämlich in jedem Fall sogar für Deine Kinder, falls es welche gibt, viel besser, als wenn Du anfangen würdest, darüber zu philosophieren, wie das Leben funktioniert. Das hilft den anderen viel weniger. Wenn Du stattdessen beginnst, immer mehr wundervolle Situationen, Lebensumstände, wundervolle Freunde, Urlaube, Reichtum und liebevolle Beziehungen zu manifestieren, dann werden sich die Menschen in Deiner Umgebung die Frage stellen, wie Du das hinbekommen hast. Wenn sie dann zu Dir kommen und Dich tatsächlich fragen, wenn sie also lernen und mitbekommen wollen, wie das Leben wirklich funktioniert, dann wäre das der perfekte Zeitpunkt, um ihnen einen Hinweis zu geben.

Deswegen gehe ich davon aus, dass Du für Dein eigenes Leben bereit bist, denn mit dieser Energie, die aus Deiner Verzweiflung oder Deinem Willen resultieren kann, ein wirklich schönes Leben zu leben, hast Du mein Buch in Dein Leben bestellt. Verstehst Du schon die Zusammenhänge? Wenn Du verstanden hast, was ich auf den vergangenen Seiten beschrieben habe, dann ist Dir jetzt klar, dass Du diese Zeilen liest, weil Du bereit bist oder eben weil Du die Nase von dem Leben, das Du Dir bisher zusammengelebt hast, wirklich gestrichen voll hast. Einmal mehr: Der Startpunkt, von dem aus Du die Reise zu einem selbstbestimmten Leben beginnst, ist vollkommen und für alle Zeit irrelevant. Dass Du die Reise begonnen hast, dass Du diese Zeilen liest und Dir selbst damit die Möglichkeit gibst, Deine Gefühle zu bestimmen und sie als Navigationssystem für Deine wundervolle Zukunft zu nutzen, das ist das Wunder des Lebens. Du kannst alles erreichen, was Du möchtest, wenn Du nur bereit bist, Deinen guten (!) Gefühlen zu folgen.

## Ein letzter Zweifel

Ein letzter Zweifel mag sich jetzt in Dir noch melden: die Frage danach, ob es wirklich so einfach ist. Doch selbst dann, wenn Dich diese Frage einige Zeit beschäftigen würde, wäre das doch nur der Beweis dafür, dass Du auf dem richtigen Weg bist. Als Argument möchte ich Dir jetzt mindestens mit auf den Weg geben, dass Du dem Thema eine Chance geben könntest. Du könntest Dich also bereit erklären, in den kommenden vier Wochen konsequent und durchgehend, so gut es Dir möglich ist, über alles Mögliche nachzudenken, was Dir an schönen Dingen gerade auffällt. Du würdest Dich, nur für diese vier Wochen, vollkommen auf Deine guten Gefühle konzentrieren, um dann zu beobachten, ob sich Dein Leben tatsächlich zum Besseren wendet. Was hast Du schon zu verlieren? Wenn all das, was ich Dir hier beschrieben habe, nicht funktionieren sollte, dann hättest Du einfach nur vier Wochen Deines Lebens lang gute Gefühle gehabt, viel Spaß und Freude. Und das wäre ja vermutlich auch nicht wirklich schlimm! ☺

Selbstverständlich kann es sein, dass die Menschen in Deiner Umgebung diesen Versuch für seltsam halten, und wir bekommen tatsächlich von unseren Teilnehmern regelmäßig das Feedback, dass Menschen aus dem „Mischgebiet" seltsam reagieren, wenn sie mit der guten Laune konfrontiert werden. Doch nehme all dies, falls es auch bei Dir so sein sollte, einfach nur als Nebenwirkung hin, auf die Du wiederum so wenig Aufmerksamkeit wie möglich lenken solltest, weil diese Art von Feedback ja eben keine guten Gefühle macht. Auch wenn Du den anderen Menschen Vorwürfe machen würdest, dass sie gefälligst ebenfalls gut drauf sein sollen, würde Dir das vermutlich ebenfalls keine guten Gefühle machen. Doch genau das war ja das Ziel der Übung: Bleibe eben möglichst diese vier Wochen lang in den besten Gefühlen, die Du Dir vorstellen kannst. Selbst wenn es in den ersten Tagen ein wenig holprig ist, so wirst Du doch schon nach sehr kurzer Zeit feststellen, wie gut das tut. Also mach Dich bereit für den neuen Lebensabschnitt, der letztlich nur noch einem einzigen Ziel folgt: Du willst so viele gute Gefühle haben, wie es nur möglich ist.

### Entdecke das Schöne in Deiner Welt!

Wenn Du Dich auf diese machtvolle Übung einlassen möchtest, dann wird sie Dir am leichtesten fallen, wenn Du gleich morgens nach dem Aufwachen schon damit beginnst, das Schöne in der Welt zu finden. Die warme Bettdecke, das Kissen, auf dem Du liegst, das Vogelgezwitscher draußen – was auch immer Du nutzen möchtest, um gut in den Tag zu starten. Dankbarkeit ist einer der wichtigsten Schlüssel für gute Gefühle. Was hältst Du davon, jetzt eine Liste der schönen Aspekte Deines Lebens anzufangen? Nimm Dir doch einfach einen Zettel und einen Stift in die Hand und schreibe die Dinge auf, für die Du dankbar bist und die Dir gute Gefühle machen.

Solltest Du dann mal in einen Tag starten, an dem Dir partout nichts einfallen will, das schön ist oder für das Du dankbar bist, dann kannst Du einfach diese Liste hervorholen und schon wenige Augenblicke später wird sich Deine Laune deutlich verbessert haben. Und denk auch immer daran: Dein wichtigstes Ziel ist es, Dich möglichst immer, in wirklich jeder Situation, so gut wie möglich zu fühlen.

## Das kannst Du für die Cappuccino-Strategie nutzen

- Finde Dein Urvertrauen wieder.
- Auch Du kannst Dich schnell entscheiden, wenn Du weißt, wie das funktioniert.
- Du kannst das Gefühl von Neid ab sofort positiv einsetzen.
- Von Deinen Sorgen kannst Du eine Menge darüber lernen, wie Du Dir Ziele richtig setzt.
- Du darfst Dich bereitmachen für Deine persönliche, positive Veränderung.
- Finde heraus, wie Du Deine Gedanken auf das gewünschte Ergebnis ausrichten kannst.
- Das Gute an Deiner Vergangenheit ist, dass sie vorbei ist. Lass sie in Ruhe und konzentriere Dich auf Deine blühende Zukunft.

# 7. Ich gestalte mein Leben neu

Jetzt kommen wir also zu dem wichtigen Teil der Cappuccino-Strategie, den Kapiteln, die Dir Deine schöpferische Kraft zurückgeben und es Dir ermöglichen, die Zukunft wirklich so zu gestalten, wie Du sie erleben möchtest. Da Du bis hierhin gelesen hast, ist Dir längst klargeworden, dass Du immer dann innehalten solltest, wenn etwas keinen Spaß macht. Denn wenn es keinen Spaß macht, bedeutet das ja eben, dass Du nicht dabei bist, das Leben Deiner Träume zu erschaffen – Du bist auf dem Holzweg. Doch was ist, wenn Dir das Aufräumen des Kellers, der Abwasch und der regelmäßige Besuch der Muckibude keinen Spaß bereiten? Solltest Du dann diese Tätigkeiten unterlassen und Dich stattdessen in das örtliche Café oder die Eisdiele setzen, um in möglichst kurzer Zeit eine möglichst große Menge von Kalorien zu verzehren, zumal ja auch Zucker angeblich gute Gefühle machen soll, wenn man den Körper erst einmal dahingehend trainiert hat?

Ich glaube, dass diese Themen für viele Menschen, die sich zum ersten Mal mit dem Gesetz der Anziehung und der Cappuccino-Strategie beschäftigen, wirklich wichtig sind. Denn vermutlich haben die meisten von uns gelernt, dass es eben ohne Disziplin und Durchhaltevermögen nicht geht. Lass uns bei dem Beispiel Muckibude bleiben: Viele Menschen, die dort hart trainieren, haben mir berichtet, dass sie sich nur dadurch motivieren können, indem sie sich vorstellen, wie gut sie sich fühlen, wenn sie nassgeschwitzt mit dem Training fertig sind. Das Gefühl, alles gegeben, die eigenen Grenzen gesprengt und den inneren Schweinehund überwunden zu haben, sei unbeschreiblich schön. Wenn Du jetzt das eine oder andere Fitness-Magazin aufschlägst, dann wirst Du dort typischerweise genau diese Empfehlungen lesen.

## Ein Element der Cappuccino-Strategie

Das stimmt natürlich und dieses Vorgehen ist ein wichtiger Bestandteil der Cappuccino-Strategie. In diesem speziellen Fall muss allerdings das Endergebnis, etwa nassgeschwitzt nach Hause zu fahren, nicht für jeden von uns gleich attraktiv erscheinen. Außerdem, und das lässt sich in der einen oder anderen Muckibude sehr gut beobachten, ist ein großer Nachteil dieses Vorgehens, dass diese Menschen sich in den ein, zwei oder drei Stunden, in denen sie sich in der Muckibude aufhalten, nicht wohlfühlen. Am besten wäre es doch, wenn beides möglich wäre: den Prozess zu mögen und sich gleichzeitig auf das Ergebnis zu freuen.

 **Es muss hart sein**

Das Beispiel Fitnessstudio ist an dieser Stelle sehr gut gewählt, denn gerade in diesem Zusammenhang sind sehr viele Menschen der festen Überzeugung, dass sie sich sozusagen quälen müssen, um überhaupt Ergebnisse zu erzielen. Es muss hart sein, man muss sich durchkämpfen, nur dann hat sich der Besuch der Muckibude gelohnt. Prüfe doch bitte mal an diesem oder einem vergleichbaren Beispiel, ob Du einen ähnlichen einschränkenden Glaubenssatz hast. Vielleicht glaubst Du ja bisher, dass Du Dich nur über ein bestimmtes Endergebnis (etwa im Bereich Fitness) freuen kannst, wenn Du an Deine Grenzen gegangen bist. Falls Du das glaubst, dann prüfe vor allen Dingen auch, ob Du wirklich stolz auf Dich bist, wenn Du an das Ergebnis denkst. Denn Du weißt bereits, dass es sehr gut sein kann, dass Du gar nicht so stolz auf das Ergebnis bist, weil der Einsatz so hoch ist oder war. Prüfe das für Dich, denn ansonsten würde es wieder der These folgen, dass es ohne Fleiß keinen Preis gibt. Und genau von solchen einschränkenden, negativen Glaubenssätzen wolltest Du Dich ja lösen!

## Ein neuer Ansatz

Ich habe dazu eine andere Idee: Lass uns genauer anschauen, warum der Besuch der Muckibude, das Aufräumen Deines Kellers oder eine andere ungeliebte Tätigkeit Dir schlechte Gefühle machen. Einmal mehr geht es hierbei um die Filme, die Du Dir in Deinem Kopf machst, während Du über die Tätigkeit nachdenkst. Diese Filme haben einige Gemeinsamkeiten: Ich gehe davon aus, dass alle diese Filme von dem Prozess handeln.

Du siehst Dich während der ungeliebten Tätigkeit, der Film in Deinem Kopf ist langsam und dadurch scheint es, als würde er ewig dauern. Auf der Tonspur hörst Du vielleicht ein Stöhnen und Ächzen, zum Beispiel, wenn es um die Muckibude geht, und die Geräusche, die deutlich Deine Unlust zeigen. Und mit diesem Film in Deinem Kopf und der entsprechenden Tonspur bekommst Du auch von Deinen Gefühlen her ein klares Feedback: Du hast keine Lust.

Ich beschreibe das hier deshalb so ausführlich, weil ich Dir noch einmal zu verstehen geben möchte, wie Du schlechte Gefühle planst: Der Film in Deinem Kopf und die passenden Geräusche auf der „Tonspur" sorgen dafür, dass diese Gefühle in Dir entstehen. Jetzt darfst Du lernen, diesen Film zu verändern. Eine Möglichkeit ist, und die wird eben in den entsprechenden Fitness-Magazinen beschrieben, sich ganz in der Logik der Cappuccino-Strategie das Endergebnis vorzustellen. Du könntest Dich also sehen, wie Du die ungeliebte Tätigkeit abgeschlossen hast. Das geht am einfachsten, wenn Du Dich beim letzten Schritt der entsprechenden Tätigkeit siehst, also wie wenn Du einen Film ablaufen lässt, bei dem Du nur die letzten Sekunden anschaust. Für den Abwasch könnte das bedeuten, dass Du nur noch siehst, wie Du das Geschirrhandtuch auf den Haken hängst. Offensichtlich ist also die Tätigkeit abgeschlossen. Für die Muckibude bedeutet dies, dass Du Dich eben sehen kannst, wie Du nassgeschwitzt das Fitnessstudio verlässt, weil Du ganz offensichtlich ein großartiges Workout geleistet hast.

## Es macht immer noch keinen Spaß

Diese Art der Planung funktioniert, denn sie entspricht den Regeln der Cappuccino-Strategie: Du siehst das gewünschte Endergebnis, erlebst es in möglichst vielen Wahrnehmungskanälen, spürst das gute Gefühl in Dir und bist dadurch motiviert, die entsprechende Tätigkeit anzugehen und abzuschließen. Damit wirst Du einen aufgeräumten Keller oder Schreibtisch haben, Du wirst Dich motivieren können, in die Muckibude zu gehen, und Du wirst auch andere Tätigkeiten leicht angehen und abschließen können, zu denen Du Dich bisher nicht motivieren konntest. Ich empfehle Dir, die Cappuccino-Strategie in dieser Weise einzusetzen und für Dich zu überprüfen, wie fantastisch sie im Alltag funktioniert. Anstelle des Prozesses kannst Du ab sofort das Endergebnis planen, und es wird Dich in jedem einzelnen Fall motivieren, die entsprechende Tätigkeit anzugehen und eben – und das ist ja meist der wichtige Aspekt – auch abzuschließen.

Es kann allerdings sein, dass Dir insbesondere bei länger dauernden Tätigkeiten der Fokus auf das Endergebnis noch nicht ausreichend hilft, während der Tätigkeit Spaß zu haben. Wenn das der Fall sein sollte, dann darfst Du die Cappuccino-Strategie noch auf eine weitere Weise nutzen: Lass uns bei dem Beispiel Muckibude bleiben. Wenn ich mich motivieren möchte, das Fitnessstudio zu besuchen, dann sehe ich mich dabei, wie ich voller Spaß mit einem Lächeln im Gesicht an den verschiedenen Geräten trainiere. Und selbst wenn ich schon in der Muckibude angekommen bin und auch während des Trainings plane ich immer den Spaß mit ein, wenn ich mir vorstelle, am nächsten Gerät zu trainieren. Das ist vor allen Dingen deshalb besonders lustig, weil die allermeisten Menschen, die ich in solchen Fitnessstudios beobachte, sehr angestrengt wirken, während sie trainieren. Sie tun so, als würde das dazugehören. Ich habe mich dazu entschieden, dass ich das anders mache.

## Die Nebenwirkungen ...

Allerdings hat diese Art, ein Training voller Spaß und Freude zu planen, Nebenwirkungen: Während ich trainiere, gehe ich regelmäßig nicht ans Limit, ich lege mir zum Beispiel nicht so viele Gewichte auf, dass ich es nur mit Ach und Krach schaffen kann, diese nach oben zu stemmen. Stattdessen mache ich mir das Training relativ leicht, erhöhe die Gewichte von Zeit zu Zeit und sorge regelmäßig dafür, dass es mir so leichtfällt, dass ich sogar viel mehr Wiederholungen machen kann. Das ist so witzig! So gibt es in der Muckibude, in die ich regelmäßig gehe, eine Maschine, an der die Bauchmuskeln trainiert werden. Nach einigen Monaten des Trainings habe ich an dieser Maschine die Maximalstellung erreicht, ich bewege ungefähr 35 bis 40 kg.

Wenn Du schon einmal Deinen Körper gezielt trainiert hast, weißt Du bereits, dass man mit einiger Übung praktisch jedes Gewicht stemmen kann. Da es mir also leichtfällt, an dieser Maschine zu trainieren, mache ich inzwischen zwischen 500 und 700 Wiederholungen. Das ist so lustig! Vor allem deshalb, weil ich selbst nach 700 Wiederholungen keinen Muskelkater mehr habe. Dafür habe ich allerdings jede Menge Spaß, während ich trainiere. Und das ist für mich das Einzige, worum es beim Sport geht. Ich möchte Spaß haben, während ich Sport mache, denn mir wurde das in der Schulzeit gründlich abtrainiert. Kannst Du Dir vorstellen, wie sehr ich mich heute auf jeden Besuch in der Muckibude freue? Ich habe nicht einmal einen Trainingsplan und ich lege auch keinen Wert darauf, einen zu haben, weil ich bei jedem meiner Trainings immer nur die Maschinen auswähle, die mir an diesem Tag den meisten Spaß machen.

## Das Leben versüßen

Du merkst also, worum es mir geht: Meine Empfehlung an Dich ist, Dir auch die alltäglichen Tätigkeiten, den Abwasch, das Aufräumen oder was auch immer es ist, geschickt lustig, fröhlich, spaßig und aufregend zu gestalten. Ein weiteres Beispiel dazu: Neulich wollte ich mein Arbeitszimmer gründlich aufräumen, denn in den Schubladen und Schränken und auch in den Regalen lag einiges herum, was ich nicht sortiert hatte. Allerdings hatte ich an diesem Nachmittag keine Lust, alleine in meinem Arbeitszimmer zu sitzen und irgendwelche Sachen zu sortieren. Also fragte ich meine Frau, ob sie nicht Lust habe, sich ungefähr für eine oder eineinhalb Stunden in meinen gemütlichen Ohrensessel mitten in meinem Arbeitszimmer zu setzen und sich mit mir zu unterhalten, während ich aufräumte. Wir hatten eine herrliche Zeit! Zum einen konnte ich mit ihr das eine oder andere Thema klären, was sich aus dem Sortieren ergab, zum anderen blödelten wir rum, erinnerten uns an lustige Situationen und planten unsere Urlaube. Ich sorgte also ganz gezielt dafür, dass ich während des Aufräumens, was ich nicht ganz so gerne mache, eine Ablenkung hatte, die mir sehr viel Spaß bereitete. Und auch für meine Frau war es das reinste Vergnügen, denn sie saß bequem im Sessel und schaute mir beim Aufräumen zu.

## Mit Freude geht es leichter

Meine Empfehlung lautet also, dass Du neben der Cappuccino-Strategie, bei der Du das positive Endergebnis planst, zusätzlich dafür sorgst, dass Du während der entsprechenden Tätigkeit möglichst viel Spaß hast. Du darfst also auch den jeweiligen Prozess so planen, dass er Dir Freude bereitet. So könntest Du zum Beispiel ab sofort beim Abwaschen gute Musik hören und durch Deine Küche tanzen. Je mehr Du darüber nachdenkst, wie Du eine bisher ungeliebte Tätigkeit fröhlich, spaßig, einfach anders als bisher ausführen kannst, desto mehr wirst Du entdecken, wie angenehm Dein Leben werden kann. Nutze diese Möglichkeit vor allen Dingen dann, wenn Du merkst, dass Du wieder einmal dabei bist, Dich mit Disziplin und Durchhaltevermögen zu etwas zu bringen, zu dem Du gerade keine Lust hast. Es dürfte Dir beim Lesen dieses Buches deutlich geworden sein, dass Du alle negativen Gefühle vermeiden darfst. Und nur, damit es noch einmal klar ist: Die negativen Gefühle kommen nicht von der Tätigkeit, sondern sie resultieren aus der Art und Weise, wie Du die entsprechende Tätigkeit in Deinem Kopf planst. Langweilige Filme von Deiner Zukunft machen den Spaß am Leben kaputt, fröhliche Filme von Deiner Zukunft lassen Dich eben auch fröhlich den entsprechenden Tätigkeiten nachgehen.

 **Lerne Dich selbst besser kennen**

Nachdem Du das jetzt verstanden hast, kannst Du Dir ein wenig Zeit nehmen und darüber nachdenken, in welchen Lebensbereichen Du es Dir bisher schwerer machst als nötig. Vielleicht suchst Du Dir zunächst einmal zwei oder drei Themen heraus. Überprüfe dann, ob es wirklich stimmt, dass Du Dir in diesen

Fällen den Prozess vorstellst und zwar in einer Weise, dass Du danach keine Lust mehr hast. Nachdem Du das jetzt verstanden hast, kannst Du Dir ein wenig Zeit nehmen und darüber nachdenken, in welchen Lebensbereichen Du es Dir bisher schwerer machst als nötig. Vielleicht suchst Du Dir zunächst einmal zwei oder drei Themen heraus. Überprüfe dann, ob es wirklich stimmt, dass Du Dir in diesen Fällen den Prozess vorstellst und zwar in einer Weise, dass Du danach keine Lust mehr hast, diese Tätigkeit auszuüben. Gehe anschließend her und stelle Dir das erwünschte Endergebnis vor, also das, was Du mit der Tätigkeit erreichen möchtest. Ich gehe jetzt einfach mal davon aus, dass dies ein positives Endergebnis ist. Dann wirst Du merken, dass Du schon nach kurzer Zeit der Konzentration auf das Endergebnis bessere Gefühle empfindest und die Motivation entdeckst, die Tätigkeit möglichst schnell auszuführen, damit Du schnell zu den guten Gefühlen gelangst.

Du darfst also lernen, mehr und mehr in Endergebnissen zu planen und zu denken. Hier schließt sich ein wichtiger Kreis in diesem Buch, denn in Bezug auf die kleinen und großen Ziele in Deinem Leben ist es natürlich entscheidend, dass Du jeweils genau weißt, wie das perfekte, optimale und von Dir gewünschte Endergebnis aussieht. Das ist der Moment, indem Du auch verstehst, warum ich mir in diesem Buch so viel Zeit nehme, um Dich davon zu überzeugen, dass Du Deine Lebensziele planen und sehr genau herausfinden darfst, was Du erleben möchtest. Es geht darum, dass Du das Ergebnis nur erreichen kannst, wenn Du es geplant hast. Und mindestens ebenso wichtig ist der Aspekt, dass Dich in vielen Fällen nur das Endergebnis so motivieren kann, damit Du Dich überhaupt in Bewegung setzt.

## Planen eines Nichtziels

In viel zu vielen Lebensbereichen starten Menschen in unserer Gesellschaft mit Nichtzielen; sie kennen das Endergebnis nicht und das führt dazu, dass diese Menschen mehr oder weniger verzweifelt aufgeben. Ja, bei vielen unserer Teilnehmer ist es sogar so, dass sie sich selbst für unfähig halten, Ziele zu erreichen. Das liegt meiner Meinung nach daran, dass wir ganz häufig

Nichtziele auswählen und dann versuchen, sie zu erreichen. Ein Beispiel: Viele Menschen streben einen Schulabschluss an, etwa das Abitur. Das entsprechende Ergebnis ist sicherlich vorstellbar, es handelt sich vermutlich um ein möglichst gutes Schulzeugnis, das dem Schüler am Ende überreicht wird. Doch ist das wirklich ein Ergebnis, das Du erreichen wollen würdest? Für mich ist ein solcher Schulabschluss ein typisches Nichtziel! Denn es ist kein Endergebnis, das einen Menschen wirklich motivieren kann, zumal es im Falle eines Schulabschlusses ja auch noch so ist, dass erst danach die eigentliche Berufsausbildung stattfinden kann. Der Schulabschluss an sich ist also für die meisten Menschen bestenfalls ein Zwischenziel.

Ein anderes Beispiel ist dies: Ganz viele Menschen, die in einem Angestelltenverhältnis arbeiten und Unternehmer werden wollen, setzen sich das Ziel, selbstständig zu werden. Das ist auch das, was sie zum Beispiel ihren Verwandten und Bekannten erklären; die Selbstständigkeit soll das Ziel sein. Doch auch dies ist wieder ein typisches Beispiel für ein Nichtziel, denn die Selbstständigkeit hat man zumindest in Deutschland in dem Moment erreicht, in dem man einen Gewerbeschein beantragt, sich beim Finanzamt meldet und eine passende Steuernummer erhält, damit der Staat das Geld von einem bekommen kann. Mehr ist in vielen Fällen für die Selbstständigkeit nicht nötig. Doch das ist ja vermutlich nicht das Ziel, was diese Menschen erreichen wollen. Sie wollen ein erfolgreiches Unternehmen aufbauen, viele Kunden erfolgreich unterstützen und jeden Tag sehr viel Spaß dabei haben, ihre Berufung auszuüben. Das ist ein ganz anderes Ziel, als sich „selbstständig" zu machen.

## Achte auf die Formulierung!

Du könntest jetzt einwenden, dass dies nur ein Spiel mit Worten ist und dass die betreffenden Menschen bestimmt wüssten, was sie sich unter dem Wort „selbstständig" vorstellen. Bedenke bitte, dass Sprache sehr häufig die Gedanken wiedergibt, die wir Menschen denken. Insofern bin ich mir nicht sicher, ob diese Menschen tatsächlich das gewünschte Ziel vor sich sehen. Vielmehr verwenden wir im Alltag in der Sprache sehr häufig Symbole anstelle von konkreten Zielen. Was meine ich mit Symbolen? Symbole sind Metaphern, Platzhalter, Stellvertreter für etwas Konkretes, und mir geht es eben genau darum, dass Du aufhörst, solche Symbole in Deiner Sprache zu verwenden, insbesondere dann, wenn es um Deine Ziele geht. Denn nur das, was Du malen kannst, das kannst Du auch erreichen. Bemühe Dich also immer darum, die Ziele so zu formulieren, dass Du selbst oder jemand anderer sie auf ein Blatt Papier malen kann.

Zu diesen Symbolen, die ich vermeiden würde, gehören zum Beispiel auch das Dollarzeichen oder das Eurosymbol. Viele Menschen verwenden diese Platzhalter anstelle des Wortes Reichtum, wobei auch dieses Wort wiederum nur eine Metapher ist. Du kannst es nicht malen, das ist die einfache Überprüfung, ob Du mit Reichtum ein gewünschtes Ziel umschreiben kannst. Kannst Du nicht! Reichtum, Wohlstand, Vermögen, viel Geld, Luxus – all diese Wörter sind Metaphern für etwas anderes, etwa für einen bestimmten Lebensstil, von dem Du träumst. Auch im beruflichen Umfeld verwenden wir Menschen ausgesprochen häufig diese Symbole, wir sprechen von Umsatz und Gewinn, von Aufwärtstrend und Marktführerschaft. Wenn es um die Formulierung von Zielen geht, sind all diese Begriffe untauglich, weil sie in den Köpfen der beteiligten Menschen keine konkreten Bilder von einem Ziel entstehen lassen.

## Der Aktienkurs entscheidet

„Aber einen Aktienkurs, den kann ich mir doch vorstellen", magst Du jetzt einwenden, „und damit würde der doch als Ziel sicherlich genügen, oder?" Ich glaube schon, dass Aktienkurse und Kontostände bei Deiner Zielplanung eine Rolle spielen können. Bedenke allerdings, dass dies nicht unbedingt erstrebenswerte Ziele sein müssen. Wenn Du anfängst zu verstehen, dass wir auf diesem Planeten seit ungefähr 2.000 Jahren und besonders intensiv in den vergangenen 70 oder 80 Jahren beobachten können, dass ein paar Menschen möglichst viel Reichtum auf Kosten der meisten anderen

Menschen, der Umwelt, der Tiere und Pflanzen anhäufen, dann kommen Dir vielleicht doch schon Zweifel daran, ob es sinnvoll ist, Aktienkurse und Kontostände in den Mittelpunkt Deiner Zielplanung zu rücken. Vielleicht bist Du aufgrund Deiner Lebenserfahrung auch schon zu dem Ergebnis gelangt, dass wir als Gesellschaft und vor allem auch als Individuum neue, qualitativ hochwertige, lebenserhaltende und zukunftschaffende Ziele brauchen, wenn wir den Planeten Erde wieder so wunderschön haben wollen, wie wir ihn einst geschenkt bekommen haben.

Diese Veränderung beginnt bei Dir, und dieses Buch birgt die Chance, dass Du heute, gleich nachdem Du dies hier gelesen hast, Deine eigenen Ziele noch einmal genau überprüfst. Basieren sie auf dem Pizza-Modell der Welt? Musst Du anderen Menschen etwas wegnehmen, damit Du selbst mehr hast als sie? Ist die Basis Deiner Ziele weiterhin das Modell des Mangels, sodass Du darum kämpfen musst, Dir Deinen Anteil zu sichern? Alle Ziele, die diese Energie in sich tragen, würde ich an Deiner Stelle in den kommenden Tagen und Wochen durch wirklich qualitativ hochwertige Ziele ersetzen. Was die Maßgabe dafür ist? Ich glaube, dass wir alle zusammen einen Planeten erschaffen wollen und sollten, auf dem wir gerne leben möchten. Jeder soll sich frei entfalten können, jeder soll die Möglichkeit haben, das Leben seiner Träume zu erschaffen. Und wir alle wollen dabei in Frieden und Leichtigkeit, in Liebe und Freude mit möglichst viel Spaß immer besser darin werden, die Gesetze dieses Universums zu verstehen und damit zu immer besseren Schöpferinnen und Schöpfern unseres eigenen Lebens zu werden.

## Bereit, Dich zu verändern

Sehr viele Menschen erleben diese Zeit als eine Periode des Umbruchs, der Neuorientierung und der Veränderung. Allerdings sind die meisten von uns die Veränderung nicht gewohnt, nicht einmal unsere Gehirne sind besonders gut darauf vorbereitet. Als Kinder haben wir gerne gelernt; sprechen, gehen, laufen – so viele Tätigkeiten mussten damals geübt werden, um uns bestmöglich auf das Leben vorzubereiten. Doch für die allermeisten Menschen kommt dann eine Phase, in der sie nichts mehr verändern möchten. Vielleicht haben Dir auch Deine Eltern erklärt, dass eines der höchsten Lebensziele ist, einen angenehmen Status quo zu erschaffen und diesen dann für den Rest des Lebens zu erhalten.

Das ist eben das alte Modell der Welt, in dem Deine Eltern sich noch wohlgefühlt haben. Doch in unserer Zeit ist dieses Modell überholt, es taugt nicht mehr als Leitlinie, denn sicherlich hast auch Du schon bemerkt, wie viele wundervolle Möglichkeiten der Planet Erde für Dich bereithält. Reisen, die Welt kennenlernen, fremde Menschen treffen, an exotischen Orten leben, Produkte erschaffen, die die gesamte Welt verändern – dank der modernen Technologien hat jeder Einzelne von uns so unendlich viel mehr Möglichkeiten, als unsere Eltern je gehabt haben. Doch wenn Du sie nutzen willst, ist die bereits erwähnte Veränderung die unbedingte Voraussetzung.

Was meine ich genau mit Veränderung? Für mich geht es dabei im Wesentlichen um die Veränderung Deines Verhaltens. Das ist für Dein Gehirn eine kleine Herausforderung, denn das menschliche Gehirn mag alles, was gleichbleibend ist. Was ihm allerdings auffällt, das sind die Dinge, die anders sind. Du kennst das bestimmt: Du kaufst in Deinem Supermarkt ein und stellst fest, dass ein bestimmtes Produkt, das bisher immer an einer bestimmten Stelle im Regal zu finden war, dort nicht mehr steht. Die Fachleute nennen das „spiegeln" und dabei geht es darum, dass in modernen Supermärkten die Produkte immer mal wieder umgeräumt werden. Die Kunden sollen dadurch verführt werden, neue Produkte zu kaufen, weil sie eben automatisch an der Stelle stehen, an der sie das bisher regelmäßig gekaufte Produkt vermuten. Die Hoffnung der Verkäufer ist, dass Du Dich mit den neuerdings dort stehenden Produkten auseinandersetzt und sie eventuell auch kaufst, wenn Du das Produkt nicht findest, das üblicherweise an dieser Stelle stand.

## Zur Veränderung gezwungen

Ich weiß natürlich nicht, wie es bei Dir ist, aber es lässt sich sicherlich feststellen, dass Menschen wie in diesem Beispiel zu einer Veränderung gezwungen werden müssen. Das bedeutet noch lange nicht, dass sie diese Veränderung mögen. Stattdessen stehen diese Menschen in diesem Supermarkt und beschweren sich lauthals darüber, dass das gewünschte Produkt, das immer an dieser Stelle gestanden hat, plötzlich nicht mehr da ist. Und natürlich gibt es auch gute Argumente dafür, warum alles immer so bleiben sollte wie bisher: schließlich hat es doch funktioniert! Es war doch alles bestens, warum nur müssen wir ständig alles neu erfinden?

Die Antwort auf diese Frage fällt mir inzwischen leicht, sie ist zudem zu meiner Lebensaufgabe geworden: Das Gehirn bleibt nur dann flexibel und in optimaler Verfassung, wenn wir es regelmäßig mit etwas Neuem konfrontieren. Auf körperlicher Ebene hast Du das natürlich längst akzeptiert, Du treibst zum Beispiel regelmäßig Sport, damit Deine Muskeln immer wieder zu neuem Wachstum angespornt werden.

Mit Deinem Gehirn verhält es sich genauso! Es muss in Bewegung bleiben, muss ständig neu gefordert werden und Du darfst darauf achten, dass Du Deine Flexibilität zu denken ständig erhöhst. Wissenschaftler haben herausgefunden, dass die meisten Menschen immer nur dasselbe denken. Sie reden deshalb auch immer nur über dieselben Themen, regen sich immer über das Wetter oder die Politik auf, kaufen immer dasselbe ein und fahren auch immer an denselben Ort in Urlaub. Das sind Beispiele für eingerostete Gehirne, die eben viel zu wenig gefordert und gefördert werden. Doch freiwillig beim Denken die eingefahrenen Bahnen zu verlassen und sozusagen aus dem Stand etwas anderes zu denken als bisher, das ist praktisch nicht möglich. Nur besonders kreative Menschen sind in der Lage, dies zu bewerkstelligen und auch beim Denken die gewohnten Pfade zu verlassen. Wir anderen müssen uns stattdessen zwingen, neu und anders zu denken.

## Anders denken

Um neue Gedanken zu finden, neue Ideen zu entwickeln und eben beim Denken flexibler zu werden, ist es entscheidend, dass Du Dir konkrete Aufgaben zu diesem Thema vornimmst. „Lesen bildet", „Wer lesen kann ist klar im Vorteil" oder „Leaders are readers" (Anführer sind Leser) – solche und ähnliche Sprichwörter zeigen Dir schon eine Möglichkeit, wie Du Dein Gehirn mit neuen und anderen Gedanken konfrontieren kannst. Lies entsprechende Sachbücher, am besten eins pro Woche, dann setzt sich Du Dein Gehirn mit bis zu 52 neuen, hoffentlich gut durchdachten und ausgearbeiteten Modellen von Welt auseinander. Natürlich empfehle ich Dir, immer wieder auch Sachbücher zu wählen, die aus einem anderen Themengebiet stammen. Du kannst Dir die Frage stellen, was Dich schon immer mal interessiert hat. Und dann bestellst Du Dir am besten jetzt gleich ein Buch dazu, in dem das Thema erklärt wird.

Ich lese zum Beispiel immer mal wieder Bücher über Quantenphysik, esoterische Literatur, Zeitschriften wie „selber machen" und Automagazine sowie Computer-Literatur. Das alles sind Themengebiete, die nicht unmittelbar mit meinem Beruf zusammenhängen und die mein Gehirn immer wieder auf neue Weise herausfordern. Eine andere Alternative ist es, zum Beispiel immer mal wieder eine andere Strecke zur Arbeit zu fahren, in neuen Supermärkten einzukaufen, Gerichte zu probieren, die Du vielleicht seit Jahren nicht mehr oder noch nie in Deinem Leben gegessen hast. Ich bin immer wieder erstaunt, wie viele Menschen zum Beispiel gar nicht wissen, wie ein bestimmtes Gemüse schmeckt, weil sie es noch nie probiert haben. Ich bin sogar inzwischen zu der Ansicht gelangt, dass genau dieses Ausprobieren von neuen Dingen den entscheidenden Unterschied macht. Dein Gehirn fängt dann nämlich an, immer wieder etwas Neues ausprobieren zu wollen. Wenn Du über einen gewissen Zeitraum hinweg immer mal wieder etwas Neues ausprobierst, dann entsteht ein Automatismus, sodass Du immer flexibler denkst und Dich damit auch immer flexibler verhältst.

## Muss es erst schlimm werden?

Ein Teilnehmer von uns lebt seit einigen Jahren in einer Beziehung, die ich nur als katastrophal und lieblos bezeichnen kann. Er lässt sich von seiner Partnerin wirklich viel gefallen und bemüht sich trotzdem immer wieder, ihr jeden Wunsch von den Lippen abzulesen und sie irgendwie glücklich zu machen. Alle Menschen in seiner Umgebung sind längst zu der Überzeugung gelangt, dass er sich dringend von ihr trennen sollte, weil sie ihn so schlecht behandelt. Zudem bringt sie ihn immer wieder in unerfreuliche Situationen, sodass er Rechtsanwälte beschäftigen muss, ihren Sohn aufgrund von Straftaten, die dieser begeht, vor der Polizei schützen muss und vieles mehr. Es ist schon unerträglich, wenn man nur von außen mitbekommt, wie diese Frau sein Leben in ein vollkommenes Desaster verwandelt. Auch ihm tut all das weh, aber er unterdrückt seine Schmerzen und erklärt sein Verhalten damit, dass er diese Frau doch liebe und aus diesem Grund unterstützen müsse. Natürlich ist Dir sofort klar, dass dies keine Liebe ist. Und vielleicht kennst Du ähnliche Situationen aus Deinem Bekannten- und Freundeskreis oder vielleicht sogar aus Deinem eigenen Leben.

Wenn es so extrem ist, dann stellen wir uns zumindest als Außenstehender die Frage, warum sich ein solcher Mensch so schwertut mit der persönlichen Veränderung. Muss es wirklich immer erst wehtun, muss es schmerzhaft sein, damit wir Menschen zur Veränderung bereit sind? Die Einsicht in die katastrophalen Zustände genügt nicht, denn das Wissen bringt uns Menschen nicht weiter! Deshalb hilft es auch nur sehr begrenzt, mit diesem Teilnehmer über die alltäglichen, schrecklichen Situationen zu sprechen und ihn darauf hinzuweisen, dass er dringend etwas verändern sollte. Das ist ihm durchaus bewusst, und bei jedem Gespräch bestätigt er, dass er unbedingt etwas unternehmen wolle und solle. Nur zum Handeln kommt er deshalb noch nicht.

## Vernunft hilft nicht weiter!

Lass uns ehrlich sein mit uns selbst: Wenn es genügen würde, zu wissen, was uns schadet, dann könnte man auf diesem Planeten keine Schokoriegel verkaufen, keinen Alkohol, keine Zigaretten und schon gar keine härteren Drogen. Wir alle würden täglich Sport machen, uns bewegen, für genügend frische Luft sorgen und auf keinen Fall in Städten wohnen, in denen es Smog gibt. Ich vermute, dass wir auch nicht mit Autos fahren würden, die die Luft verpesten, und wir würden viele andere Dinge auch nicht tun. Was ist also der Punkt? Selbstkritik hilft in den allermeisten Fällen auch nicht weiter, das weißt Du ja bereits. Und das ist meiner Meinung nach der Grund dafür, dass für viele Menschen große Schmerzen nötig sind, damit sie sich überhaupt verändern. Natürlich bleibe ich dabei: Große Ziele sind auch eine Möglichkeit, damit Dein Gehirn sich in Bewegung setzt und die gewünschte Veränderung herbeiführt, die die einzige Möglichkeit ist, Dein großes Ziel zu erreichen.

## Wann hast Du Dich in Deinem Leben verändert?

Das ist wieder ein schönes Thema zum Nachdenken bei einem Spaziergang oder einer guten Tasse Cappuccino: Wann hast Du Dich in Deinem Leben bisher deutlich verändert und was waren die Auslöser? Mach Dir einfach bewusst, was in der Vergangenheit die entscheidenden Situationen waren. Wie hast Du Dich in diesen Momenten gefühlt, als Du bereit warst für die Veränderung? Kamen die Auslöser für die Veränderung von innen, oder hast Du Deine Gedanken verändert, bevor Du Dich verändert hast? Brauchtest Du andere Menschen, ihren Druck oder ihre Kontrolle, um Dich in Bewegung zu setzen? Welche Deiner Veränderungen sind Dir leichtgefallen und haben sich vielleicht sogar gut angefühlt und welche Deiner Veränderungen waren schmerzhaft, schwierig und herausfordernd?

Nehmen wir an, Du würdest entdecken, dass Du Dich in der Vergangenheit immer dann verändert hast, wenn der Druck besonders unerträglich war, wenn also die Veränderung nicht vermieden werden konnte. Dann bedeutet das nicht, dass dies für alle Zeit so bleiben muss! Du kannst lernen, Dich leicht und einfach zu verändern, Du darfst nur herausfinden, wie das in der Praxis wirklich funktioniert. Bei der persönlichen Veränderung gibt es meiner Meinung nach nur einen Fehler, den die allermeisten Menschen machen: Sie wollen zu viel in zu kurzer Zeit erreichen. Die besten Beispiele für solch ein Verhalten sind die typischen Vorsätze, die zum Jahreswechsel vorgenommen werden. Da wollen manche Menschen dann am liebsten von heute auf morgen mit dem Rauchen aufhören, gleichzeitig noch 20 kg Gewicht verlieren und viermal pro Woche Sport machen, auch wenn sie sich bisher überhaupt nicht sportlich betätigt haben. Das muss schiefgehen und zwar nur aus einem Grund: Diese Menschen sind es nicht gewohnt, sich in kurzer Zeit so deutlich zu verändern und ein völlig neues Verhalten an den Tag zu legen. Außerdem wäre ein solch massiver Wechsel des persönlichen Verhaltens auch schon wieder so ausgesprochen schmerzhaft, dass sich wohl kaum ein Mensch dazu motivieren kann.

Du darfst stattdessen lernen, dass Veränderung Spaß machen kann. Ich vermute, dass Du zu den Menschen gehörst, die bisher diese beiden Wörter „Veränderung" und „Spaß" niemals in einem Satz zusammen benutzt hätten. Das ist natürlich nur so eine Vermutung. ☺ Da Du allerdings bereit bist, etwas Neues zu lernen, kannst Du Dich ja mit dieser neuen Idee jetzt auch beschäftigen. Wenn Du wirklich bereit bist für die persönliche Veränderung, wenn Du ein anderes Leben leben möchtest als bisher, dann wäre es am besten, Dich zunächst in einem Bereich zu verändern, der Dir nicht so wichtig ist.

Mach Dir Folgendes bewusst: Falls Dein Gehirn seit vielen Jahren eingerostet war, weil Du es nicht gefordert und gefördert hast, dann darfst Du jetzt erst einmal diese Trainingseinheit absolvieren. Dein Gehirn wird sich allerdings am wenigsten gegen diese Veränderung wehren, wenn sie so minimal ist, dass sie kaum auffällt. Das ist der Trick der persönlichen Veränderung! Verändere so wenig, dass sozusagen die Stellen in Deinem Gehirn, die Angst haben vor der Veränderung, nicht alarmiert werden. Du musst quasi unter dem Radar der Kontrollfunktion bleiben, dann kannst Du Dich auf sanfte und leichte Weise verändern. Ein kleiner Schritt jeden Tag, eine winzig kleine Veränderung, das ist der beste Weg.

## Das Gehirn hereinlegen?

Musst Du also Dein eigenes Gehirn hereinlegen? Sollte nicht wenigstens Dein eigenes Gehirn auf Deiner Seite sein und Deine Veränderung so gut es geht unterstützen? Ich bin absolut der Überzeugung, dass Dein eigenes Gehirn Dich immer bestmöglich unterstützt. Allerdings unterstützt es Dich eben genau bei den Handlungen, an die es gewöhnt ist. Lass uns hier ein bisschen ins Detail gehen: Als Du als kleines Kind das Zähneputzen gelernt hast, da hat Dein Gehirn beziehungsweise Dein Unterbewusstsein so schnell wie möglich diese Tätigkeit übernommen. Schon nach relativ kurzer Zeit des täglichen Übens musstest Du Dich gar nicht mehr darauf konzentrieren, wie man die Zähne putzt. Es ging ganz einfach automatisch.

Das liegt übrigens an der Stromsparfunktion Deines Gehirns, denn es ist in Deinem Körper ohnehin schon der größte Energieverbraucher. Immer wenn Du eine Tätigkeit bewusst ausführst, wenn Du also Deine ganze Konzentration benötigst, um etwas zu tun, dann ist das in Bezug auf den Energieverbrauch Deines Gehirns so, als würdest Du bei Deinem Auto einen Kick-down machen; es verbraucht dann besonders viel Energie. Wenn das Gehirn allerdings auf Autopilot umstellt, weil es Dich über einen gewissen Zeitraum hinweg dabei beobachtet hat, wie Du eine bestimmte Tätigkeit immer wieder ausführst, dann wirkt das wie eine Energiesparfunktion. Automatisierte Abläufe, die unterbewusst durchgeführt werden, benötigen eben weniger Gehirnkapazität und damit weniger Energie. Deshalb versucht Dein Gehirn, so viel wie möglich zu automatisieren.

## Das Neue wird zunächst noch ignoriert

Lass uns einen halben Schritt zurückgehen: Du hast Dein Gehirn bisher nicht darauf trainiert, ständig nach neuen Dingen Ausschau zu halten, etwas Neues auszuprobieren und möglichst neue Konzepte zu finden, vor allem dann nicht, wenn etwas doch schon reibungslos funktioniert. Dieses Verhalten kopiert Dein Gehirn nun, es macht das, was Du in der Vergangenheit mit Konzentration selbst gemacht hast, nämlich immer dasselbe.

Das bedeutet auch, dass Dein Gehirn aus der Wahrnehmung all die Teile eliminiert und herausfiltert, die neu und anders sind. Und wenn dann eben mal etwas unvermeidbar neu ist, etwa das umgebaute Regal im Supermarkt, dann schlägt Dein Gehirn eben Alarm, denn diese Veränderung ist so unvermeidbar, dass Dein Gehirn nicht so tun kann, als hätte es sie nicht bemerkt.

Noch einmal deutlich: Du hast Dein Gehirn selbst dahingehend trainiert, die Veränderung und das Neue, das Andere zu unterdrücken. Diesen Effekt darfst Du jetzt wieder rückgängig machen, Du darfst das Gehirn in kleinen Schritten dahin trainieren, dass es gezielt nach der Veränderung und dem Neuen sucht. Sobald Du das eine Zeit lang gemacht hast, wird der Autopilot in Deinem Gehirn die Veränderung als normales, gewünschtes Verhalten akzeptieren und wird dann sogar dafür sorgen, dass Du ständig Dein Verhalten veränderst und anpasst.

 **Welche kleinen Dinge veränderst Du jetzt?**

Wenn Du das alles verstanden hast, dann bleibt jetzt natürlich nur ein logischer Schritt: Du setzt Dich hin, nimmst Papier und Stift zur Hand und schreibst eine lange Liste mit den kleinen Verhaltensänderungen, die Du in den kommenden Wochen ganz leicht, einfach und vor allen Dingen möglichst auch mit Spaß vornehmen kannst. Du nimmst also im Moment genau nicht die Themen, bei denen die Veränderung so dringend wäre, vielleicht das Abnehmen oder der Sport, sondern stattdessen die Lebensbereiche, in denen Veränderung nicht nötig ist, sondern einfach nur mehr Spaß und Freude bringt. Das könnte ein kleiner Spaziergang am Abend sein, bevor Du Dich zu Hause in die Couch fallen lässt. Oder Du nimmst Dir vor, jeden Tag eine Funktion in Word oder Excel neu zu entdecken und auszuprobieren. Du kaufst Dir ein neues Magazin aus einem Themenbereich, der Dich zwar interessiert, aber über den Du Dich bisher noch nie informiert hast. Du gehst in ein Kino, in dem Du noch nie gewesen bist. Das Prinzip ist einfach: Beginne die Veränderung ausschließlich in kleinen Schritten und auch nur in Lebensbereichen, in denen Du nichts Wichtiges veränderst. So gewöhnst Du Dein Gehirn an die Veränderung.

# Kleine Veränderung, große Wirkung

Dein Gehirn mag das, was gleich ist, aber es fällt ihm das auf, was unterschiedlich ist. Auch aus diesem Grund ist die bewusste Veränderung so wichtig. Du darfst Dich darauf konzentrieren, was Du genau anders machst, und insbesondere zu Beginn Deiner persönlichen Veränderung wird Dein Gehirn hier und da vielleicht blockieren, die Veränderung vermeiden und Dir dann auch gleich jede Menge Gründe nennen, warum diese Veränderung überflüssig ist. Das liegt an einer weiteren interessanten Funktionsweise des menschlichen Gehirns: Dein Gehirn findet immer Gründe für das, was Dein Unterbewusstsein aufgrund Deines Trainings über die Jahre hinweg als gut, normal und richtig empfindet. In diesem Fall ist die Henne-Ei-Frage ganz eindeutig geklärt. All das, was Du Dir angewöhnt hast, wird von Deinem Gehirn argumentativ begründet und immer als sinnvoll und richtig dargestellt.

Wenn Du also in der Vergangenheit noch nie in eine Muckibude gegangen bist, dann wird Dein Gehirn aus dem Stand fünf oder sogar noch mehr Argumente finden, warum es absolut blöd wäre, in ein solches Fitnessstudio zu gehen. Diese Argumente werden Dir sogar einleuchten, um ehrlich zu sein werden es die brillantesten Argumente sein, die Du jemals zu diesem Thema gehört hast. Das liegt leider daran, dass das Gehirn, das die Argumente erfunden hat, dasselbe Gehirn ist, das diese auch beurteilt. Ziemlich schräg, wenn Du jetzt mal darüber nachdenkst. Dein Gehirn erfindet Argumente und beurteilt anschließend, wie brillant diese Gedanken und Argumentationen sind. Das ist natürlich vollkommener Unsinn. Insofern kann ich Dir nur empfehlen, den selbst erfundenen Argumenten in Deinem Kopf möglichst skeptisch gegenüberzustehen. Dahinter steckt ein Gehirn, das den Status quo mit aller Macht verteidigen möchte.

Auch vor diesem Hintergrund ist die Veränderung in kleinen Schritten absolut empfehlenswert. Denn da der Schritt so klein ist, braucht Dein Gehirn gar keine Gegenargumente zu finden. Es ist ja nur ein winzig kleines neues Verhalten, ein neuer Bio-Honig hier, eine andere Käsesorte dort und ab und zu nimmst Du die Treppe, wenn Du bisher den Aufzug genommen hast. Die Argumentationsmaschine in Deinem Gehirn bleibt außer Betrieb, wenn die Veränderung nur so minimal ist, und damit brauchst Du keine Gegenargumente zu finden, was im Zweifel ausgesprochen mühsam sein kann. Ich gehe davon aus, dass Du dies genau wie ich in der Vergangenheit oft genug ausprobiert hast, sodass Dir klar ist, dass die Wahrscheinlichkeit, gegen Dein eigenes Gehirn in der Diskussion unterlegen zu sein, ausgesprochen hoch ist.

 ## Die Qualität Deiner Fragen ...

Die Qualität Deiner Fragen bestimmt die Qualität Deines Lebens. Das ist in diesem Zusammenhang eine der vermutlich wichtigsten Erkenntnisse, die Du überhaupt zum Thema persönliche Veränderung haben kannst. Mal wieder so ein Satz, über den man auch länger nachdenken kann. Was Du verstehen darfst, ist, dass Dein Gehirn gerne Antworten auf Fragen liefert, genauso wie es gerne Probleme löst. Allerdings wirst Du keine neuen Antworten bekommen, wenn Du immer wieder dieselben Fragen stellst oder zumindest Fragen, die einen ähnlichen Inhalt haben. Vielleicht gehörst auch Du zu den Menschen, die jetzt gerade feststellen, dass sie meist nach der Ursache ihrer Probleme oder der Verhaltensweisen anderer Menschen suchen. „Warum hast Du das gemacht?", „Wieso hast Du Dich so verhalten?" oder „Woher kommt dieses Problem?" – all diese Fragen deuten in die falsche Richtung, nämlich in die Vergangenheit. Das ist nicht die Qualität von Fragen, die Du ab sofort haben möchtest. Bessere Fragen lauten: „Wie kann ich mehr Geld verdienen?", „Wo würde ich gerne leben?" oder „Was funktioniert heute schon in meinem Leben großartig?" Finde jetzt am besten bei einer schönen Tasse Cappuccino selbst neue Fragen. Und dazu noch ein Tipp: Diese Fragen könntest Du ausdrucken und in Deiner ganzen Wohnung verteilen, dann würdest Du sie ständig sehen und Du wirst erstaunt sein, wie Du anfängst, neue Gedanken zu denken.

Auch im beruflichen Umfeld kannst Du anfangen, auf diese Weise neue Fragen zu stellen und damit natürlich auch neue Fragen zu entwickeln. Das wird umso einfacher, je bewusster Du Dir die Absicht machst, die hinter Deiner Frage steckt. Ein Beispiel: Wenn Du Dir die Frage stellst, wie Du

Dich in einer bestimmten Situation verhalten hast, dann ist diese Frage in die Vergangenheit gerichtet. Die Antworten, die Dein Gehirn Dir daraufhin anbietet, haben vermutlich häufig mit Schuldzuweisungen zu tun. Denn warum verhältst Du Dich heute so, wie Du Dich verhältst? Ganz einfach, weil Deine Eltern und Lehrer Dich so erzogen haben und weil Du das Verhalten bei ihnen beobachtet hast. Selbst die Frage nach Deinem Verhalten haben sie Dir ja beigebracht, weil sie immer genau wissen wollten, warum Du dies oder jenes getan hast. Deshalb hast Du damit angefangen und tust es vermutlich heute noch. Nimm doch einfach mal an, Dir würde die Antwort hundertprozentig klarwerden. Dann würde sie etwa folgendermaßen aussehen:

*Am soundsovielten April 1963, 1973, 1983 oder 1993 – je nachdem, wann Du geboren bist – warst Du wütend auf Deine Mutter, weil sie Dir nicht erlaubt hatte, mit Deinen Freunden zu spielen, sondern Dich gezwungen hatte, Englischvorkabeln zu lernen. Vor lauter Wut hast Du damals die Tür zu Deinem Zimmer zugeknallt. Das hat zwar nicht geholfen, aber Du hast damit zumindest das Gefühl der Wut ausleben können. Da Du inzwischen gelernt hast, Deine Wut im Zaum zu halten, knallst Du keine Türen mehr, sondern schimpfst über irgendetwas, das Dich stört.*

## Erkenntnis ist nicht nötig

Ich sage nicht, dass es so sein muss, ich füge das hier nur als Beispiel dafür an, was Du für eine Antwort bekommen könntest, wenn Du Dich fragtest, warum Du heute manchmal schimpfst, laut wirst oder eine Tür zuknallst – es spielt keine Rolle, was es in Deinem Fall ist. Worauf ich hinaus möchte, ist etwas anderes: Würde es Dir wirklich helfen zu wissen, woher Dein seltsames Verhalten kommt? Würdest Du Dich daraufhin leichter verändern können? Ich wage dies zu bezweifeln! Wenn wir wissen, warum wir uns seltsam verhalten, bedeutet das noch lange nicht, dass es uns daraufhin leichterfällt, uns in anderer Weise zu verhalten. Lerne jetzt, die richtigen

Fragen zu stellen: „Wie möchte ich mich in dieser Situation in Zukunft verhalten?" Die Antworten, die Dir aufgrund dieser anderen Frage einfallen, sind in die Zukunft gerichtet. Denn die Zukunft ist das Einzige, was Du verändern kannst. Die Vergangenheit ist vorbei, und die Gegenwart ist das Ergebnis Deiner Vergangenheit; sie ist das Ergebnis all der Gedanken, die Du bisher gedacht hast. Wenn Du in dieser Gegenwart lernst, neue Fragen zu stellen, dann und nur dann hast Du eine echte Chance, eine Zukunft zu erschaffen und zu erleben, in der Du Dich neu und anders verhältst als bisher.

## Das Gesetz der großen Zahl

Durch die vielen kleinen Verhaltensveränderungen, die Du Dir jetzt schon vorgenommen hast, wirst Du noch etwas anderes kennenlernen, nämlich das Gesetz der großen Zahl. Es geht darum, dass Du Unglaubliches erreichen kannst, wenn Du nur jeden Tag einen Schritt auf dem Weg zu diesem Ziel vorangehst. Wenn Du kleine Kinder, oder besser noch Säuglinge und Kleinkinder, dabei beobachtest, wie sie all die vielen Dinge lernen, die sie dann später wie selbstverständlich beherrschen, dann wird Dir dieses Gesetz der großen Zahl besonders bewusst. Jede kleine Bewegung muss geübt werden und zwar nicht nur einmal; Kleinkinder üben jede Bewegung Hunderte von Malen, so lange, bis sie sie wirklich beherrschen. Das machen sie ganz automatisch und vor allen Dingen spielerisch und mit Spaß, und sie können damit die perfekten Vorbilder für Dich werden. Die vielen Wiederholungen, das fortwährende Üben und die winzig kleinen Fortschritte, das ist das, worum es hier geht.

Und so ist es für Dich in Deinem Alltag viel leichter und auch viel besser, wenn Du jeden Tag einen kleinen Schritt gehst. Also anstatt einmal in der Woche ein Work-out zu machen, bei dem Du viele Stunden lang in der Muckibude bist, alle Muskeln trainierst und danach völlig fertig und mit einem schlimmen Muskelkater nach Hause fährst, wäre es viel besser, am Anfang jeden Tag nur ein paar Minuten für den Sport einzuplanen. Beginne zum Beispiel mit einer Liegestütze und dann mach jedem Tag eine weitere zusätzlich. Wenn Dir das zu schnell zu viele werden, dann kannst Du das Pensum auch einfach jede Woche um eine Liegestütze erhöhen. Ich weiß, das kommt Dir jetzt wenig vor, aber wegen des Gesetzes der großen Zahl würdest Du auf diese Weise schon nach einem Jahr in der Lage sein, jeden Tag 52 Liegestützen zu machen. Und was noch viel wichtiger ist: Es wird Dir leichtfallen. Denn eine Liegestütze, die schafft wohl jeder von uns. Und wenn Du eine Woche lang jeden Tag eine Liegestütze gemacht hast, dann weiß ich genau, dass Du nächste Woche mit Leichtigkeit zwei Liegestützen jeden Tag schaffst.

## Durchhalten leichtgemacht

Du darfst Dir das Durchhalten leichtmachen, und wenn Du alle Fortschritte winzig klein machst, dann brauchst Du natürlich wiederum nur sehr wenig Disziplin, um die entsprechende Handlung auch auszuführen. Es könnte sogar noch leichter dadurch werden, dass Du, um bei meinem Beispiel zu bleiben, die eine Liegestütze immer machst, während Du laut lachst oder zumindest grinst. Du könntest Dich auch belohnen: Nach der Liegestütze darfst Du immer einen Witz aus einem guten Witzebuch lesen, der Dich dann hoffentlich schmunzeln lässt. Tu alles, was nötig ist, um Dir auch diese winzig kleine Veränderung zu versüßen und die entsprechende Tätigkeit mit möglichst viel Freude auszuführen. Am besten ist es, wenn Deinem Gehirn kein Gedanke an ein Durchhalten kommt. Also mach es jetzt konkret: Welche neue Verhaltensweise übst Du ab jetzt jeden Tag ein und zwar in winzigen Schritten? Sobald Du sie Dir vorgenommen hast, fängst Du am besten gleich an. Du legst dieses Buch aus der Hand und machst dann das, was Du Dir vorgenommen hast. Bis gleich!

## Austauschen ist leichter

Für Dein Gehirn ist es erheblich leichter, ein neues Verhalten an die Stelle eines bisherigen Verhaltens zu setzen, als ein bisheriges Verhalten einfach nur zu stoppen. Mithilfe der Cappuccino-Strategie kannst Du ganz einfach erklären, warum das so ist: Von jedem Verhalten, das Du regelmäßig zeigst, gibt es einen Film in Deinem Kopf. In diesem Film siehst Du Dich so, als wärest Du in Deinem Körper, und Du beobachtest Dich dabei, wie Du die entsprechende Tätigkeit ausübst. In der Fachsprache nennen wir das „assoziiert", was einfach bedeutet, dass Du Deine Schuhe oder Füße sehen könntest, wenn Du in diesem Film in Deinem Kopf an Dir herunterschauen würdest. Im Gegensatz dazu könntest Du Filme auch „dissoziiert" sehen, das bedeutet ganz einfach, dass Du Dir von außen zusiehst, wie Du etwas tust. Wenn Du Dich dissoziiert siehst, ist es allerdings sehr unwahrscheinlich, dass Du die entsprechende Handlung ausübst. Es ist schlicht nicht motivierend, sich von außen bei etwas zu beobachten, und daher wirst Du feststellen können, dass Du Dich bei allen Handlungen und Tätigkeiten, zu denen Du Dich schlecht oder gar nicht motivieren konntest, dissoziiert betrachtest.

Doch lass uns zurückgehen: Bei einer regelmäßigen Tätigkeit, etwa auch bei einer schlechten Angewohnheit, musst Du Dich also assoziiert sehen, denn nur dann wirst Du diese Tätigkeit regelmäßig ausführen. Das kann auch bedeuten, dass Du Dich immer wieder dabei erwischst hast, abends vor dem Fernseher zu sitzen und eine Tüte Chips, eine Packung Schokolade oder irgendetwas anderes Ungesundes aufzuessen. Viele Menschen würden ein solches Verhalten am liebsten stoppen wollen, eben weil sie erkannt haben, dass es ungesund oder nicht zielführend ist. Das ist allerdings für unser Gehirn nicht so einfach, denn bisher läuft dort eben ein Film ab („Immer wenn ich mich vor den Fernseher setze, muss ich dieses oder jenes Verhalten zeigen.").

Diesen Film zu stoppen, würde einfach nur bedeuten, dass dort gar kein Film mehr ist. Und dann wird das Gehirn eben aufgrund des jahrelangen Trainings tendenziell wieder in den Film mit dem alten, unerwünschten Verhalten zurückspringen. Daher ist es viel einfacher, wenn Du an die Stelle des alten Verhaltens einen Film setzt, in dem Du ein neues Verhalten an den Tag legst. Im Fall der Tüte Chips vor dem Fernseher könnte das etwa ein Film sein, in dem Du assoziiert ein Glas Wasser trinkst. Du siehst Dich also dabei, wie Du an dem Glas nippst und wie Du das Wasser wirklich herunterschluckst. Diesen neuen Film kann Dein Gehirn dann an die Stelle des alten Films setzen und damit fällt ihm die Veränderung des Verhaltens erheblich leichter.

## Höre Dir genau zu!

Du kannst Dir solcher schlechter Angewohnheiten auf ganz einfache Weise bewusster werden, wenn Du damit beginnst, Dir aufmerksamer zuzuhören. Und das gilt nicht nur für die Sätze, die Du aussprichst, sondern vor allen Dingen auch für die Gedanken, die Du denkst. „Oh mein Gott, jetzt habe ich schon wieder die ganze Chipstüte leergefressen, das wollte ich doch nicht mehr tun." – Solche inneren Dialoge mögen bisher in Dir abgelaufen sein. Mach Dir jetzt im Moment bewusst, welcher Film in Deinem Kopf ablaufen muss, wenn Du Dich selbst für dieses Verhalten oder irgendein anderes kritisierst. Du siehst dann eben nur den Film mit dem alten, unerwünschten Verhalten. So funktioniert Veränderung nicht!

Du brauchst einen neuen, anderen Film in Deinem Kopf, in dem Du Dich schon mit dem neuen Verhalten beobachtest. Wenn Du also mitbekommst, dass Du einen solchen negativen Gedanken denkst und Dich vielleicht gleich noch für das alte Verhalten kritisierst, dann stell Dir am besten eine simple Frage: „Was würde ich jetzt am besten tun?" Wie oben beschrieben könnte das eben in einer solchen Situation bedeuten, dass Du ganz schnell herausfindest, dass es besser wäre, ein Glas Wasser zu trinken oder das Fernsehen ganz zu lassen und stattdessen eine Runde spazieren zu gehen oder um den Block zu joggen. Einmal mehr bestimmt an dieser Stelle die Qualität Deiner Fragen die Qualität Deiner Antworten und damit die Qualität Deines weiteren Lebens.

## Die Alternative finden

Wenn Du bei Dir alte Verhaltensweisen beobachtest, die Du gerne loswerden oder überwinden würdest, dann nutze doch jetzt gleich diese Technik. Schau Dir an, was das für ein Film in Deinem Kopf ist, wenn Du an das alte Verhalten denkst. Und dann stellst Du Dir die Frage, welches Verhalten Du stattdessen in Deiner Zukunft gerne haben würdest. Mach Dir in Deinem Kopf einen Film von diesem neuen Verhalten. Je häufiger Du Dir dieses neue Verhalten vorstellst, desto leichter wird Dir die Veränderung fallen. Es wird sogar so sein, dass Du es nach kurzer Zeit gar nicht mehr bemerkst; das neue Verhalten ist Dir dann im wahrsten Sinne des Wortes in Fleisch und Blut übergegangen, es ist selbstverständlich für Dein Gehirn geworden. Finde jetzt ganz konkret zwei oder drei Verhaltensweisen aus Deinem Alltag, die Du verändern möchtest, und dann plane am besten gleich jetzt den entsprechenden neuen Film dazu.

Du hast damit gleichzeitig noch etwas anderes gelernt: Wenn Du ein neues Verhalten haben möchtest, dann musst Du Dich assoziiert in einem Film sehen, in dem Du das neue Verhalten hast. Nur dann wird Dein Gehirn Dich dabei unterstützen, dass Du dieses neue Verhalten auch tatsächlich durchführst.

Auch im Umgang mit anderen Menschen im beruflichen oder privaten Umfeld ist es also entscheidend, das Kritisieren zu beenden und stattdessen in jeder einzelnen Situation so schnell wie möglich darüber zu sprechen, welches konkrete neue Verhalten in der Zukunft erwünscht ist. Es wird für Dich ganz selbstverständlich werden, aktuelle Umstände und Lebenssituationen nicht mehr zu kritisieren, mehr und mehr in Lösungen zu denken und auch andere Menschen dabei zu unterstützen, dass in ihren Köpfen ein neues und anderes Verhalten möglich wird, weil sie eben neue Filme in ihrem Kopf haben. Falls Du Mitarbeiter hast und diese voranbringen und motivieren möchtest, dann darfst Du Dich selbst in die Lage versetzen, diesen Menschen wunderschöne Filme von einer Zukunft in den Kopf zu bringen, die sie erleben möchten. Nur wenn Du sprachlich in der Lage bist, dass in den Köpfen der Menschen konkrete Filme entstehen, wird sich ihr Verhalten verändern.

Das ist auch der Grund, warum große Visionäre immer wundervolle Filme von der erwünschten Zukunft in die Köpfe der anderen Menschen bringen. Sie planen ihre Zukunft in konkreten Filmen und erleben diese assoziiert, so als sei die Zukunft schon zur Realität geworden. Menschen, die sich damit schwertun, haben entweder gar keine Filme ihrer eigenen Zukunft oder sie sehen sich in diesen Filmen bestenfalls dissoziiert. Doch dadurch ist Dein Gehirn nicht motiviert! Motivation funktioniert nur durch Filme, in denen wir uns assoziiert sehen. Das darfst Du immer im Kopf behalten, und Du darfst für Dich selbst und für andere immer daran denken, dass die Filme in unserem Kopf der Auslöser für jede Handlung sind.

## Wenn Du Dich veränderst ...

Einer der wohl wichtigsten Vorsätze auf dem Weg zu Deiner persönlichen Veränderung ist die Entscheidung, bei Dir selbst anzufangen. Du lässt die Opferrolle hinter Dir und hörst ab sofort damit auf, andere Menschen oder bestimmte Situationen als Auslöser für Dein Verhalten zu sehen. Die Veränderung geht damit von Dir aus, was auch bedeutet, dass sie in Deiner Hand liegt und dass Du die volle Kontrolle über diese Veränderung hast. Das ist doch ein wundervoller Startpunkt! Du machst Dir vermutlich keine Vorstellung davon, wie viele unserer Podcast-Hörer, Teilnehmer und Fernsehzuschauer, die meine Sendungen sehen, sich bereits auf den Weg der Veränderung gemacht haben. Sie alle berichten übereinstimmend, dass es eine unglaubliche Erleichterung war, die Opferrolle zu verlassen und die eigene Veränderung gezielt anzugehen. „Was kann ich jetzt anders machen?", das war und ist für viele der Startpunkt der Veränderung. Was die meisten Menschen dann feststellen und was auch Du in kurzer Zeit schon beobachten kannst, ist, dass sich die Welt um Dich herum verändert, wenn Du Dein Verhalten veränderst.

Selbst in festgefahrenen Situationen, in denen diese Menschen über Jahre hinweg nicht vorangekommen sind und in denen sie oft genug schon längst aufgegeben haben, ist diese Veränderung möglich. Unsere Podcast-Hörer und auch unsere Teilnehmer machen immer wieder genau diese Erfahrung. Damit kann Dir bewusst werden, dass auch Dein eigenes Verhalten die Ursache dafür war, dass sich in Deinem eigenen Leben vielleicht keine Veränderung zum Besseren ergeben konnte.

## Auf neue Ideen kommen

Um neue Anregungen zu finden und vor allem auch, um neue Fähigkeiten zu erlernen, möchte ich Dir Plattformen wie YouTube empfehlen. Das ist um Himmels willen jetzt keine Aufforderung, stundenlang im Internet zu surfen und Videos zu gucken. Doch bei richtigem Gebrauch und zurückhaltendem Einsatz kann eine solche Plattform Dir wirklich weiterhelfen. Einer unserer Teilnehmer hat zum Beispiel schon seit längerer Zeit lernen wollen, wie man mit kleinen, länglichen Luftballons alle möglichen Figuren formen kann; Hunde, Blumen und viele andere Dinge mehr. Du kennst das vielleicht von einem Kindergeburtstag oder aus einem ähnlichen Umfeld. Er hat sich mithilfe entsprechender YouTube-Videos die nötigen Fertigkeiten angeeignet und so konnte er uns bei einem Seminar-Abschlussabend mit allen möglichen Figuren überraschen, die er aus diesen Luftballons in kürzester Zeit hergestellt hatte. Ich habe YouTube schon einmal genutzt, um mir im Detail und sehr genau erklären zu lassen, wie ich den fest eingebauten Akku eines Handys tauschen kann. Dank der Schritt-für-Schritt-Anleitung war das ganz einfach, obwohl ich es noch nie zuvor gemacht hatte.

Natürlich gibt es auch andere Internet-Plattformen, auf denen Du eine Menge lernen kannst. Wenn Du zum Beispiel gerne Käsekuchen isst, dann findest Du auf einer Plattform wie www.kaesekuchen.de unzählige Anregungen. Oder wenn Du immer schon einmal mit Leder arbeiten wolltest, dann kannst Du Dir im Internet genau anschauen, wie Du zum Beispiel einen Gürtel herstellen kannst oder etwas anderes. Die Möglichkeiten sind nahezu unbegrenzt. Der entscheidende Aspekt ist für mich, dass dies schnell geht und ich mit ein paar Klicks weiter vielleicht schon etwas ganz anderes entdecke, über das ich noch nie nachgedacht habe.

## Reisen bringt Dich voran

Reisen bildet nicht nur, es ist auch die reinste Verjüngungskur, denn insbesondere Reisen in ferne Länder und zu unbekannten Kulturen sorgen dafür, dass Dein Gehirn in sehr kurzer Zeit sehr viel Neues kennenlernt. Auch das kann ein perfekter Ausgangspunkt für Deine persönliche Veränderung sein. Gleichzeitig lernst Du Deine Art zu denken besser kennen, wenn es zum Beispiel zum ersten Mal in Deinem Leben zum Frühstück keine süße Marmelade zu essen gibt, sondern stattdessen nur diverse Suppen, wie es etwa in einigen asiatischen Ländern der Fall ist. Natürlich kann es sein, dass diese Lebensweise auf Dich zunächst befremdlich wirkt. Das ist nicht schlimm, sondern genau der Hinweis darauf, dass Du zur richtigen Stelle auf diesem Planeten gereist bist. Jetzt kann das Lernen beginnen, Du kannst Dich an andere Gewohnheiten anpassen und damit Deine bequeme Komfortzone verlassen. Viel wichtiger als der Aspekt, dass Du dann für den Rest Deines Lebens immer viel zu erzählen hast von den vielen Reisen, die Du unternimmst, ist eben meiner Meinung nach genau die erhöhte Flexibilität. Das ist meiner Meinung nach auch der Grund, warum viele weitgereiste Menschen so jung wirken und oft genug auch viel jünger aussehen als andere Gleichaltrige.

Ein anderer Aspekt dieser Reisen ist, dass Deine Toleranz für andere Menschen größer wird, auch und gerade dann, wenn sie eine andere Religion, andere Vorbilder oder andere Verhaltensweisen haben als wir. Entdecke für Dich die Möglichkeiten des Reisens und Du wirst feststellen, dass es häufig viel günstiger ist, als Du vielleicht bisher gedacht hast. Auch mit einem kleinen Reiseetat lassen sich wundervolle Dinge erleben. So hat zum Beispiel eine meiner Töchter auf ihrer Weltreise in ganz verschiedenen Ländern für Hotels und Restaurants gearbeitet und musste deshalb häufig Unterkunft und Verpflegung nicht bezahlen. So konnte sie auch mit wenig Geld monatelang unterwegs sein, wundervolle Menschen kennenlernen und unzählige neue Erfahrungen sammeln. Natürlich muss es in Deinem Fall nicht gleich eine Weltreise sein, die Du jetzt unternimmst. Welches Land wolltest Du immer schon einmal kennenlernen? Dann wäre vielleicht jetzt schon der richtige Zeitpunkt, eine Reise dorthin zu planen und diesen Plan dann Schritt für Schritt Realität werden zu lassen.

## Nichts bleibt, wie es ist

Viele Menschen sind der Meinung, dass sich die Welt kaum verändert oder bestenfalls minimal. Bei genauem Hinsehen stimmt das nicht, im Gegenteil; die Welt verändert sich ständig, und diese Veränderung lässt sich leicht wahrnehmen, wenn Du wach genug bist. Sobald Du die ständige Veränderung beobachtest, wird das zudem dafür sorgen, dass Du sehr entspannt mit scheinbar unveränderlichen Situationen umzugehen lernst. Vermutlich ist Dir jetzt schon klar, woran es liegt, dass die meisten Menschen diese Veränderung nicht wahrnehmen: Die Geschwindigkeit der Entwicklung ist einfach zu gering und erfordert eben ein intensives und genaues Beobachten und Abgleichen. Und dann wird Dir bewusst, dass der Stillstand eine Illusion ist, auch wenn die meisten Menschen ihn für wahr halten.

Auf der anderen Seite hat dies zur Folge, dass viele Menschen auch nur so tun, als hätte keine Veränderung stattgefunden, denn so können sie sich in Sicherheit fühlen. Das ist ja klar, denn wenn ein Mensch Angst hat vor der Veränderung, dann muss er alle Anzeichen übersehen und muss seine Wahrnehmung so anpassen, dass er sich immer in Sicherheit fühlen kann. Sobald Du die fortwährende Veränderung wahrnimmst, verlierst Du sogleich diese Angst. Gleichzeitig könntest Du Dich jetzt fragen, in welchen Lebensbereichen Du bisher nur so tust, als wäre alles beim Alten und genau so, wie Du es seit Jahren kennst. Dann kannst Du anschließend Deinen Blick auf diesen Lebensbereich verändern und Dir bewusst machen, dass sich doch etwas verändert hat, zumindest ein bisschen. Das liegt ganz einfach daran, dass alles morgen anders ist als heute. Kein einziger Baum sieht jeden Tag gleich aus, nicht einmal ein Felsen bleibt immer gleich. Also gilt das konsequenterweise auch für Dich und Deine Verhaltensweisen sowie für Deine gesamte Umwelt und alle Menschen, die Du kennst.

## Was hat sich konkret verändert?

In unseren Seminaren stellen wir den Teilnehmern gerne die Frage nach der konkreten, positiven Veränderung, die sie erlebt haben. Diese kleine Übung könntest Du Dir jetzt zu eigen machen für den Rest Deines Lebens; Du könntest Dich an jedem Abend vor dem Schlafengehen fragen, welche positive Veränderung heute bei Dir stattgefunden hat, was Du Neues gelernt hast und was das Besondere an diesem Tag war, das Du nie zuvor in gleicher Weise wahrgenommen hast. Auch das ist eine leichte, ganz konkrete Übung, die Dir hilft, Dich mit der fortwährenden Veränderung anzufreunden, Deinen Frieden mit ihr zu machen und gleichzeitig Dein Gehirn umzutrainieren. So entsteht eine neue Flexibilität! Fang doch jetzt gleich bei einer guten Tasse Cappuccino an darüber nachzudenken, welche Deiner Verhaltensweisen sich in den vergangenen Jahren deutlich verändert hat. Welche Deiner Lebensumstände haben sich ganz konkret verbessert?

Ich habe es schon einmal angesprochen, aber weil es mir so wichtig ist, möchte ich es jetzt noch einmal wiederholen: Du darfst Dir Deine persönliche Veränderung so leichtmachen, wie es nur geht. Denn wenn sie sich schwer anfühlt, wenn sie Deine ganze Disziplin erfordert, wenn sie sich hart und schwierig anfühlt, dann steigt eben die Wahrscheinlichkeit, dass Du Dich nicht weiter verändern möchtest. Mindestens unterbewusst würdest Du dann gegen die Veränderung angehen, Du würdest sie weiterhin so gut vermeiden, wie es geht. Das hast Du bisher schon getan – wie die allermeisten anderen Menschen auf diesem Planeten auch – und deshalb darfst Du jetzt etwas Neues ausprobieren. Es geht darum, die spielerischen Aspekte der Veränderung hervorzuheben. Du weißt ja bereits, dass Du Dich dafür auf das Endergebnis konzentrieren darfst, also die klassische Anwendung der Cappuccino-Strategie, vor allem dann, wenn der Prozess Dir ermüdend, langwierig und wenig attraktiv erscheint.

## Gemeinsame Veränderung fällt leicht

Eine wundervolle Möglichkeit, es sich leichter zu machen, ist es, gemeinsam mit anderen Menschen in die Veränderung zu starten, sich gemeinsam Ziele zu setzen und sich auch während der Reise immer gegenseitig zu unterstützen. Die Weight Watchers sind ein schönes Beispiel für einen solchen gemeinsamen Prozess, auch wenn sie soweit ich weiß leider auch auf negative Motivation durch die Blamage vor der Gruppe setzen. Das würde ich anders machen. Es gibt zum Beispiel inzwischen Fitness-Apps, mit denen Menschen ihre Ergebnisse miteinander vergleichen können. Das können Freunde und Bekannte oder auch wildfremde Menschen sein, mit denen man sich vergleicht und die Ergebnisse abstimmt. Wenn Du bei Dir bemerken solltest, dass dieser Wettbewerb Dich anspornt und dass das gemeinsame Sporttreiben mit anderen Dich voranbringt, dann kannst Du ja zum Beispiel gezielt Gruppen suchen, die gemeinsam trainieren.

## Schon 21 Tage genügen

Du weißt vielleicht bereits, dass Wissenschaftler davon ausgehen, dass ein verändertes Verhalten nur 21 Tage lang an jedem Tag ausgeübt werden muss, damit es automatisch abläuft. Drei Wochen joggen, drei Wochen meditieren, drei Wochen jeden Tag lesen – was immer es ist, was Du ab heute anders machen möchtest, Du darfst es drei Wochen machen. Danach wird Dir diese neue Tätigkeit oder dieses neue Verhalten so selbstverständlich vorkommen, als hättest Du es immer schon so getan.

Eine weitere Möglichkeit, Dir die Veränderung zu erleichtern und dafür zu sorgen, dass Du dranbleibst, ist die Konzentration auf Deine Fortschritte. Das folgt der Logik der Frage „Was hat sich jetzt schon positiv verändert?", und es ist dabei wichtig, dass Du auch kleine Fortschritte feierst und intensiv fühlst, wie gut sich das für Dich anfühlt, dass Du Deinen Fokus auf diese Veränderungen legst. Je mehr Du Dich selbst feierst für Deine Fortschritte, desto mehr Fortschritte wirst Du machen, desto schneller wirst Du Dein Ziel erreichen und desto mehr Spaß wirst Du dabei haben.

# Einfach ausprobieren

Es gibt natürlich auch eine Reihe von Tätigkeiten oder Verhaltensweisen, die Du nur mal ausprobieren möchtest. Nicht alles Neue, das Du planst, musst Du für den Rest Deines Lebens tun. Ich möchte die spielerische Komponente betonen, die Du wieder in Dein Leben integrieren darfst. Die meisten Menschen nehmen Leben nicht mehr als Spiel wahr, vor allem dann, wenn sie erwachsen sind. Dann meinen sie die Ernsthaftigkeit des Lebens bereits entdeckt zu haben und sind in den Überlebensmodus abgetaucht. Doch das muss nicht so sein! Falls es Dir so gehen sollte, dass Du dem Überlebensmodus entgehen möchtest, dann darfst Du die spielerischen Aspekte des Lebens wieder betonen. Das ist auch für neue Methoden optimal, die Du ausprobierst, um auf andere Art und Weise die Ergebnisse zu erreichen, die Du bisher auch erreichst. Ein paar Beispiele dafür sind das Tragen der Uhr am anderen Arm, das Putzen der Zähne mit der Hand, mit der Du sie normalerweise nicht putzt, oder zumindest für uns Männer das Rasieren mit der anderen Hand, wobei das nur für die Nassrasur gilt. ☺ Ich habe selbst festgestellt, und unsere Teilnehmer bestätigen es mir, dass die Rasur auf diese Weise sehr viel gründlicher wird, dabei allerdings am Anfang in einigen Fällen auch erheblich länger dauert.

Auch ein neuer Krawattenknoten, zu dem Du eine Anleitung im Internet findest, oder eine neue Art und Weise Deine Schnürsenkel zu binden sind solche Beispiele, die viel Spaß in Deinen Alltag bringen können. Wenn Du in einer Partnerschaft oder mit Kindern zusammenlebst, dann kannst Du mit Deinen Lieben gemeinsam solche neuen Methoden ausprobieren, und ihr könnt dabei unglaublich viel Freude haben.

Übrigens – und das möchte ich hier nur am Rande erwähnen – ist es auch für Dein Gehirn und Dein neues Training der Veränderung überaus hilfreich, wenn ihr an Eurem Esstisch oder auf dem Sofa keine festen Sitzplätze habt. Falls Du mittags in der Kantine Deiner Firma isst, dann wäre es ebenfalls von Vorteil, wenn Du Dir regelmäßig einen anderen Sitzplatz suchtest und am besten auch immer neue Gesprächspartner. Das macht Dich zum einen flexibel und zum anderen hilft es Dir wieder einmal, neue Sichtweisen kennenzulernen und auch neue Themen zu entdecken.

## Einfach mal zögern

Wenn Du Dich dabei erwischst, wie Du in bestimmten Situationen immer mal wieder in alte Verhaltensweisen zurückfällst, dann habe ich noch einen besonderen Tipp für Dich: Wenn Du gerade im Begriff bist, wieder auf die alte Art und Weise zu handeln, dann kannst Du einfach einen Moment innehalten. Damit kommst Du aus der automatischen Reaktion heraus und kannst mit etwas Ruhe überlegen, ob Du das wirklich tun willst. Ein simples, konkretes Beispiel: Nehmen wir an, dass Du an der Supermarktkasse ab und zu mal einen Schokoriegel kaufst, und Du möchtest Dir dieses Verhalten abgewöhnen. Wenn Du das in der Vergangenheit regelmäßig gemacht hast, dann ist für Dich der Griff in die entsprechende Packung oder das Regal eine Selbstverständlichkeit. Doch das nächste Mal, wenn Du im Supermarkt einkaufst und wieder im Begriff bist, diese ungesunde Süßigkeit zu kaufen, dann halte doch einfach mal einen Moment lang inne, ohne Dich zu bewegen. Du kannst einfach in aller Ruhe beobachten, welche Gedanken dann durch Deinen Kopf rasen. Dabei wirst Du Folgendes feststellen: Schon nach kurzer Zeit des Innehaltens wirst Du die Lust verlieren, den Schokoriegel einzupacken. Es genügt also, eine automatisch ablaufende Handlung nur für kurze Zeit zu unterbrechen, um sie zu unterlassen. In diesem Fall sprechen wir vielleicht von fünf oder zehn Sekunden, maximal 15. Die reichen vollkommen aus, um den Automatismus zu unterbrechen.

Wenn Du dann feststellst, dass Du den Schokoriegel nicht nimmst, sondern ihn im Regal liegen lässt und einfach weitergehst, dann wäre das ein solcher Moment, von dem ich oben gesprochen habe: Jetzt wäre es perfekt, Dich für Dein neues Verhalten zu loben, Dich innerlich zu beglückwünschen und wirklich stolz auf Dich zu sein. Ein winzig kleines neues Verhalten, ein kurzes Zögern hat Dich dahin gebracht, dass Du zumindest an diesem Tag in dieser konkreten Situation etwas anders gemacht hast als bisher. Herzlichen Glückwunsch!

## Das kannst Du für die Cappuccino-Strategie nutzen

- Sowohl das gewünschte Endergebnis als auch der Weg dorthin, also eine Handlung, dürfen Dir Spaß machen.
- Du darfst Dir das Leben gezielt versüßen, es darf so leicht für Dich sein, wie es nur geht.
- Menschen verändern sich aus zwei Gründen: Entweder haben sie große Ziele oder große Schmerzen.
- Übe Dich darin, große Ziele zu finden, für die Du gerne bereit bist Dich zu verändern.
- Gehe in kleinen Schritten voran, um auf lange Sicht Großes zu erreichen.
- Reisen in ferne Länder können Dir helfen, eine neue Lebensperspektive zu entwickeln.
- Halte an jeder Veränderung mindestens 21 Tage lang fest, dann ist sie in Dein Verhaltensrepertoire übergegangen.

# 8. Ich will endlich glücklich werden

Nachdem Du jetzt alle Gründe kennengelernt und hinter Dir gelassen hast, die gegen das Setzen von Zielen sprechen, bist Du bereit für den nächsten Schritt! Ja, es stimmt, es war schon eine spannende Reise bis zu dieser Stelle im Buch, denn ich möchte wirklich sicher sein, dass alle Vorbehalte aus dem Weg geräumt sind, die Du bisher in Bezug auf das Thema „Ziele setzen und erreichen" und in Bezug auf die persönliche Veränderung gehabt hast. Ich bin sogar der Überzeugung, dass die allermeisten Menschen in dem einen oder anderen Lebensbereich praktisch jede der Erfahrungen gesammelt haben, die ich in diesem Buch beschrieben habe. Es scheint ganz normal zu sein, dass wir in dieser Zeit aus den genannten Gründen nicht in jedem Lebensbereich und nicht hundertprozentig genau wissen, wie das perfekte, optimale Leben für uns aussehen würde.

Deswegen beginne ich nun, Dich für diesen Teil des Buches vorzubereiten, für das Wunder der Cappuccino-Strategie und die positiven Folgen, die die Anwendung dieser Strategie auch in Deinem Alltag haben wird. Und das beginnt letztlich mit einem Satz, den Du vielleicht so oder ähnlich formulieren würdest: „Schön wäre es natürlich schon, wenn ich große Ziele hätte!" oder „Ich wäre gerne in der Lage, große Ziele zu finden, die mich wirklich begeistern!"

### Finde die passende Formulierung!

Es kann sehr wichtig sein, dass Du an dieser Stelle die für Dich passende Formulierung findest. Woran würdest Du das merken? Das ist ganz einfach: Die richtige Formulierung erkennst Du daran, dass Du sie fühlen kannst. Ob Du sie fühlen kannst, hängt davon ab, wo Dein persönlicher Startpunkt ist. Es kann natürlich sein, dass für Dich die optimale Formulierung lautet: „Ich will mir große Ziele setzen!" Doch das ist nach meiner Erfahrung sehr unwahrscheinlich, vor allem dann, wenn Du bisher keine großen Ziele in Deinem Leben hattest. Dann wird eine weichere Formulierung Dir eher dienen, eben so, wie ich es oben formuliert habe: „Ich möchte wieder lernen zu träumen!", „Ich hätte gerne mehr gute Gefühle in meinem Leben und möchte die Erfahrung sammeln, dass ich wirklich wertvoll bin!" oder „Auch wenn ich bisher keine großen Ziele hatte, so kann ich doch jetzt lernen, diese zu finden und mich wirklich dafür zu begeistern!"

Nimm Dir ruhig ein bisschen Zeit dafür, diese für Dich optimale Formulierung zu finden, denn sie ist ein guter Startpunkt für Deine weitere Entwicklung.

## Eine neue Welt öffnet sich

Es ist also der Start in eine neue Welt, ein völlig neues Leben, selbst wenn Du das vielleicht bisher noch gar nicht so siehst. Für mich hat das Thema „Ziele setzen, Wünsche äußern und Träume genießen" vor allem mit persönlicher Freiheit zu tun. Persönliche Freiheit ist nicht nur ein Grundrecht jedes Menschen, es ist zugleich der höchste Wert, das wichtigste Ziel. Ich bin der festen Überzeugung, dass jeder von uns dieses Freiheitsgefühl tief in seinem Innern als das Wichtigste anerkennt, was es in diesem Leben gibt. Jeder Kompromiss, den wir eingehen, dieses Zurückstecken und nicht zuletzt auch eine übertriebene Disziplin beschneiden diese persönliche Freiheit. Deswegen bin ich so fest davon überzeugt, dass sich an dieser Stelle auch für Dich eine neue Welt öffnen kann, eine Welt, in der Du Dich vielleicht zum ersten Mal in Deinem Leben wirklich frei entfalten darfst und wirst. Wenn Du das bisher nicht gelernt hast, wenn Du nicht weißt, wie Du Dein Leben in vollkommener Freiheit gestaltest, dann gibt es eben jetzt ein bisschen was zu lernen.

Es ist also nicht nur ein Grundbedürfnis, dass Du Dich frei entfalten möchtest, es ist in meiner Welt alles, worum es in diesem Leben geht. Du bist auf den Planeten Erde gekommen, weil Du Dich frei entfalten möchtest, weil Du Deine Ideen verwirklichen möchtest in einer Welt der Materie. Ich möchte noch einmal kurz zurückgehen zu der Erkenntnis, die ich ganz am Anfang meiner Reise auf dem Weg zur persönlichen Freiheit gefunden habe: Es scheint so, als könnten wir jedes Ziel erreichen, wenn wir uns nur lange genug darauf konzentrieren. Für mich ist das die Basis der menschlichen Lebenserfahrung überhaupt. Wir leben in einer Zeit, in der zumindest immer mehr Menschen genau diese Erfahrungen sammeln können, weil sich durch politische Umbrüche, Revolutionen und andere Veränderungen immer mehr Menschen in der Lage sehen, sich die Lebenserfahrung zu erschaffen, die sie erschaffen möchten. Du bist einer dieser Menschen, ja, vermutlich bist Du sogar in der glücklichen Situation, dass Du heute schon in einer Gesellschaft lebst, in der Du Deine Ziele verwirklichen darfst, kannst und möchtest.

## Nur das Beste für Dich

Los geht es also damit, dass Du ab heute nur noch das Beste für Dich planst. Ja, ich meine wirklich das Allerbeste. Ab sofort spielt es keine Rolle mehr, was die anderen Menschen haben oder sein wollen, auch und vor allen Dingen dann nicht, wenn diese anderen Menschen in Deiner Umgebung sich mit weniger zufriedengeben, als sie haben könnten. Du darfst aktiv lernen, hier eine neue Einstellung zu entwickeln. Meine Frau und ich haben vor einiger Zeit ein Hörbuch zu diesem Thema herausgebracht, was den genau passenden Titel trägt: „Man gönnt sich ja sonst auch alles!" Genau darum geht es an dieser Stelle, dass Du wieder anfängst, Dir alles genau so zu gönnen, wie Du es haben möchtest. In der Rückschau wird das in einigen Jahren für Dich vielleicht auch eine ganz interessante Erkenntnis sein, dass Du derjenige beziehungsweise diejenige gewesen bist, die sich in all den Jahren eben nicht das Allerbeste gegönnt hat. Das ist meiner Meinung nach gemeint, wenn Menschen sagen, dass sie sich selbst im Wege gestanden haben. Um es deutlich zu sagen: Du bist der einzige Mensch, der entscheiden kann, wie Deine Realität wirklich aussieht.

Das bedeutet im Moment vielleicht noch nicht, dass Du über Nacht in der Lage bist, Dein Leben von Grund auf zu verändern. Und doch kannst Du von einem Moment auf den anderen die wohl wichtigste Entscheidung Deines gesamten Lebens treffen: dass Du für Dich ab heute nur noch das Allerbeste planst und ihm erlaubst, in Dein Leben zu kommen. Das bedeutet konkret natürlich auch, dass Umstände, die nicht perfekt sind, nichts mehr mit Dir zu tun haben können. Anstatt Dich mit dem Zweitbesten zufriedenzugeben, bestehe auf Dein Recht, das Allerbeste zu bekommen.

Das bedeutet in meiner Welt nicht, dass Du ab heute jeden Menschen in Deiner Umgebung damit nervst, wie unzufrieden Du mit Deinem Leben bist, weil eben noch nicht alle Dich so behandeln, als wärst Du der wichtigste Mensch. Im Gegenteil! Diese Unzufriedenheit würde Dich nur weiter an der Stelle halten, an der Du bisher vermutlich schon Dein gesamtes Leben gewesen bist. Nein, es geht ganz konkret um etwas anderes: Falls Du etwas erlebst, was nicht genau so ist, wie Du es haben möchtest, dann wirst Du ab sofort einfach nur darüber nachdenken, was Du stattdessen haben wollen würdest. Du brauchst darüber mit niemanden zu sprechen! Es ist sogar insbesondere am Anfang besser, wenn Du es für Dich behältst. Die Übung, um die es geht, ist ganz besonders einfach: Lerne in jeder auch noch so kleinen und unwichtigen Situation darüber nachzudenken, wie diese in der perfekten Inszenierung aussehen würde.

## Leben als ein Theaterstück

Stelle Dir doch einfach nur zum Spaß einmal vor, dass Dein gesamtes Leben ein Theaterstück ist, in dem Du die Handlung bestimmst, Regie führst, die anderen Schauspieler bestimmst, die Szenen vorgibst und natürlich auch als Hauptdarstellerin oder Hauptdarsteller Deine Rolle spielst. Ich liebe diese Metapher! Alle anderen Mitspieler, Deine Eltern, Deine Kinder, Deine Mitarbeiter, Deine Kollegen, alle sind von Dir zu ihren Rollen eingeladen worden und Du hast auch das Drumherum, das Bühnenbild mit all seinen Facetten selbst gestaltet. Wie hast Du das gemacht? Indem Du Deinen Fokus auf jedes einzelne Detail gerichtet hast, indem Du über bestimmte Umstände, Situationen, Handlungen und Gefühle intensiv nachgedacht, Dich darauf konzentriert hast und sie damit in Deinem Leben dauerhaft erschaffen hast. Wie ändert sich jetzt das Theaterstück? Indem Du ab heute beginnst, das Stück so zu schreiben, wie Du es wirklich erleben möchtest. Das ist die allererste Aufgabe und zugleich die wichtigste, der Du ab heute nachgehen kannst.

Setz Dich doch am besten jetzt gleich hin und fang an, auf einem Blatt Papier eine kleine, ideale Szene des neuen Theaterstücks zu schreiben. Was wirst Du in dieser Szene als Hauptdarstellerin oder Hauptdarsteller erleben? Wer wird mitspielen, wer darf überhaupt noch mitspielen? Vielleicht gibt es auch neue Schauspielerinnen und Schauspieler, die in Dein Theaterstück eingeladen werden? Noch kennst Du sie vielleicht nicht, weißt weder ihren Namen noch weißt Du wie sie aussehen. Das spielt alles keine Rolle, denn wichtig ist einzig und allein, wie sie sich in dieser Szene verhalten, die Du jetzt neu entwickelst.

Du merkst es schon, ich mag diese Idee von dem Theaterstück, weil sie indirekt das spielerische Talent, Deine Kreativität fördert und gleichzeitig Deiner momentanen Realität weit genug entrückt ist, sodass Du völlig frei planen kannst. Ich kam vor vielen Jahren zum ersten Mal auf die Idee, dass unser Leben tatsächlich mit einem Theaterstück verglichen werden kann, und ich stellte zugleich erschrocken fest, was es bedeutet, wenn ich der Regisseur in diesem Theaterstück bin. Denn dann habe ich schließlich die gesamte Verantwortung für das, was mein Hauptdarsteller in diesem Theaterstück erlebt. Doch gleichzeitig, und diese Erfahrung wünsche ich Dir unbedingt, setzt dieses Spiel unglaubliche Kräfte frei, weil es eben so lustig ist, sich das vorzustellen, wie sich das gesamte Leben nach meinem eigenen Plan entfalten kann.

## Leben 2.0 wartet auf Dich

Ich bin der festen Überzeugung, dass dieses Leben 2.0, das Leben Deiner Träume, in dem alles genau so ist, wie Du es Dir immer schon gewünscht hast, tatsächlich auf Dich wartet. Das ist meiner Meinung nach auch der Hauptgrund dafür, dass dieses Buch in Dein Leben gekommen ist! Du bist ganz offensichtlich bereit, dieses neue Leben 2.0 für Dich freizuschalten, ein neues Level, ja, es ist tatsächlich wie in einem Video- oder Computerspiel. Du hast das erste Level, das im Wesentlichen daraus bestand, dass Du das Opfer der Lebensumstände gewesen bist, erfolgreich gemeistert.

Erfolgreich kann an dieser Stelle übrigens bedeuten, dass Du an den richtigen Stellen gelitten hast, dass Du Dich genügend aufgeregt hast, wie schlimm die Welt da draußen ist, und dass Du auch mit anderen mitgelitten hast, die genau wie Du Opfer der Umstände waren. Hast Du Dich viel geärgert in diesem Lebensabschnitt? Hast Du das Drama und Deine Ängste ausgelebt? Hast Du regelmäßig Nachrichten geguckt und gelesen, Mord und Totschlag im Fernsehen verfolgt, Krimis, negative Romane und andere Horrorgeschichten verschlungen? Dann ist all das ein Zeichen dafür, dass Du das erste Level wirklich erfolgreich gemeistert hast und dass Du dafür bereit bist, es jetzt abzuschließen.

Lass uns doch an dieser Stelle einfach mal der Analogie des Video- oder Computerspiels folgen. Denn wenn Du in einem Videospiel einmal das erste Level gemeistert hast, wenn Du die Anfangsschwierigkeiten und Herausforderungen erfolgreich überwunden hast, dann kommst Du ein Level weiter – eben Level 2.0. Würdest Du dann später noch einmal zum ersten Level zurückkehren wollen? Das Interessante ist doch, dass wir Menschen nicht verlernen können, was wir einmal wirklich beherrschen. Du hast laufen gelernt und Du wirst den Rest Deines Lebens wissen, wie Du gehst und läufst. Du kannst das nicht mehr verlernen. Dasselbe gilt für das Sprechen, das Lesen, das Schreiben und so viele Dinge mehr. All diese Dinge hast Du einmal gelernt, Du beherrschst sie und damit sind sie für immer in Dir vorhanden.

Das gilt auch für die Erkenntnisse Deines Lebens! Du hast schon viele Erkenntnisse gewonnen darüber, wie bestimmte Dinge im Leben funktionieren. Und nachdem Du einmal verstanden hast, wie diese Dinge funktionieren, was die Hintergründe sind, kannst Du diese Dinge nie wieder verlernen, sondern sie bleiben für immer bei Dir. Es würde auch keinen Spaß machen, sie wieder zu verlernen; es erscheint Dir einfach vollkommen unsinnig, dass jemand das wollen würde. Schließlich hat es Dich in dem einen oder anderen Fall auch einige Mühe gekostet, diese Erkenntnisse zu gewinnen.

## Erkenntnisse bringen Fortschritt

So weißt Du zum Beispiel (hoffentlich), was Du tun musst, wenn Du ein Baby haben möchtest. Das wusstest Du nicht immer, denn als Du klein warst, hattest Du keine Idee davon. Und vielleicht haben Deine Eltern Dir auch etwas Falsches erzählt, vielleicht die Geschichte von den Bienen und den Blumen, wobei ich gestehen muss, dass ich die bis heute nicht kenne. Ich weiß wirklich nicht, was es mit den Bienen und den Blumen auf sich hat. Ich erinnere mich daran, dass meine Mutter mir erzählte, wie in ihrer Kindheit die Geschichte vom Storch funktionierte. Als ihre Mutter nach der Geburt ihrer jüngeren Schwester im Wochenbett war, wurde eben den älteren Geschwistern erzählt, dass die Mutter vom Storch bei der Auslieferung des Babys gebissen worden war. Das erklärt vielleicht, warum der eine oder andere Mensch Storchen gegenüber zurückhaltend ist!

Jedenfalls haben die meisten von uns und hoffentlich auch Du inzwischen die Erkenntnis gesammelt, wie die Zusammenhänge tatsächlich sind und dass Babys nicht von Störchen und auch nicht von Bienen und Blumen gebracht werden. Wenn Du jetzt diese einfache Erkenntnis als Beispiel nimmst, dann wird Dir gerade bewusst, dass Du diese nicht wieder verlernen kannst. Warum würdest Du das auch wollen? Du weißt jetzt, wie es funktioniert, und da Du es einmal weißt und Dir sicher bist, dass es stimmt, bist Du auf einem neuen Level, eben dem Niveau 2.0 angekommen. Du wirst nie wieder in Deinem Leben auf Level 1.0 zurückgehen!

## Was ist Leben 2.0?

Das ist also genau das, worum es hier geht! In Bezug auf Ziele hattest Du bisher vielleicht seltsame Ansichten, die ich eben in der ersten Hälfte dieses

Buches ausführlich dargestellt habe. Jetzt machst Du Dich gerade bereit für eine neue Erkenntnis in Bezug auf das Thema „Ziele setzen und erreichen". Natürlich wirst Du dabei vieles über Dein Leben lernen, wirst neue Informationen bekommen, diese im Alltag überprüfen und dann herausfinden, dass es sich tatsächlich um neue Erkenntnisse handelt, um neues Wissen in Bezug auf ein elementares Lebensthema. Und das meine ich mit Leben 2.0! Du beginnst ganz einfach an der Stelle, an der wir schon vorbeigekommen sind: Der Sinn Deines Lebens ist meiner Meinung nach, dass Du möglichst viel Spaß hast, viel Freude und Begeisterung erfährst, viele schöne Momente sammelst und das Leben genau so positiv gestaltest, so wunderschön, wie Du es immer schon haben wolltest. Das ist die zentrale Erkenntnis, um die es in diesem Buch geht.

Jetzt kannst Du für Dich mal schnell testen, wo Du in Bezug auf diese Erkenntnis stehst. Vielleicht geht es Dir im Moment noch wie dem kleinen Kind, das zum ersten Mal im Kindergarten oder in der Grundschule davon erfährt, dass es nicht der Storch ist, der die kleinen Babys bringt. Ich vermute, dass dieses kleine Kind seine ursprüngliche Erkenntnis, die es vielleicht von seinen Eltern gehört hatte, über den Haufen wirft. Es wird erstaunt sein, wenn es von einer völlig neuen Methode hört, wie das mit den Babys wirklich funktioniert. Doch je häufiger sich dieses Kind mit der neuen Erkenntnis konfrontiert sieht, und insbesondere dann, wenn es beginnt darüber nachzudenken, weil es älter wird, in die Pubertät kommt, mehr Informationen zu diesem Thema sammelt, sich intensiver damit beschäftigt, dann festigt sich die neue Erkenntnis. Genauso geht es Dir in Bezug auf das Thema Ziele. Deswegen habe ich schon ganz am Anfang geschrieben, dass Du mir nicht einfach nur so alles abnehmen sollst, was ich in diesem Buch schreibe. Probiere es aus, prüfe es im Alltag, plappere es nicht einfach nach, nur weil ich es gesagt oder geschrieben habe. Nein, ich habe diese Lebenserfahrung, diese Erkenntnis in meinem Alltag gesammelt. Nun gebe ich sie Dir in diesem Buch weiter und ich möchte, dass Du sie überprüfst, jede einzelne Information, bevor sie zu Deiner neuen Erkenntnis wird.

## Vom Opfer zum Gestalter

Lass uns bitte noch einmal einen halben Schritt zurückgehen, weil es eben ein so wichtiger Schritt ist! Leben 1.0 bedeutet doch konkret, dass mehr oder weniger ausgeprägt Dein bisheriges Lebensgefühl gewesen ist, dass Du ein Opfer der Umstände warst. So wie die allermeisten Menschen auf diesem Planeten auch; ich vermute, 99 Prozent oder mehr der Menschen leben ihr Leben auf diesem Niveau 1.0. Ich habe keine Beweise dafür, dass es wirklich so ist, es ist nur eine persönliche Beobachtung, dass die allermeisten Menschen sich als Opfer fühlen und Lebensumstände planen und generieren, die sie weiter in der Opferrolle festhalten. Jetzt geht es um dieses Erwachen, das in dieser heutigen Zeit an allen Ecken und Enden des Planeten zu beobachten ist: Menschen wie Du stehen auf, sie streifen die Opferrolle ab, sie geben sich nicht mehr zufrieden damit, dass sie den Rest ihres Lebens in einem Hamsterrad verbringen, mühsam die Miete oder die Raten für das Haus zusammenkratzen, sich in ihren Beziehungen zerstreiten, unter den negativen Nachrichten der Fernsehsender, Zeitungen und Zeitschriften leiden. Diese Menschen lassen die neue Erkenntnis in ihrem Leben Raum gewinnen, dass Leben davon handelt, individuell verschieden, bewusst und absichtlich positiv geplant zu werden.

Diese Menschen erkennen natürlich auch wie Du in diesem Moment, dass die ständige Beschäftigung mit den Katastrophen, die angeblich auf diesem Planeten überall und ständig passieren, das eigene Leben nicht besser machen. Sie verstehen, dass es nur mit der eigenen Opferrolle zu tun hatte, wenn sie das Gefühl der Ohnmacht empfunden hatten, weil sie die äußeren Umstände niemals so sehr verändern konnten, dass sie sich wirklich wohlgefühlt hätten. Und so beginnst Du ganz leicht und mit der Zeit immer mehr, die Verantwortung für Dein Leben, für Deine Zukunft und Dein Wohlbefinden selbst zu übernehmen. Das kannst Du an niemanden sonst delegieren, nicht an einen Politiker und nicht an den lieben Gott! Dein wichtigstes Planungstool sind Deine Gedanken, denn sie haben die Macht in sich, Dein gesamtes Leben zum Positiven zu wenden.

## Gedanken erschaffen Deine Zukunft

Offen gestanden beginnt die neue Erkenntnis an einer ganz simplen Stelle: Am Anfang von allem, was je ein Mensch erschaffen hat, steht der Gedanke. Tatsächlich gibt es auf diesem Planeten nichts von Menschen Geschaffenes, das nicht logischerweise zuallererst einmal als Gedanke im Kopf eines Menschen vorhanden war. „Das ist aber jetzt trivial.", magst Du jetzt gerade denken. Ja, ich gebe Dir recht, das ist wirklich trivial. Und zudem auch noch vollkommen logisch, denn wenn niemand den Gedanken an dieses Bauwerk, den Stuhl, das Kleidungsstück oder was auch immer gehabt hätte, dann ist es doch logisch, dass dies nicht vorhanden wäre. Es ist auch schon genug, wenn Du jetzt nur einmal kurz zur Kenntnis nimmst, dass das Denken die Voraussetzung dafür ist, die Zukunft zu erschaffen.

Das führt Dich jetzt logischerweise sofort zu der Frage, wie Du Deine Gedanken kontrollieren kannst, wenn sie doch so machtvoll sind, wie ich hier behaupte. Und ob sie überhaupt so machtvoll sind, ist ja auch noch zu klären. Ich hörte zum Beispiel von einer Fernsehsendung, in der ein bekannter Moderator diese eben geschilderte Erkenntnis in Zweifel zu ziehen versuchte mit der provokativen Frage: „Wenn ich also jetzt denke, dass ich gerne einen Mercedes hätte, taucht dieser dann hier gleich im Fernsehstudio auf?" Er wollte damit die Arbeit eines Kollegen von mir infrage stellen. Denn natürlich hat er recht, die allermeisten Menschen sind im Moment noch nicht in der Lage, mit nur einem einzigen Gedanken einen niegelnagelneuen Mercedes zu manifestieren. Stattdessen müssen die meisten von uns sich relativ lange mit dem Gedanken an ein neues Fahrzeug oder welchem Wunsch auch immer beschäftigen, bis er tatsächlich wahr wird. Auch das Bauen eines Hauses kann viel Zeit in Anspruch nehmen, in manchen Fällen sogar viele Jahre. Da werden also viele Gedanken an das neue Haus gedacht, bevor es eines Tages tatsächlich in der wirklichen Welt wahr geworden ist.

Doch all das ändert nichts daran, dass im Ursprung die Idee, der Wunsch, eben dieser erste Gedanke notwendig ist, damit wir Menschen etwas Neues erschaffen können. Ich will ganz ehrlich zu Dir sein, am liebsten hätte ich eine klare Formel dazu, wie oft ich einen Gedanken denken muss, damit er wahr wird. Wäre das nicht das optimale Handbuch im Religionsunterricht oder in der Kirche gewesen, eine konkrete Bedienungsanleitung für diesen Planeten? Frei nach dem Motto: Denke diesen Gedanken an das neue Auto bitte vier Monate lang jeden Morgen zwischen 8:00 Uhr und 8:05 Uhr, dann wird dieses neue Auto zu Beginn des fünften Monats vor Deiner Haustür auftauchen, den Schlüssel findest Du im Briefkasten und die Papiere sind hinter der Sonnenblende. Das wären mal konkrete Anweisungen gewesen!

## Was ist die genaue Bedienungsanleitung?

Aber so ist es nicht, uns wurde keine konkrete Bedienungsanleitung mitgegeben und es scheint sie auch nicht wirklich für jeden Menschen in gleicher Weise zu geben. Einige Menschen müssen nur wenige Gedanken denken, damit ein Wunsch in Erfüllung geht, andere Menschen müssen sich ausgesprochen intensiv mit einer Idee beschäftigen, bevor sie Wirklichkeit wird. Wovon hängt es also ab? Entscheidend sind, und damit beschäftigt sich dieses Buch sehr ausführlich, die hinderlichen Glaubenssätze, die eben Deinem positiven Gedanken über das gewünschte Ziel im Wege standen. Konkret beschäftigen sich die meisten Menschen zwar hin und wieder mal mit dem einen oder anderen Wunsch, doch dann fallen sie anschließend gleich wieder in ihr bisheriges Verhalten zurück, sie zweifeln an ihren eigenen Zielen und Wünschen, beschäftigen sich mit Katastrophen, die andere Menschen erleben, und planen mit ihren Sorgen eine Zukunft, die sie gar nicht erleben möchten. So funktioniert das Abbestellen von Zielen und Wünschen!

Es geht also darum, dass Du Deine Gedanken kontrollierst. Doch das scheint zugleich ein ausgesprochen aufwändiges und beinahe undurchführbares Unterfangen zu sein. Zum einen sind die Gedanken so schnell, dass es schon mühsam ist, den einzelnen Gedanken daraufhin zu bewerten, ob er nun positiv für die eigene Zukunft ist oder nicht. Zum anderen ist der einzelne Gedanke ja auch ausgesprochen flüchtig, der nächste ist schon da, wenn sein Vorgänger kaum zu Ende gedacht ist. Und ein weiterer Aspekt ist bei den allermeisten von uns, dass wir uns im Laufe unseres Lebens daran gewöhnt haben, Gedanken nicht absichtlich, sondern zufällig zu denken. Die meisten Menschen denken halt einfach über das nach, was gerade zufällig ihres Weges kommt.

## Überflüssige Ängste loslassen

Hier kommen nicht zuletzt auch die Medien ins Spiel, die die Aufmerksamkeit der Menschen immer mal wieder auf ein neues Thema lenken, vor dem man Angst haben könnte und um das man sich unbedingt Sorgen machen sollte. Wenn ich mir die vergangenen Jahre anschaue, in denen die Vogelgrippe, die Schweinegrippe, irgendeine Gefahr aus der Türkei oder einem anderen Land, die Wahlen in den USA, der Mauerbau in Mexiko, der Abgasskandal von VW und sicherlich viele 200.000 andere Themen, die entscheidende, für uns alle lebensverändernde Rolle spielen sollten, aber tatsächlich nie gespielt haben, dann ist es doch erstaunlich, wie viele Menschen sich weiter von den Medien in diese Katastrophen-Hypnose hineinziehen lassen. Gleichzeitig finde ich absolut erstaunlich, wie irrelevant sich diese Themen für die allermeisten von uns im Alltag dann erweisen, wenn wir auch nur ein wenig bereit sind, zurückzuschauen und aus der Irrelevanz der vergangenen Nachrichten zu lernen.

Wenn Du verstehst, dass das Anschauen von Nachrichten, das Lesen von Krimis und das Unterhalten über Hiobsbotschaften, Kriege und andere Katastrophen Dir nicht dabei hilft, das Leben Deiner Träume möglich zu machen, dann kannst Du Dich auch in diesem Bereich neu und anders verhalten als bisher. „Aber heißt das nicht auch, dass ich wegschaue?", das magst Du Dich vielleicht jetzt fragen. Mach Dir erst bewusst, dass die wichtigen Nachrichten der Welt von vielleicht 200 Menschen ausgewählt werden. Das sind die Chefredakteure der großen Magazine, Tageszeitungen und Nachrichtensendungen. Sie bestimmen, was die Menschheit wissen sollte.

Sie werden bestätigt durch Einschaltquoten, nach denen sie sich richten müssen. Wer seinen Job in diesen Redaktionen behalten möchte, der muss aus einer Mücke einen Elefanten machen, belanglose Themen aufbauschen und mit den immer gleichen Bildern das Negative der Welt in die Wohnzimmer senden. Dir dürfte längst klar sein, dass dies keine objektive Berichterstattung ist. Also kannst Du sie aus Deinem Leben verbannen, ohne ernsthaft Schaden zu nehmen. Ich interessiere mich inzwischen seit fast 20 Jahren nicht mehr für die Nachrichten aus aller Welt und ich habe in dieser Zeit nichts verpasst. Übrigens sind Dir die meisten Mitmenschen dabei behilflich, Dich schon morgens früh auf den Stand der Dinge zu bringen, wenn Du sie lässt. Lass es mich so sagen: Je weniger Du auf das Wert legst, was andere für wichtig halten, desto einfacher wird es, das Leben Deiner Träume zu erschaffen.

## Was Du sendest ...

Du könntest Dich ja jetzt entscheiden, es auf einen Versuch ankommen zu lassen. Wenn Du aufhörst, Nachrichten zu gucken, bissige, negative Kommentare im Internet zu lesen und vielleicht auch selbst bei Diskussionen über Themen mitzumachen, dann wird sich Dein Leben in sehr kurzer Zeit ausgesprochen positiv verändern. Das scheint für manche Menschen eine der größten Herausforderungen zu sein, zu verstehen, dass das zu ihnen zurückkommt, was sie aussenden. Kann schon sein, dass dafür Lebenserfahrung notwendig ist, aber wichtiger scheint es mir zu sein, dass Du bereit bist wahrzunehmen, was genau in Deinem Leben passiert. Es geht um Ursache und Wirkung und wenn Du verstanden hast, dass Du bei jeder einzelnen Auswirkung, die in Deinem Leben eine Rolle spielt, die Ursache gewesen sein musst, dann ist dies der Schlüssel für Deine Veränderung.

Das bedeutet nicht, dass Du jede Auswirkung, unter der Du leidest, bis zur Ursache zurückverfolgen musst. Du weißt ja bereits, dass das Verständnis nicht notwendigerweise zu der gewünschten Veränderung führt. Es geht um das Spiegelgesetz, nach dem alles und auch nur das zu Dir zurückkommt, was Du vorher gesät hast. Dabei geht es weniger um das Lächeln in Deinem Gesicht, als vielmehr um die Gefühle, die Du in Dir spürst. Wenn Du etwa im Internet einen Text mit Wut oder dem Gefühl schreibst, unterdrückt zu sein, dann wirst Du in Deinem Leben an anderer Stelle in einem völlig anderen Zusammenhang wieder Situationen erleben, in denen Du dieses Gefühl von Wut oder Unterdrückung spürst.

## Wach sein für Dein Gefühl

Meiner Meinung nach ist das der Aspekt, der die meisten Menschen verwirrt: Sie nehmen nicht wahr, dass Menschen, Umstände und Situationen sich verändern, während die Gefühle, die sie empfinden, im Wesentlichen die gleichen bleiben. Diesen Zusammenhang darfst Du unbedingt verstehen als jemand, der sich positiv verändern und das Leben seiner Träume erschaffen möchte. Werde wach für Deine Gefühle und achte aufmerksam darauf, wie Du Dich in wichtigen Situationen während Deines Tages fühlst. Dann finde die Analogien, die Situationen, die sich gleich anfühlen oder zumindest sehr ähnlich. Ich verspreche Dir, dass Du dann sehr schnell lernst, wie die wirklichen Zusammenhänge sind.

## Das kannst Du für die Cappuccino-Strategie nutzen

- Beginne, Dir immer nur das Beste zu gönnen, damit mehr davon zu Dir kommt.
- Wenn Du das Leben als ein Theaterstück siehst, kann es Dir viel leichter fallen, es zu verändern.
- Mach Dir bewusst, wie Dein Leben in der perfekten Version aussehen würde.
- Verlasse die Opferrolle und werde zum Gestalter Deines Lebens.
- Wenn Deine alte Bedienungsanleitung für das Leben nicht funktioniert, dann darfst Du gezielt eine neue finden.

# 9. Ich werde wieder ehrlich sein

Das wohl wichtigste Fundament für Dein neues Leben sind die Wahrheit und Ehrlichkeit Dir selbst gegenüber. Die allermeisten Menschen lügen sich und andere ständig an, erfinden Ausreden und Geschichten darüber, warum sie etwas Bestimmtes nicht tun konnten oder warum etwas anderes nicht funktionieren kann. Und natürlich liegt das auch daran, dass die meisten von uns beim Beobachten der Reichen und Mächtigen der Welt zu dem Schluss kommen, dass nur Lügen und Betrügen zu den allseits ersehnten Millionen, zu Macht und Einfluss führen können. Ehrlichkeit und Wahrheit, so scheint es, sind in unserer Zeit wohl in den Hintergrund getreten, obwohl die allermeisten Menschen sich wohl für ehrlich halten würden, zumindest wenn man sie fragen würde.

Doch tief in Deinem Innern weißt Du, ob Du wirklich zu Dir ehrlich und aufrichtig anderen gegenüber bist. Es gibt unzählige Beispiele zu diesem Thema, ich möchte Dir nur ein paar nennen: Es scheint völlig normal zu sein in dieser Zeit, dass Menschen andere Menschen übervorteilen und auch noch stolz damit prahlen, wie es ihnen gelungen ist, so ein gutes Geschäft zu machen. Das können Immobilien sein, die mit einem saftigen Aufschlag weiterverkauft werden, es kann um Steuerhinterziehung gehen, mit der jemand versucht, das Finanzamt zu betrügen. Im Alltag sind es natürlich häufig die kleinen Lügen, über die manche Menschen nicht einmal mehr stolpern. Eine kleine Ausrede hier, eine Unwahrheit da und manchmal entsteht eine Lüge auch einfach dadurch, dass eine bestimmte Information nicht weitergegeben wird. Das ist zum Beispiel in Unternehmen weit verbreitet, denn wer die Information für sich behält, der scheint mehr Macht zu haben als andere.

## Beginne bei Dir!

Der ehrliche Umgang mit sich selbst und anderen ist die in meiner Welt befreiendste Voraussetzung für Dein neues Leben. Vermutlich ist er die wichtigste Voraussetzung dafür, dass Du lernst, Dir selbst zu verzeihen. Es mag in Deinem Leben Situationen und Verhaltensweisen gegeben haben, mit denen Du vielleicht auch heute noch haderst und die Du nicht okay fandest. Jetzt hast Du schon verstanden, dass Du Dich den Rest des Lebens dafür kritisieren kannst, aber das bringt Dich nicht weiter. Stattdessen solltest Du Dir verzeihen, wobei allerdings die Voraussetzung dafür ist, dass Du diese negative Verhaltensweise abgelegt hast.

Schreib doch einfach mal eine kurze Liste oder mach Dir bewusst, welche Situationen in der Vergangenheit so waren, dass Du Dir und anderen Menschen verzeihen möchtest. Es genügt, das innerlich zu tun. Du kannst Dich dabei auch bei Dir oder den anderen entschuldigen, je nachdem, was nötig ist, und wenn Du es ernst meinst, dann wirst Du fühlen, wie Dich diese Entschuldigung erleichtert. Mach Deinen Frieden damit, dass die Vergangenheit so war, wie sie gewesen ist. Sie ist vorbei und kann Dir heute bestenfalls dazu dienen, Dein Leben 2.0 neu und besser zu erschaffen. Eines Tages wird Dir dann Deine Vergangenheit auch dabei helfen, andere Menschen, die sich noch in dem Gewirr aus Lügen und Betrug befinden, besser zu verstehen und auch ihnen zu verzeihen.

Die meisten Menschen leben im Moment noch ein großes Drama; unterstützt von Fernsehen, Zeitungen und Zeitschriften sowie dem Internet und halten das für völlig normal. Aber das Leben war nicht als Drama gedacht, das ist einfach nur eine falsche Sichtweise. Lügen und Betrügereien verstärken das Drama; sie fallen immer auf denjenigen zurück, der sie aussendet. Deswegen brauchst Du auch keine Angst zu haben, wenn jemand anders Dich betrügt, etwa indem er Dir Geld vorenthält, das Dir zusteht, oder Dich in anderer Weise übervorteilt. Lass ihn ziehen, er wird für sich die Konsequenzen seines Verhaltens zu tragen haben. Denn wenn er nicht bezahlt, weil er zum Beispiel einen Mangel empfindet, dann zieht er mehr Mangel in sein Leben.

Das zu verändern ist nicht Deine Arbeit und Du solltest Dich dringend von dieser negativen Energie abwenden, wenn Du das Leben Deiner Träume erschaffen möchtest. Denn je wütender Du über das Verhalten eines anderen bist, über seine Lügen und seinen Betrug, desto mehr wirst Du davon in Deinem Leben erleben – das Gesetz der Anziehung sorgt dafür. Nur wenn Du Dich abwendest, nur wenn Du Dich konsequent in solchen Drama-Situationen auf Dein Leben und Deine Zukunft konzentrierst, wirst Du diese alte Welt für immer hinter Dir lassen können. Sie ist krank und deswegen wird sie schon bald aussterben. Das Drama hat keine Chance in einer Zukunft, die von Licht und Liebe bestimmt wird.

## Ehrlichkeit macht so viel möglich

Ich habe zum Beispiel gelesen, dass es Eingeborenenstämme gibt, deren Mitglieder telepathisch miteinander kommunizieren können. Wir wissen von den Biologen, dass zum Beispiel Elefanten und Wale in der Lage sind, auf diese Weise über Hunderte von Kilometern hinweg miteinander in Kontakt zu bleiben und sich etwa die Lage von Wasserstellen oder Futterquellen mitzuteilen. Dass Menschen das auch können sollen, ist mindestens offiziell nicht bekannt, geschweige denn anerkannt. Das liegt meiner Meinung nach vor allen Dingen daran, dass die telepathische Kommunikation voraussetzt, dass wir einem anderen Menschen den vollen Zugriff auf die Gedanken in unserem Kopf erlauben. Solange sich dort aber Lügen befinden, böse Gedanken über andere, negative Urteile und Kritik, ist logischerweise niemand bereit, seinen Kopf für einen anderen Menschen sozusagen zu öffnen.

Sicherlich werden wir eines Tages, und meiner Meinung nach liegt dieser Tag nicht in weiter Ferne, telepathisch miteinander kommunizieren. Die Reinigung der eigenen Gedanken, die Fokussierung auf das Gute und die Bereitschaft, alle Lügen und negativen Urteile hinter sich zu lassen, sind die Voraussetzungen für diese Fähigkeit. Was für eine wundervolle Vorstellung ist es, dass die Menschheit diesen Weg gehen wird und dass wir alle bereit sein werden, die Vergangenheit zu vergessen und eine neue, viel schönere Zukunft auch in diesem Bereich zu erschaffen.

### Bringe Licht in das Dunkel!

Welche Wahrheiten versteckst Du im Moment vor Dir selbst oder vor anderen? In welchen Lebensbereich bist Du unehrlich, übervorteilst andere oder enthältst ihnen etwas vor? Du kannst Dir bei einer schönen Tasse Cappuccino einfach mal bewusst machen, bei welchen Themen Du noch ehrlicher sein könntest. Nur zur Sicherheit: Es geht nicht darum, dass Du Dich dann anschließend in Selbstkritik zerfleischt, das war ja bisher der Grund, warum Du Dich anlügen musstest. Es geht um einer andere Wende in Deinem Leben: Je ehrlicher Du zu Dir und später dann auch zu den anderen Menschen bist, desto angenehmer wird Dein Leben und desto besser wirst Du Dich an jedem Tag fühlen. Deine Erkenntnisse aus dieser Übung können bedeuten, dass Du einen deutlichen Kurswechsel einleiten darfst in Deinem Leben. Du darfst vielleicht sogar Beziehungen beenden, die Dir nicht guttun, Süchte überwinden oder ganz schlimme alte Verhaltensweisen ablegen. Mach Dich trotzdem jetzt auf den Weg, damit Du schon bald wieder aufrichtig, offen und stark in den Spiegel schauen kannst. Du wirst das als so erleichternd empfinden, wenn Du erst einmal die ganze Wahrheit lebst, die Du leben möchtest!

## Der Katalysator fürs Leben 2.0

Ehrlichkeit hat etwas Reinigendes und sie ist der Katalysator für Dein Leben 2.0. Wenn Du die Wahrheit unterdrückst, dann kann das immer nur für kurze Zeit gelingen. Ich weiß, dass manche Menschen sich so an das Lügen gewöhnt haben, dass es für sie eine echte Anstrengung bedeutet, zur Wahrheit und Ehrlichkeit zurückzukehren. Denke immer daran, dass unser Gehirn das als normal empfindet, woran Du es gewöhnt hast. Also darfst Du auch in die Richtung von Wahrheit und Ehrlichkeit gehen, Du darfst Dich wieder daran gewöhnen, Deine eigene Wahrheit zu leben. Auch in diesem Bereich gilt, dass Dein Gehirn daran gewöhnt ist. Und das bedeutet zum Glück nicht, dass Du für den Rest Deines Lebens lügen musst. Mache es genau wie beim Sport und wie bei allen anderen Themen Deines Lebens, in denen Du Dich jetzt auf die Veränderung vorbereitest: Gehe Schritt für Schritt jeden Tag ein bisschen voran.

Was Dir dabei helfen kann, ist eine liebevolle Beziehung zu einem Menschen, der ebenfalls bereit ist, seine Wahrheit zu leben. Ich möchte allerdings anmerken, dass es Menschen gibt, die „Wahrheit" falsch verstehen. Sie sind bösartig ehrlich, weisen vor allen Dingen andere Menschen auf ihre Fehler hin und sprechen in dieser falschen Ehrlichkeit dauernd über das, was sie an anderen Menschen stört. Du hast längst verstanden, dass das nicht die Ehrlichkeit ist, die ich hier meine. Am meisten geht es meiner Meinung nach darum, dass Du ehrlich Deine Gefühle wahrnimmst und dann Schritt für Schritt auch beginnst, anderen gegenüber offen über diese Gefühle zu sprechen. So ist es völlig in Ordnung und ganz normal, wenn Du Dich in dieser Zeit ab und zu überfordert, ohnmächtig, ängstlich, in die Ecke gedrängt oder wütend fühlst. Auch diese Gefühle verschwinden mit der Zeit, wenn Du sie ehrlich anschaust und immer wieder sagst, wie Du Dich wirklich fühlen möchtest. Diese Gefühle zu unterdrücken und damit unehrlich zu sein, bringt Dich nicht voran.

## Ich fühle nichts

Es kann natürlich sein, dass Du jetzt beim Lesen dieses Buches feststellst, dass Du gar nichts fühlst und dass Du im Moment gar nicht genau sagen kannst, ob Du Dich schlecht, mittelmäßig oder gut fühlst, geschweige denn, dass Du im Detail beschreiben könntest, wie sich das Gefühl in Deinem Innern anfühlt. Damit befindest Du Dich in allerbester Gesellschaft, das kann ich Dir von den Erfahrungen mit unseren Teilnehmern bestätigen. Die allermeisten Menschen haben eben aufgrund ihrer Ängste und Wut die Gefühle so weit unterdrückt und verdrängt, dass sie im Alltag praktisch keinen Zugriff mehr darauf haben. Je mehr Du jetzt verstehst, dass Deine Gefühle das Navigationssystem für Dich sind, sobald Du also ihre Bedeutung wirklich begreifst, desto mehr wirst Du bereit sein, Dich für Deine Gefühle zu öffnen. Natürlich darfst Du dafür Methoden lernen, wie Du Deine Ängste schnell und einfach überwinden kannst.

Manchmal ist es schon ein großer Schritt sich selbst einzugestehen, dass man die Nase voll hat von dem alten Leben. Eine Teilnehmerin berichtete mir, dass sie vor einigen Jahren diese Grenze erreicht hatte, und dass sie an einem Tag am Wochenende wirklich vorhatte, nicht mehr länger zu leben. Aber etwas hielt sie davon ab, das Leben zu beenden; es war die verzweifelte Hoffnung, dass es doch irgendwie möglich sein müsse, glücklich zu werden. Und sie fasste an diesem Tag trotz ihrer Stimmung und der vielen schlechten Gefühle diesen Entschluss: „Ich will endlich wirklich glücklich werden!"

## Raus aus der Verzweiflung

Dann ging alles plötzlich Schlag auf Schlag; sie entdeckte unseren Podcast, begann eine Folge nach der anderen zu hören, lud sich die ersten Hörbücher runter und damit veränderte sich ihr Fokus. Dann besuchte sie das erste Ein-Tages-Seminar bei uns und anschließend den Practitioner, unser Einsteigerseminar. Jetzt kam die Veränderung richtig in Fahrt; sie kündigte ihren Job, zog in eine andere Stadt, vermied den Kontakt mit ihren Eltern, die sie oft kritisierten und ständig an ihr herumnörgelten und begann ein neues, fröhliches und glückliches Leben zu leben. Eine der schönsten Antworten gab sie dabei ihrem ehemaligen Chef auf die Frage: „Haben sie sich das mit der Kündigung auch gut überlegt?" Sie antwortete: „Wenn ich mir das überlegt hätte, dann würde ich das nicht tun."

Ich will nicht bestreiten, dass Deine Bereitschaft, Dein Leben neu zu erschaffen und wirklich glücklich zu werden, an der einen oder anderen Stelle auch bedeutet, dass Du Deinen ganzen Mut zusammennehmen musst und nur nach vorne schauen darfst. Es kann sogar sehr gut sein, dass Du Menschen in Deinem Umfeld hast, die Dich bei diesem Weg unterstützen und Dir immer Mut machen. Diese Erfahrung machen viele unserer Teilnehmer, indem sie sich zum Beispiel über Gruppen im Internet miteinander austauschen, ihre Erfahrungen teilen und sich eben auch immer wieder gegenseitig Mut

machen. Das ist vollkommen okay, niemand muss dies als Einzelkämpfer bewältigen. Für mich ist dies jedenfalls ein schönes Beispiel dafür, wie Du wirklich innerhalb kurzer Zeit Dein ganzes Leben ändern kannst, egal wo Dein
Startpunkt ist. Selbst die tiefste Verzweiflung kann, wenn Du daraus Kraft
schöpfst und in die richtige Richtung schaust, der Motor für eine grund-
legende Veränderung Deines Lebens zum Positiven sein. Wir haben das in
unseren Seminaren inzwischen Tausende Male erlebt, und die Menschen, die
diesen Weg gegangen sind, empfinden tiefe Dankbarkeit und Freude darüber, wie viel Spaß sie wieder in ihrem Leben haben. Das kann auch Dein Weg
werden, wenn Du nur bereit dafür bist und wirklich glücklich werden willst.

## Gedanken kontrollieren

Der Weg ist einfacher, als Du vermutlich bisher gedacht hast: Du brauchst
Dich nicht auf das Kontrollieren Deiner Gedanken zu konzentrieren und
kannst stattdessen Deine Gefühle wahrnehmen, die von diesen Gedanken
ausgelöst werden. Die Gefühle sind die direkte Folge der Gedanken, die
Du eben gedacht hast, und Du wirst erstaunt feststellen, dass sich diese Gefühle trotz der vielen verschiedenen Gedanken, die Du so hast, keinesfalls
so schnell verändern wie die Gedanken. Im Gegenteil, in den allermeisten
Fällen bleiben die Gefühle relativ stabil und die Gedanken, die Du jeweils
denkst, passen aus Sicht der Gefühle sehr gut zu den Gedanken, die Du
eben gedacht hast. Ich möchte an dieser Stelle in diesem Buch nicht darauf
eingehen, warum das so ist.

### Erst einmal fühlen

Lass uns an dieser Stelle kurz innehalten, denn ich weiß, dass es für Dich nicht
selbstverständlich sein muss, Deine Gefühle fühlen zu können. Falls es Dir
jetzt noch so gehen sollte, dann kann ich Dir nur empfehlen, dass Du Dir
wirklich Zeit für dieses Thema nimmst. Denn Deine Gefühle sind das Navigationssystem Deines Lebens; sie geben Dir immer und ständig darüber Auskunft, wo Du Dich in Bezug auf Deine Ziele, Wünsche und Träume befindest
und ob Du auf dem richtigen Weg bist, damit sie schon bald wahr werden

können. Die Ausgangsbasis dafür ist aber eben, dass Du Dir eine Bewusst-heit erschaffst in Bezug auf Deine Gefühle, egal ob sie gut oder schlecht sind. Das kann also an dieser Stelle bedeuten, dass Du Dir zunächst dieses Ziel setzt: „Ich möchte meine Gefühle wieder wahrnehmen" oder „Ich möchte wieder ler-nen, genau mitzubekommen, was ich gerade empfinde und welche Gedanken welche Gefühle in mir auslösen." Finde auch hier wieder genau die Formulie-rung, die für Dich am besten ist.

## Angst vor den Gedanken

Wenn Du Dir jetzt also bewusst machst, wie wichtig Deine Gedanken in Bezug auf Dein zukünftiges Leben sind, dann kann es sein, dass Du kurz-fristig Sorgen hast, ob Deine negativen Gedanken vielleicht eine ganz fürchterliche Zukunft erschaffen. Doch die Erfahrung des Lebens lehrt, dass negative Gedanken eine viel geringere Kraft haben als positive, stär-kende, begeisternde Gedanken. Deshalb müssen Menschen wirklich sehr lange sehr negativ denken, bevor sich etwas Negatives in ihrem Leben manifestiert – zum Glück! Und selbst wenn Du mal einen negativen Ge-danken denken solltest, dann kannst Du diesen ganz leicht dadurch auf-heben, dass Du einfach einen positiven Gedanken denkst. Dieser muss nicht einmal mit demselben Thema zu tun haben. Wenn Du also zum Beispiel gerade gedacht haben solltest: „Oh, hoffentlich passiert mir nicht das, was meiner Freundin passiert ist", dann kannst Du danach ganz ein-fach denken: „In ganz vielen Lebensbereichen geht es mir gut und ich fühle mich in Sicherheit." Dadurch wird dem ersten gedachten Satz deut-lich die Kraft genommen, und das ist auf jeden Fall eine gute Idee.

Das ist auch der Grund dafür, warum ich Dir weiter oben schon empfohlen habe, Deine bisherigen Sorgen zu nutzen, um Dir genauer darüber klar zu werden, welche Zukunft Du erleben möchtest. Denn Sorgen sind ja, nur um es an dieser Stelle noch einmal kurz zu wiederholen, Gedanken über eine Zukunft, die Du nicht erleben möchtest. Wenn Du genau weißt, was

Du nicht erleben möchtest, dann weißt Du logischerweise auch sehr genau, was Du erleben möchtest, typischerweise nämlich genau das Gegenteil von dem, was Du mit den Sorgen geplant hattest. Zumindest kannst Du mal mit dem Gegenteil anfangen und beschreiben, wie es genau aussehen würde, wenn das Gegenteil des negativ Geplanten, Sorgenmachenden wahr würde.

## Spielerisch üben

Entscheidend bei all diesen neuen Gedanken, diesen Übungen, den neuen Planungen und Erkenntnissen ist immer, dass ich Dir empfehle, spielerisch damit umzugehen. Es kann ja gut sein, dass Du genau in diesem Moment die Erkenntnis hast, dass Dein Leben bisher nicht spielerisch genug war. Tatsächlich sind viele Menschen so erwachsen geworden, dass sie im Alltag praktisch überhaupt nicht mehr spielen, weil sie der Meinung sind, dass erwachsene Menschen nicht spielen dürfen und dass es nicht erwachsen sei, spielerisch mit dem Leben umzugehen. Ich sehe das ganz anders. Für mich ist das Leben ein einziges großes Spiel, an dem ich jeden Tag teilnehmen darf, und die wichtigsten Erkenntnisse und Fortschritte habe ich in meinem Leben immer dann gemacht, wenn ich bereit war, spielerisch etwas Neues auszuprobieren. Insofern tue Dir bitte den Gefallen und nimm das alles nicht so ernst; übe Dein neues Verhalten leicht und mit Freude ein.

### Es darf Dir gut gehen!

Das ist wieder mal ein Ziel, über das Du gerne bei einer guten Tasse Cappuccino nachdenken darfst: Es darf Dir gut gehen, jeden Tag, und die wichtigste spielerische Übung besteht darin, dass Du sehr viel darauf achtest und Wert darauf legst, wie viele gute Gefühle Du gerade hast. Dass es Dir gut geht, dass Du Dich gut fühlst, dass Du glücklich bist und Spaß hast, das ist das wichtigste Ziel in Deinem ganzen Leben! Nimm bitte auch in Bezug auf dieses Thema schon all die Erkenntnisse aus diesem Buch zusammen: Richte bitte ab heute Deine Aufmerksamkeit darauf, wie gut Du Dich im Moment fühlst, und achte gleichzeitig darauf, möglichst viele Gedanken zu denken, die Dich gut und immer besser fühlen lassen. Du kannst es innerhalb weniger Wochen in diesem Bereich zur Meisterschaft bringen, selbst wenn Du bisher ein eher depressiver, trauriger Mensch gewesen sein solltest.

## Lust auf ein neues Leben

Du möchtest also zum Gestalter werden, möchtest auf leichte Weise das Leben Deiner Träume erschaffen und dabei spielerisch wie ein kleines Kind etwas Neues ausprobieren. Das ist entscheidend, denn Du darfst Dich jeden Tag wohlfühlen; der Kampf und das Drama verschwinden jetzt aus Deinem Leben. Das bedeutet auch, dass Du aufhören darfst zu kämpfen, um Deine Ziele zu erreichen. Stattdessen liegt der Fokus immer auf Spaß und Freude und Du achtest darauf, dass Du Dich nur dann in Bewegung setzt, wenn Du Spaß und Freude in Dir empfindest. Du kennst inzwischen die Cappuccino-Strategie so weit, dass Du weißt, wie es geht. Entweder konzentrierst Du Dich auf das gewünschte Endergebnis, das eben dieses gute Gefühl in Dir auslöst, oder Du hast die Möglichkeit, den Prozess so umzugestalten, dass er lustig, spaßig und fröhlich wird. Wenn Du beides miteinander kombinierst, dann wird Dein Leben genauso schön, wie es ursprünglich von Dir beabsichtigt war. Das ist die Lebenserfahrung, für die wir Menschen auf dem Planeten Erde sind, und das ist die Methode der Zielerreichung, um die es in diesem Buch geht.

Die Cappuccino-Strategie handelt zunächst einmal im Wesentlichen davon, dass Du das Endergebnis in einem großen Film vorwegnimmst, in dem Du Dich assoziiert siehst. Dabei sind alle Sinne beteiligt, das heißt, Du siehst, was Du siehst, hörst, was Du hörst, riechst, was Du riechst, schmeckst, was Du schmeckst und fühlst, was Du dann fühlst, sobald das Endergebnis erreicht ist.

## Das kannst Du für die Cappuccino-Strategie nutzen

- Sei ehrlich zu Dir selbst und zu anderen und verändere Schritt für Schritt all die Lebensbereiche, in denen Du bisher nicht ehrlich warst.
- Je mehr Du Dich auf Deine Gefühle konzentrierst, desto bewusster kannst Du sie wahrnehmen.
- Die Gefühle sind das Navigationssystem Deines Lebens.
- Je mehr Lust Du auf ein neues Leben bekommst, desto bereitwilliger lässt Du Dein altes Leben hinter Dir.

# 10. Ich gestalte alles mit der Cappuccino-Strategie

Also noch mal konkret anhand der Tasse Cappuccino erklärt: Wenn Du einen Cappuccino trinken möchtest, dann siehst Du vorher, also zum Beispiel noch in Deinem Wohnzimmer sitzend, den Film in Deinem Kopf, wie Du die Tasse Cappuccino in Deiner Hand hältst. Mach Dir das jetzt wirklich bewusst. Du siehst diese Tasse, Du fühlst die Wärme der Tasse in Deinen Händen, Du riechst den herrlichen Kaffeeduft und vielleicht zusätzlich eine Prise von dem Duft frisch erwärmter Milch, vielleicht schmeckst Du den Kaffeegeschmack auch schon auf Deiner Zunge und Du hörst vielleicht die Espressomaschine, die den Cappuccino zubereitet. Sobald Du diesen Film vor Deinem inneren Auge abspielst, bist Du wirklich motiviert; Du würdest am liebsten gleich aufspringen, in die Küche rennen oder zum nächsten Coffeeshop, um diesen Cappuccino in den Händen zu halten und zu trinken.

## Auf die Details kommt es an

Mach Dir jetzt bitte noch einmal die Details bewusst: Bei den allermeisten Menschen ist es so, dass sie die Tasse in ihrem Kopf größer sehen als in ihrem normalen Leben. Das kannst Du jetzt gleich ausprobieren. Stell Dir das gewünschte Ergebnis vor, und wenn Du jetzt den Film in Deinem Kopf größer machst, dann wirst Du sofort spüren, wie Deine Motivation stärker wird. Spiele damit herum. Mach den Film einfach auch einmal kleiner, dann wirst Du sofort merken, wie die Motivation geringer wird und vielleicht sogar völlig verschwindet, wenn der Film winzig klein ist. Danach solltest Du ihn unbedingt wieder vergrößern, wenn das gewünschte Ergebnis eines ist, das Du wirklich erreichen möchtest und für das Du Dich motivieren willst.

Die Details sind dabei entscheidend, in meinem Beispiel also die Wärme der Tasse, der Geruch des Kaffees, der Geschmack auf Deiner Zunge. Je genauer Du es Dir vorstellst, desto leichter fällt es Deinem Gehirn, diese Vorstellung in die Realität zu bringen. Das meine ich, wenn ich Dir empfehle, Deine Gedanken unter Deine Kontrolle zu bringen. Dein Leben 2.0 darf in Deinem Kopf mit unglaublich vielen Details vorweggenommen werden. Alles, was Dir am Leben Deiner Träume wichtig ist, darfst Du in Deiner gedanklichen Planung vorwegnehmen. Das Hilfsmittel ist dabei eben genau, dass Du diesen Endzustand möglichst in allen Wahrnehmungskanälen planst, denn wenn Du alle Sinne einbeziehst, dann kann Dein Gehirn die Information ganz leicht in gelebte Realität verwandeln.

## Lass uns noch ein bisschen spielen

Nimm Dir Zeit, um die Cappuccino-Strategie wirklich zu verstehen und anzuwenden. Einmal mehr weise ich Dich jetzt darauf hin, dass nur das Wissen darum, wie Du in Deinem Kopf die Zukunft planst, nicht genügt. Du darfst damit spielen, darfst wirklich konkret merken, was in Deinem Kopf passiert, wenn Du mit Bildern und Tönen herumspielst. Eines meiner Lieblingsbeispiele ist die Situation, in der Du in Deinen Keller gehst, falls Du so etwas in Deiner Wohnung oder in Deinem Haus hast, und Dich dann nicht mehr daran erinnerst, was Du dort aus dem Keller holen wolltest. Nutze hier die Cappuccino-Strategie, um dieses seltsame Verhalten besser zu verstehen: Ich habe festgestellt, dass ich in diesen Fällen nur einen Film davon hatte, wie ich im Keller bin. Das wurde dann in der Vergangenheit häufig auch in der Sprache deutlich, denn ich sagte: „Ich gehe jetzt in den Keller." Das kennst Du bestimmt, dass Du dann in Deinem eigenen Keller stehst und Dich über Dich selber wunderst, weil Du Dich nicht erinnerst, was Du holen wolltest.

## In den Keller gehen

Wenn Du dann wieder zurück in Deine Wohnung gehst, erinnerst Du Dich sofort wieder. Also gehst Du anschließend wieder in den Keller und hoffentlich erinnerst Du Dich dieses Mal. Wenn Du die Cappuccino-Strategie verstehst, dann weißt Du jetzt, warum dies so ist und warum Du Dich nicht erinnert hattest, was Du holen wolltest. Du hast Dich nämlich nicht mit dem gewünschten Gegenstand in Deiner Wohnung ankommen sehen, hast also nicht das Endergebnis geplant, sondern nur den Prozess. Dein Gehirn hat Dich daraufhin konsequenterweise in den Keller geführt, der Film in Deinem Kopf ist wahr geworden und Du bist wirklich im Keller angekommen. Das war zwar nicht das Endergebnis, das Du haben wolltest, aber Dein Gehirn hat die Aufgabe hundertprozentig richtig erledigt. Du kannst Dir also jetzt bewusst machen, welche Filme Du in Deinem Kopf hattest, falls Du einmal in Deinem Leben ein Ziel nicht erreicht hast. Ich vermute, dass Du dann einen Prozess geplant hast und nicht das gewünschte Endergebnis in dem Film war, den Du in Deinem Kopf vorbereitet hattest.

Du lernst jetzt also, dass Dein Gehirn ausschließlich durch diese Filme gesteuert wird. Je besser Du darin wirst, diese Filme vor Deinem inneren Auge zu sehen und sie gezielt zu steuern, desto leichter und einfacher kannst Du Deine Zukunft beeinflussen. Ich möchte auch noch auf einen anderen, sehr wichtigen Aspekt der Cappuccino-Strategie eingehen: Wenn Du die Tasse Cappuccino in Deinem Kopf siehst und das Endergebnis riechst, schmeckst und fühlst, dann planst Du nicht den Weg, den Du in Deine Küche oder zum Coffeeshop an der Ecke gehen musst. Das wäre ja der Prozess, der nötig ist, um den Kaffee zu bekommen. Es ist aber für Dich nicht nötig, diesen Prozess zu planen, um den Cappuccino zu bekommen und motiviert zu sein, den Weg zurückzulegen. Wenn Du wach genug und bereit bist, die Filme in Deinem Kopf wirklich genau zu beobachten, dann wirst Du merken, dass es in jedem einzelnen Fall genügt, wenn Du das Endergebnis visualisierst. Das ist mir wirklich wichtig, denn so viele Menschen da draußen sind der Meinung, dass sie mindestens ebenso viel Energie für die Planung des Prozesses aufwenden müssen wie für das Endergebnis. Doch das ist meiner Meinung nach Quatsch, so funktioniert Dein Gehirn nicht!

## Plane so konkret wie möglich

Nachdem Du das jetzt gelernt und verstanden hast, verstehst Du auch, warum Symbole in der Zielplanung nicht funktionieren. Prüfe das direkt nach: Genauso wie bei der Cappuccino-Strategie kannst Du jetzt planen, mehr zu verdienen. Versuche es Dir vorzustellen, um dann zu merken, dass es zumindest deutlich schwieriger ist, sich dieses Ergebnis vorzustellen. Es kann sein, dass eine Zahl in Deinem Kopf auftaucht, aber auch diese Zahl ist nur ein Symbol. Du kannst sie nicht riechen, nicht schmecken und vermutlich hörst Du auch nur die Zahl, die Du Dir selber vorliest. Es geht mir darum, dass Du in diesem Moment verstehst, dass ein Symbol, das noch dazu wie in diesem Beispiel sehr unkonkret formuliert ist, keinerlei Motivation in Dir wecken kann. So funktioniert Zielplanung eben genau nicht; sie ist nicht kompatibel mit Deinem Gehirn.

Bitte sei Dir der Tatsache bewusst, dass Nominalisierungen, wie wir diese Wörter im Modell des NLP nennen, in der Zielplanung nichts zu suchen haben; sie sollten bestenfalls eine Nebenrolle spielen. Was ist eine Nominalisierung? Das sind Substantive (Hauptwörter), die Du sozusagen nicht in eine Schubkarre legen oder anfassen kannst; mentale, abstrakte Konzepte. Dazu gehören Wörter wie Liebe, Verantwortung, Glückseligkeit, Ziele, Freude, Spaß, Bewegung, Sportlichkeit und Gesundheit. Wenn diese Wörter bisher in Deiner Zielplanung auftauchen, dann wird Dir jetzt bewusst, dass sie aus dem Blickwinkel der Cappuccino-Strategie untauglich sind. Wenn Du wirklich Spaß haben möchtest, dann kannst Du einem unserer Politiker zuhören, denn die meisten Politiker reden überwiegend mit solchen Nominalisierungen. Auch in Zeitungsartikeln und in den Fernsehnachrichten wimmelt es von diesen Wörtern, denn sie helfen den Menschen, sich nicht festzulegen sowie vage und unverbindlich zu bleiben.

## Plane immer konkreter

Dank der Cappuccino-Strategie verstehst Du nun also auf ganz leichte und einfache Weise, wie Du in Zukunft planen darfst: Ersetze die Nominalisierungen durch konkrete Erlebnisse, die Du in der Zukunft erleben möchtest und die Du heute schon in allen Sinneskanälen vorwegnehmen und planen kannst. Je lebendiger der Film Deiner Zukunft wird, je mehr Details er enthält, je konkreter Du weißt, was Du erleben möchtest, desto leichter wird es für Dein Gehirn und desto schneller wird diese Zukunft Realität werden. Eine ganz leichte Maßgabe für richtige Zielplanung ist die Frage, ob Du das Ergebnis zeichnen oder ob Du es als Film visualisieren kannst. Das hängt jetzt nicht von Deinen Zeichenkünsten ab, sondern es soll Dir helfen im Alltag zu prüfen, ob Du bei Deiner Zielplanung die Cappuccino-Strategie wirklich angewendet hast. Das kannst Du gerne auch im beruflichen Umfeld tun, wenn Du zum Beispiel Deine Mitarbeiter motivieren möchtest oder wenn mal wieder Dein Chef vor Dir steht und über die Zukunft des Unternehmens spricht. Wenn Du das, was dort gesagt wird, nicht ganz leicht in einem Film vor Deinem inneren Auge visualisieren kannst und möglichst auch die anderen Wahrnehmungskanäle aktiviert werden, das heißt, dass Du riechen, hören, fühlen und schmecken kannst, wie das Endergebnis aussehen soll, dann wird es für alle Beteiligten schwieriger werden, dieses Ziel zu erreichen.

Mir ist sehr bewusst, dass die meisten Ziele, die heute von Politikern und Unternehmenslenkern angesetzt werden, der Cappuccino-Strategie nicht standhalten und daher völlig untauglich sind. Auch das ist einer der Gründe, warum ich dieses Buch schreibe. Ich möchte jedem Menschen die Gelegenheit geben, die richtige Zielplanung zu lernen, denn ich bin so sehr davon überzeugt, dass es absolut einfach ist, sein eigenes Leben zu verändern und sogar auf der Ebene eines Unternehmens oder sogar eines Landes mit konkreten Ergebnissen und Filmen einer Zukunft, die wir erleben wollen, wirklich Großes zu erreichen. Du könntest noch einmal in die Geschichtsbücher schauen oder Dir bewusst machen, mit welcher Strategie große Visionäre ihre Unternehmen aufgebaut haben und aufbauen, und dann wird Dir klarwerden, dass in jedem einzelnen Fall die Cappuccino-Strategie angewendet wurde.

## Frage nach

Wenn Du Dich mit Menschen umgeben solltest, die Dir untaugliche Ziele vorgeben, dann kannst Du ihnen vielleicht ab heute die Cappuccino-Strategie erklären und ihnen auf diese Weise helfen, dass sie mehr Klarheit in ihre eigene Zielplanung bringen. Grundsätzlich möchte ich Dir empfehlen, Dich von Menschen fernzuhalten, die keine konkreten Ergebnisse planen und die nicht in der Lage sind, einen positiven, angenehmen und wünschenswerten Film von der Zukunft in Deinem Kopf entstehen zu lassen. Das gilt natürlich auch für all die Menschen, die über aktuelle oder sogar in der Vergangenheit passierte Katastrophen sprechen. Wenn Du jetzt verstanden hast, wie die Cappuccino-Strategie funktioniert und wie Dein Gehirn wirklich arbeitet, dann verstehst Du viel besser, warum es so gefährlich ist, Nachrichten zu schauen, Zeitung zu lesen und negative Informationen zu kommunizieren.

Alles, was Deinem Gehirn als Film angeboten wird, wird in der Zukunft erschaffen. Je intensiver dabei Deine Gefühle sind, positive und auch negative (!), desto schneller kann es Realität werden. Falls Du doch noch konkrete Beispiele für die katastrophale Wirkung negativer Nachrichten haben möchtest, dann kannst Du zum Beispiel in die USA schauen. CNN sorgt dafür, dass sich ganz viele Katastrophen dort wiederholen, einfach dadurch, dass die entsprechenden Bilder und Filme wieder und wieder gesendet werden.

Dafür gibt es natürlich auch Beispiele in Deutschland: Zum Beispiel wurden vor einigen Jahren an den Autobahnen Plakate gezeigt, auf denen es um Verkehrstote ging. Die Beispiele waren sehr konkret; es wurden Namen genannt von Menschen, die bei Autounfällen ums Leben gekommen waren. Die Cappuccino-Strategie sorgte konsequenterweise dafür, dass in der Folge zu diesen Plakaten zum ersten Mal seit vielen Jahren in Deutschland die Zahl der Verkehrstoten wieder nach oben ging. Das lässt sich in der Statistik überprüfen. Da Du jetzt die Cappuccino-Strategie verstehst, ist dieses Ergebnis für Dich nur logisch. Obwohl die Autos sicherer geworden sind, mussten wir in Deutschland dieses Ergebnis beobachten, auch wenn in den anderen Industrienationen zeitgleich die Unfälle mit Todesopfern zurückgingen. Du hast recht, das sind natürlich drastische Beispiele, aber leider habe ich in meinem Trainingsalltag gelernt, dass manche Menschen solche drastischen Beispiele benötigen, damit ihr Gehirn bereit ist zu lernen. Auf andere Weise lernen sie es einfach nicht. Ich hoffe, dass dies bei Dir anders ist. ☺

## Jetzt wird es leicht

Bitte tue Dir selbst den Gefallen und spiele in den kommenden Tagen und Wochen, vielleicht auch mit Freunden und Bekannten, mit der Cappuccino-Strategie herum. Du kannst Dir und anderen damit einen großen Gefallen tun, insbesondere dann, wenn Du Ergebnisse aus der Vergangenheit analysierst und Dir immer bewusster darüber wirst, was Du geplant hattest und was daraufhin in Deinem Leben Realität wurde. Falls Du es biblisch brauchst, dann kannst Du Dir die Geschichte von Hiob noch einmal durchlesen. Er hat die Cappuccino-Strategie verstanden. Doch Du brauchst nicht so weit zu gehen, Dein eigenes Leben reicht als Muster. Vermutlich hast Du im Moment noch nicht einmal eine Vorstellung davon, wie hilfreich die Cappuccino-Strategie für den Rest Deines Lebens sein kann. Die Erkenntnis der Zusammenhänge, das wirklich tiefe Verstehen dieser Strategie kann für Dich alles möglich machen, was Du Dir bisher schon in Deinem Leben gewünscht hast.

## Male es einfach auf

Einmal im Jahr gibt es bei uns den sogenannten Zieletag, bei dem wir den Teilnehmern die richtige Zielplanung beibringen und dann auch einüben. Ein entscheidender Aspekt ist dabei das Malen der eigenen Ziele und es gibt viele Menschen, die jedes Jahr wieder zu diesem Zieletag kommen. Das liegt zum einen daran, dass sich der eine oder andere ansonsten nicht genug Zeit für die Beschäftigung mit seiner Zukunft nimmt. Zum anderen, und das ist viel wichtiger, haben viele Menschen festgestellt, dass sie in relativ kurzer Zeit alle Ziele erreichen, die sie an diesem Tag planen. Außerdem ist eine ungeheuer positive und machtvolle Energie im Raum, wenn viele Menschen gemeinsam ihre Zukunft planen. Ich kann Dir nur empfehlen, Dich immer mal wieder mit Deiner Partnerin oder Deinem Partner oder vielleicht mit Deinen Freunden zusammenzusetzen und ausgiebig über die Zukunft Deiner Träume zu sprechen. Du darfst das üben, denn Zielplanung ist wieder mal wie ein Muskel, der bei den meisten Menschen eben deutlich unterentwickelt ist.

 ## Überprüfe Deine Ziele!

Die Cappuccino-Strategie macht es Dir an einem solchen Zielplanungstag dann ganz leicht, in jedem Moment zu überprüfen, ob Du das Ziel und damit Deine Zukunft in richtiger Weise vorwegnimmst. Ist es ein angenehmer Film, den Du siehst? Kannst Du das Ergebnis auch in allen anderen Wahrnehmungskanälen vorwegnehmen? Hörst Du das Ergebnis, riechst Du es, schmeckst Du es und kannst Du es fühlen? Sobald Du assoziiert in diesem Leben Deiner Träume spazieren gehen kannst – wie gut fühlt es sich an, dort zu sein?

Du kannst jetzt auch die Ziele nehmen, welche Du Dir vielleicht schon seit längerer Zeit als Ziele gesetzt hast, und diese mithilfe der Cappuccino-Strategie überprüfen. Ich habe dazu eine Vorhersage: Alle Ziele, die Du seit längerer Zeit verfolgst und die Du noch nicht erreicht hast, entsprechen nicht den Kriterien, die Du durch die Cappuccino-Strategie gelernt hast. Du könntest also jetzt bei jedem einzelnen Ziel nacharbeiten, damit Du es erreichen kannst.

In meinem Leben hat es sich bewährt, meine Ziele aufzumalen. Ich habe das vor vielen Jahren gelernt und ich habe damals mein Leben so auf ein großes Blatt Papier gemalt, wie ich es mir in meinen kühnsten Träumen vorstellte. Nur, um es dazuzusagen: Ich kann nicht gut malen. Aber das spielt dabei keine Rolle, denn dieses Zielebild musste niemanden gefallen, ich habe es nicht mal jemand anderem gezeigt. Es war einfach nur mein Bild der Zukunft, die ich erleben wollte. Und diese Zukunft war vollkommen unrealistisch; sie hatten nichts mit dem Leben zu tun, das ich zu dem Zeitpunkt jeden Tag lebte. Doch bei dem Malen des Bildes stellte ich mir immer nur eine Frage: Wie schön wäre es, wenn das wahr würde? Das war der Leitfaden für mich und da ich ein Tagträumer bin, fiel es mir relativ leicht, diesen Traum ganz konkret zu beschreiben. Ich wollte an einem See leben, wollte die Beziehung mit meiner heutigen Ehefrau (wir waren damals noch nicht verheiratet) wirklich genießen, ich wollte ein tolles Auto fahren und viele Dinge mehr. Ich erinnere mich noch, dass ich während des Malens dachte: „Wenn das eines Tages wahr würde, dann wäre ich der glücklichste Mensch auf diesem Planeten."

Ich habe ehrlich gesagt nicht damit gerechnet, dass alles, was ich damals auf diesen großen Bogen Papier gemalt hatte, innerhalb von nur drei Jahren wahr würde. Das hätte ich mir im Leben nicht träumen lassen. Und dies ist kein Einzelfall! Ich weiß von vielen Teilnehmern, die bei unserem Zieletag das Leben ihrer Träume malen, dass diese selbst gemalten und als positiv empfundenen Träume und Ziele in aller Regel viel schneller wahr werden, als es der Einzelne jemals geglaubt hätte. Es ist reine Magie, wenn Du anfängst, die Cappuccino-Strategie wirklich in Deinem Leben zu nutzen.

## Fang mit kleinen Zielen an!

Für mich ist das ein weiterer Aspekt der Cappuccino-Strategie, dass Du gerade zu Anfang mit kleinen Zielen beginnen darfst, um Deinen Ziel-Muskel zu trainieren. Denn es ist ja schon etwas Besonderes, einen freien Parkplatz, eine Tasse Cappuccino oder eine andere Kleinigkeit zu manifestieren. Insbesondere dann, wenn es um einen Gegenstand geht, solltest Du darauf achten, ihn Dir nicht einfach zu kaufen. Das würde ein wenig die Magie aus der Cappuccino-Strategie nehmen. Was Du lernen möchtest, ist, dass das vorgestellte Ergebnis, also dieser Gegenstand, etwa die Tasse Cappuccino, einfach in Dein Leben kommen kann. Du badest, so nenne ich das gerne, einfach in dem Ergebnis, siehst die Tasse Cappuccino vor Deinem inneren Auge. Danach kann alles Mögliche passieren: Vielleicht gewinnst Du einen Cappuccino, vielleicht lädt Dich jemand auf eine Tasse ein, mit dem Du dann auch gutes Gespräch führen kannst, oder Dein Lieblings-Italiener spendiert Dir nach dem Essen eine Tasse Cappuccino. Lerne, dass es nicht Dein Job ist, das Ergebnis herbeizuführen, auch wenn Du das leicht machen könntest.

Du möchtest eben den Ziel-Muskel trainieren, und Du willst die Gewissheit bekommen, dass das Gesetz der Anziehung funktioniert, dass Du mithilfe der Cappuccino-Strategie wirklich in der Lage bist, dieses Universum wie einen Versandhauskatalog zu benutzen. Da draußen ist eine Kraft, die Welten erschafft. Meinst Du wirklich, dass es dieser Kraft schwerfällt, für Dich eine Tasse Cappuccino, einen Apfel oder einen Parkplatz zu organisieren? Dies ist keine Glaubensfrage, es ist ein Modell von Welt, um das es hier geht. Doch diese Welt, die vermutlich völlig anders ist als alles, was Du bisher in Deinem Leben gehört und gelernt hast, kann auch für Dich alltägliche Realität werden. Du darfst eben nur trainieren, darfst lernen, die Cappuccino-Strategie im Alltag für alles Mögliche anzuwenden.

## Große Ziele ziehen Dich an

Kleine Ziele sind natürlich fantastisch geeignet, um Deinen Ziel-Muskel zu trainieren und die Gewissheit zu erlangen, dass das Gesetz der Anziehung gut funktioniert. Große Ziele, also Lebensziele und Visionen, haben dagegen den Vorteil, dass sie häufig sehr viel besser geeignet sind, um Dich emotional in einen wirklich fantastischen Zustand zu bringen. Das ist der Grund, warum ich Dir empfehle, Deine Zukunft in den allerschönsten Farben zu malen und nur das Allerbeste in diesen Filmen des Lebens Deiner Träume aufzunehmen. Denn nur dieses Allerbeste trägt die Möglichkeit in sich, Dich zu begeistern. Ich möchte, dass Du übst, Deine Ziele so zu planen, dass Du ausflippen könntest vor Glück, wenn Du nur wüsstest, dass diese Ziele eines Tages in Deinem Leben wahr werden. Du weißt ja bereits, wie wichtig das Gefühl ist. Natürlich kann es sein, dass aufgrund Deiner Erziehung, der Menschen, mit denen Du Dich umgibst, und nicht zuletzt auch wegen Deines gelebten Alltags und Deiner aktuellen Realität, das Gefühl von Begeisterung aus Deinem Leben vollkommen verschwunden war. Doch genau dieses Gefühl ist die Alternative zu Disziplin. Du darfst wieder lernen, begeistert zu sein. Lass uns dazu noch ein wenig in das Gesetz der Anziehung eintauchen.

## Weiterentwicklung Schritt für Schritt

Letztlich bietet die Cappuccino-Strategie zwei Möglichkeiten, um Deine Ziele zu erschaffen. Der eine Weg führt über die Erwartung dessen, was Du für möglich hältst. Diese Erwartung dehnt sich sozusagen immer weiter aus; Du erwartest in Deinem Alltag immer mehr, weil es Deine gelebte Realität ist. Dafür musst Du Dich nur einmal in unserer Welt umschauen. Schau Dir an, wie sich zum Beispiel in den vergangenen 200 Jahren der Lebensstandard der Menschen weiterentwickelt hat. Wie selbstverständlich finden wir heute Dutzende verschiedener Joghurtsorten in unseren Supermärkten, wir haben Waschmaschinen und Wäschetrockner, Spülmaschinen und Autos. Es ist nahezu unfassbar, was wir heute für alltäglich und normal halten. Wenn das jemand erleben würde, der vor 100 Jahren auf dem Planeten gelebt hat, er würde ausflippten vor Glück. Denn im Verhältnis zu dem, was der Lebensalltag dieses Menschen war, sind wir einfach unfassbar weit vorangekommen.

Doch wie haben wir das erschaffen? Natürlich gab es Visionäre, die von dieser Zukunft geträumt haben. Doch die Umbrüche für die normalen Menschen waren in aller Regel nicht so revolutionär; eine Joghurtsorte kam zu der anderen, wenn es am Anfang nur Erdbeere, Kirsche und Banane gab, so kam dann eben irgendwann Mango hinzu, dann Stracciatella, Brombeere, Nuss und schließlich sogar noch ein Joghurt, bei dem sich irgendetwas andersherum dreht als normalerweise. ☺ Ich möchte darauf hinaus, dass diese Veränderung in winzig kleinen Schritten passiert ist, und das ist auch der Grund dafür, dass die meisten Menschen diese Veränderung nicht bewusst wahrgenommen haben. Nur wenn Du jetzt einen größeren Zeitabstand überblickst, wird Dir das Wunder bewusst, das hier geschehen ist.

Dies ist also eine Methode für die Weiterentwicklung Deines Lebens, Du erwartest immer etwas ein bisschen Besseres und es wird in Deinem Leben Realität werden. Das ist ganz normal, Du hast es bereits erlebt und es vermutlich als die normale Weiterentwicklung des Lebens angenommen. Gegen diese Methode des Erschaffens Deiner Zukunft ist nichts einzuwenden; sie ist ganz fantastisch, sie funktioniert und sie hat vor allen Dingen auch den Vorteil, dass Du energetisch keine großen Sprünge machen musst, um Dein Leben immer schöner zu gestalten. Deswegen solltest Du unbedingt auch weiter an dieser Methode des Erschaffens Deiner Zukunft festhalten.

## Der große Sprung

Bei der Cappuccino-Strategie geht es mir um etwas anderes: Es geht um den großen Sprung, die dramatische, schnelle Weiterentwicklung Deines Lebens und das Erreichen von Zielen, die für Dich unerreichbar scheinen. Das bedeutet vor allen Dingen auch, dass Du sozusagen mit den Filmen in Deinem Kopf einen Sprung in die Zukunft machen darfst. Konkret bedeutet dies, dass Du die Zukunft am besten nicht von da aus planst, wo Du gerade bist, sondern Dich möglichst freimachst von Deinem Alltag. Denn je mehr Du von Deiner heutigen Realität aus Deine zukünftigen Ziele angehst, desto mehr haftet diesen Zielen die Energie Deines bisherigen Lebens an.

Meiner Meinung nach lässt sich das sehr schön beobachten bei der Firma Tesla, dem Automobilunternehmen aus Kalifornien. Die großen Autohersteller sind lange Zeit davon ausgegangen, dass es praktisch unmöglich sei, in einem überschaubaren Zeitraum von fünf Jahren ein rein batteriebetriebenes Auto auf die Straßen zu bringen. Mindestens zehn Jahre sollte dies dauern, eher sogar 15. Doch Elon Musk ließ sich von dieser Art der Zielplanung der großen Konzerne und ihrer Manager nicht abhalten, seine Vision zu äußern und über seinen Traum zu sprechen. Er konzentrierte sich mithilfe der Cappuccino-Strategie auf das gewünschte Ergebnis, den Tesla S und den Tesla X. Inzwischen ist das Ergebnis längst Geschichte; die

Teslas fahren über die Straßen der Welt und die Chefs der großen Autokonzerne sind erstaunt, wie ein solch kleines Unternehmen diese Autos in so kurzer Zeit auf die Straße bringen konnte. Natürlich gehen die Visionen des Tesla-Gründers viel weiter, er möchte dringend den Mars besiedeln, wird in Kürze noch einen batteriegetriebenen Kleinwagen auf den Markt bringen und einen superschnellen Zug zwischen Los Angeles und San Francisco hin- und herfahren lassen. Mir geht es bei diesem Beispiel nur um eines: Es spielt keine Rolle, wie die Realität aussieht und was andere Menschen für möglich halten. Alles, was ich über Elon Musk weiß, ist, dass er wirklich in der Lage ist, die Menschen mit seinen Visionen, mit konkreten Filmen einer Zukunft, die wir erleben wollen, in seinen Bann zu ziehen.

## Begeisterung ist der Schlüssel

Ein anderes Beispiel ist für mich der ehemalige Microsoft-Chef Steve Ballmer. Vielleicht kennst Du schon das Video von seiner Ansprache, in dem er begeistert über die Bühne jagt, um die Mitarbeiter des Unternehmens anzustecken. Mir geht es nicht um dieses Video, aber das, was ich über Steve Barmer weiß, ist, dass er Windows von Grund auf neu hat programmieren lassen und damit wurde Windows 10 möglich, das wohl stabilste Betriebssystem seit der Erfindung der Personal Computer. Natürlich gehört vor allen Dingen auch Bill Gates zu den Menschen auf diesem Planeten, die in der Lage sind, große Visionen von der Zukunft zu haben und die Menschen an diesen Zielen so zu beteiligen, dass konkrete Filme in ihren Köpfen entstehen. Du kannst Dich mit den Zielen und Visionen dieser Menschen beschäftigen, um zu lernen, wie man mit Begeisterung und wirklich großen Zielen echte Veränderungen bewirken kann.

Mir geht es im Moment gar nicht darum, ob Du diese Veränderungen für positiv oder negativ hältst und wie Du sie genau einschätzt. Für Deine Zwecke genügt es, wahrzunehmen, wie große Ziele in sehr kurzer Zeit ganz neue Unternehmen entstehen lassen können. Und das, was für diese Unternehmen richtig ist und funktioniert, das sollte auch in Deinem Leben funktionieren können. Du musst dafür nicht ein zweites Google, Apple oder Microsoft gründen; das ist nicht das, worum es mir in diesem Buch geht. Es geht mir nur um Dein Leben und um die Frage, wie Du dieses so angenehm, so schön, so attraktiv wie nur eben möglich gestalten kannst.

## Begeistere Dich wieder an jedem Tag!

Das ist also ein wichtiger Bestandteil der Zielplanung und der Cappuccino-Strategie: Deine Fähigkeit, Ziele in Deinem Kopf so zu planen, dass sie Dich wirklich begeistern. Ich möchte, dass Du so eine wundervolle Zukunft für Dich planst, dass Du morgens bei dem Gedanken daran, dass diese Zukunft eines Tages wahr wird, aus Deinem Bett herausspringst. Diese Fähigkeit ist nicht wenigen Visionären vorbehalten; Du kannst sie erlernen und Du hast ja schon verstanden, dass es genau die Methode ist, mit der Du bisher eine Tasse Cappuccino in Dein Leben bringst. Ja, es stimmt, wegen der Tasse Cappuccino flippst Du nicht völlig aus und erlebst ewige Glückseligkeit. Wobei ich sagen muss, dass ein guter Cappuccino schon etwas wirklich Besonderes ist, gerade dann, wenn Du ihn in gemütlicher Runde mit wundervollen Menschen genießen darfst. ☺

Bitte fang wieder an, an jedem einzelnen Tag von dieser Zukunft zu träumen. Achte darauf, dass Du die einzelnen Aspekte dieses Traumes genauso gestaltest, dass sie eben dieses positive Gefühl von Begeisterung, diese magnetische Anziehungskraft in Dir entfalten. So funktioniert Dein Gehirn, so wurde es designt; es ist die einzige Art und Weise, wie Du Dich wirklich leicht und einfach mit Spaß, Freude und Leichtigkeit motivieren kannst. Und Du verstehst noch etwas anderes: Warum Du vielleicht bisher beziehungsweise warum die meisten anderen Menschen so unendlich traurig sind. Ich glaube, dass jeder Mensch tief in sich weiß, dass er ein Schöpfer ist. Doch wenn dieser Schöpfer verlernt hat, auf welche Weise er erschaffen kann, dann macht ihn das natürlich unendlich traurig.

Es war Dein ursprünglicher Plan, als Du auf den Planeten Erde gekommen bist, Deine schöpferische Kraft jeden Tag zu nutzen und damit die Kraft, die Welten erschaffen kann, zu Deinem Vorteil einzusetzen. Natürlich sollte dies auch zum Vorteil aller anderen Menschen sein, denn nur dann wirkt die Kraft, die Welten erschafft. Du hast die Cappuccino-Strategie entdeckt, Du weißt wieder, mit welcher Kraft Du die Zukunft erschaffen kannst, die Du erschaffen möchtest. Noch ein bisschen üben hier, ein bisschen lernen dort, die Ergebnisse Deiner Manifestation verstehen, und schon wirst Du mit dieser Strategie alles erschaffen können, wovon Du heute nur träumst.

## Was ist mit den Anderen?

Eine der ersten Fragen, die Teilnehmer mir nach dem Kennenlernen der Cappuccino-Strategie stellen, ist diese: Wie kann ich die anderen Menschen, die mir wichtig sind in meinem Leben, auf diese Reise mitnehmen? Insbesondere dann, wenn Du schon die ersten Schritte in diese Richtung unternommen hast, wird diese Frage gegebenenfalls sehr drängend, vielleicht auch deshalb, weil sich schon der eine oder andere Konflikt mit Menschen aus Deiner näheren Umgebung ergeben hat. Doch eine der wichtigsten Erkenntnisse ist, dass Du für das Leben anderer Menschen nicht verantwortlich bist und nicht verantwortlich sein kannst. Jede Seele geht ihren eigenen Weg und Du darfst lernen, die anderen in Ruhe zu lassen. Plane für Dich, konzentriere Dich nur auf Dein Leben, denn nur für dieses trägst Du die Verantwortung und nur dieses kannst Du ändern.

Je besser Du die Cappuccino-Strategie in Deinem Leben anwendest und je sichtbarer die Ergebnisse auch für Deine Umwelt werden, desto mehr werden andere Menschen Dich fragen, wie Du das geschafft hast. Dann kannst Du ihnen antworten, weil die Frage nach der Methode in ihnen ist. Doch wenn sie keine Frage gestellt haben, dann hilft Deine Antwort ihnen nicht. Gleiches zieht Gleiches an, das Gesetz der Anziehung gilt auch hier. Du weißt bestimmt schon, dass der Lehrer bereitsteht, wenn der Schüler bereit ist, zu lernen. Und genau darum geht es hier. Ich weiß, dass Du dieses Buch in Dein Leben gezogen hast, weil Du Fragen gestellt hast, die hier beantwortet werden. Es mag sein, dass dieses Buch weit über das hinausgeht, was

Du Dich gefragt hast. Das folgt der Logik des Universums, jeden Wunsch überzuerfüllen und Dir regelmäßig mehr zu liefern, als Du ursprünglich bestellt hast. Ich habe das in meinem Leben schon sehr oft erlebt.

## Geh mutig voran!

In genau derselben Weise wird dieses Buch in Dir wieder neue Fragen entstehen lassen und die Anwendung der Cappuccino-Strategie wird dafür sorgen, dass neue Fragen auftauchen. Das ist vollkommen in Ordnung und richtig so, denn dieses Universum dehnt sich immer weiter aus und es kann eine wichtige Erkenntnis für Dich sein, dass Du niemals fertig wirst. Es gibt keinen Endpunkt in Deiner Entwicklung, denn das wäre der Moment, in dem das Universum aufhören würde zu existieren. Wenn Du einmal verstanden hast, dass Du ein Schöpfer bist und dass das Einzige, was Du beherrschst, das Erschaffen ist, dann entsteht eine neue Freude in Deinem Leben. Du wirst einfach nur anfangen, Lebensumstände zu erschaffen, die Dir Spaß machen. Diese Lebensumstände werden immer herrlicher, großartiger, schöner und spaßiger werden, das ist doch klar. Und meinst Du wirklich, dass Du aufhören wollen würdest, etwas Neues zu erschaffen, wenn Du einmal auf einer tiefen Ebene verstanden hast, wie es funktioniert?

Das glaube ich nicht, sondern im Gegenteil, ich stelle mir vor, wie die gesamte Menschheit in nicht allzu ferner Zukunft beginnt, Lebensumstände zu erschaffen, die noch wundervoller sind als alles, was wir uns heute vorstellen können. Wer verstanden hat, wie die Cappuccino-Strategie funktioniert, der durchbricht das Pizza-Modell der Welt, lässt den Mangel, die Krankheit, die Armut und das Drama hinter sich. Stell Dir das im großen Maßstab vor: eine Welt, in der wir das alle beherrschen. Dann wird es ein fröhliches Erschaffen, wir werden uns austauschen darüber, was wir Neues erschaffen haben, werden die anderen Menschen natürlich auch als kreative Anregung dafür nutzen, was man in seinem Leben noch alles erschaffen kann und was alles noch möglich ist.

# Du bist einzigartig!

So verstehst Du jetzt auch, was es bedeutet, dass Du einzigartig bist. Du fügst dem Universum als Schöpferin oder Schöpfer eine höchst individuelle Sichtweise hinzu und mit den Zielen, die Du anstrebst und erreichst, mit Deiner individuellen Schöpfung, erreicht das gesamte Universum eine neue Ebene, eine neue Realität, die es ohne Dich nicht gegeben hätte. Das ist schon heute so, aber da Du bisher die Cappuccino-Strategie nicht kanntest, hast Du von Deiner Schöpfung nicht in der Art und Weise profitieren können, wie es möglich ist. Dafür hast Du einfach zu viel Drama erschaffen, zu viele Katastrophen, hast die Kraft, die Welten erschaffen kann, nicht immer zu Deinem Vorteil eingesetzt, sondern oft genug mit Deinen Ängsten und negativen Gefühlen unterdrückt.

Jetzt wird Dir auch klar, warum es so wichtig ist, dass Du Deine Einzigartigkeit feierst. Anstatt genauso zu werden wie alle anderen Menschen und möglichst normal zu sein, damit die anderen Dich mögen, wird es ab sofort umso wichtiger, Deine individuelle Kreativität, Deine Wünsche und Ansichten auszuleben. Selbstverständlich gibt es ein allererstes Ziel bei der Anwendung der Cappuccino-Strategie: Du möchtest Dich möglichst immer gut fühlen, Spaß haben, Dich wohlfühlen in Deinem Körper, gesund sein, wundervolle Freunde haben. Damit stellt sich natürlich die Frage, ob Du die Cappuccino-Strategie überhaupt für mehr nutzen musst als das Ziel, Dich möglichst gut zu fühlen. Denn sobald Du Dich gut fühlst, antwortet das Universum ja auf diese Schwingung und bringt nur Menschen, Lebensumstände und Dinge in Dein Leben, die Dich weiter gut fühlen lassen. Solltest Du trotzdem detailliert Deine Zukunft planen?

# Das Ziel lässt Dich gut fühlen

Der wohl wichtigste Grund, warum es sinnvoll ist, mit der Cappuccino-Strategie Deine Zukunft detailliert zu planen, ist, dass es Dich in einen positiven Zustand, in ein gutes Gefühl versetzt. Du kannst Deine großen Ziele als Ausrede dafür nehmen, Dich gut zu fühlen, obwohl vielleicht jetzt im Moment Dein Leben noch nicht so angenehm ist, wie Du es gerne hättest. Bisher hast Du es genau andersherum gemacht, so wie die meisten Menschen: Du hast Deine Lebensumstände als Ausrede dafür benutzt, um Dich immer wieder schlecht zu fühlen. Damit hast Du dann eben auch negative Dinge angezogen und die guten Gefühle unterdrückt. Wenn Du dieses System einmal verstanden hast, dann wird es sofort klar, dass es überhaupt keine Rolle spielt, an welcher Stelle ein Mensch heute steht, der die Cappuccino-Strategie nutzen möchte. Er könnte depressiv sein, unter katastrophalen Umständen leben, sogar in einem Land, in dem es keine Hoffnung gibt. Wenn dieser Mensch in der Lage ist, sich eine wunderschöne Zukunft vorzustellen, mit der ganzen Sinneswahrnehmung in diese Zukunft einzutauchen und das gute Gefühl in sich immer größer zu machen und immer stärker zu fühlen, dann werden sich seine Lebensumstände in sehr kurzer Zeit deutlich verändern.

## Das Aladin-Problem

Lass mich noch auf einen weiteren Aspekt Deiner Schöpfung eingehen. Ich möchte dies das „Aladin-Problem" nennen. Ja, es geht um Aladin mit der Wunderlampe, der von dem Geist aus der Lampe gebeten wird, seine Wünsche zu äußern. Aladin antwortet, dass er gerne wissen würde, was er möchte. Wenn Du die Cappuccino-Strategie verstanden hast und die Art und Weise, wie das Gesetz der Anziehung funktioniert, dann ist Dir sofort klar, warum das nicht geht. Denn ein Mensch, der nicht weiß, was er will, und der völlig verzweifelt ist, weil er das eben nicht weiß, der kann nur eines erschaffen: einen Menschen, der nicht weiß, was er will. Das liest sich jetzt sehr leicht, aber im Alltag willst Du sehr genau darauf achten, was Du über Dich selbst denkst und sagst. Wenn Du Dich für nicht intelligent hältst, dann erschaffst Du einen Menschen, der unintelligente Entscheidungen trifft und damit nicht intelligent wirkt. Wenn Du glaubst, dass Du keine Visionen für Dein Leben entwickeln kannst, dann erschaffst Du einen Menschen, dem wirklich nichts Großes für seine Zukunft einfällt. Und wenn Du der festen Überzeugung bist, dass Dir Mathematik schwerfällt, dann erschaffst Du weiterhin einen Menschen, der Schwierigkeiten hat zu rechnen.

Das ist genau das Thema, warum limitierende Glaubenssätze, die Eltern ihren Kindern sagen, so eine überaus nachteilige Wirkung haben. Jeder Satz, der mit „Ich bin ..." beginnt, ist eine Aussage darüber, welcher Mensch Du in Zukunft sein wirst. Es ist eben nicht so wichtig, wer Du in der Vergangenheit gewesen bist. Die Zukunft und der Mensch, der Du sein wirst, ist das Einzige, was in Deiner Macht steht. In dieser Hinsicht bist Du allerdings sehr mächtig, Du hast alle Möglichkeiten, Dich so zu erschaffen, wie Du möchtest!

Auf der anderen Seite bedeutet das Aladin-Problem, dass Du dem Universum in Bezug auf Deine Ziele – und das bedeutet konkret in Bezug auf Deine individuelle Schöpfung – nicht die Führung überlassen kannst. So funktioniert das nicht und das war auch nie der Plan. Deshalb gibt es auch keine Vorhersehung oder Vorbestimmung, denn Du kannst in jedem Moment Deines Lebens alles verändern. Natürlich ist Dein Leben insofern vorhersehbar, als dass es sehr unwahrscheinlich ist, dass Du von jetzt auf gleich alles veränderst. Doch möglich ist es, insbesondere dann, wenn Du dieses Buch gelesen hast und bereit bist, Dich wirklich zu verändern und das Leben Deiner Träume zu erschaffen. Das Universum, der liebe Gott, alles was ist – egal wie Du die Kraft nennst, die Welten erschafft, diese Kraft ist vollkommen neutral. Sie verstärkt einfach nur das, worauf Du Deinen Fokus richtest. Worum auch immer Deine Gedanken kreisen, das Universum geht davon aus, dass Du davon mehr haben möchtest. Denn Deine Gedanken sind Dein Schöpferwerkzeug.

## Zum Glück geht es nicht so schnell

Im Moment sind die allermeisten Menschen noch nicht in der Lage, in Sekundenschnelle mit ihrer Gedankenkraft die Dinge zu erschaffen, die sie haben möchten. Das ist auch gut so, denn offen gestanden wären die meisten von uns schon längst überfahren worden oder auf andere Weise ums Leben gekommen, wenn es diese Sofort-Manifestation gäbe. Denk doch mal nach: Wie oft hast Du schon gedacht, dass etwas Bestimmtes hoffentlich nicht passieren soll? Wenn es die Sofort-Manifestation gäbe, dann wären das die Momente gewesen, in denen Du Deinen Löffel zurückgegeben hättest. Es gibt also eine Zeitverschiebung zwischen dem gedachten Gedanken und der Manifestation in der Welt der Materie. Damit Du aber nicht in jedem einzelnen Fall aus Deiner Manifestation lernen musst, kannst Du die Gefühle zu Hilfe nehmen. Sie geben Dir Auskunft darüber, in welche Richtung Deine Gedanken gerade gehen und ob Deine Schöpfung für Dich positiv oder negativ sein kann. Gefühle sind also aus dieser Perspektive gesehen ein Vorbote, den Du auch als Warnsignal interpretieren kannst.

Ich bin davon überzeugt, dass der Abstand zwischen den gedachten Gedanken und der Manifestation in den kommenden Jahrzehnten immer kürzer wird, und dass wir Menschen dadurch in der Lage sein werden, in immer kürzerer Zeit die Dinge zu manifestieren, die wir manifestieren wollen. Die Voraussetzung dafür ist allerdings, dass wir wirklich in der Lage sind, unsere Gedanken unter Kontrolle zu halten und sie absichtlich die ganze Zeit in die Richtung zu lenken, in der wir denken wollen. Das kannst Du Dir so vorstellen: Wer immer dieses Universum erdacht hat, hat eine Sicherheitssperre eingebaut. Menschen, die negativ denken, sind in Sachen Manifestation absolute Nieten. ☺ Sie müssen unglaublich viel Kraft aufwenden und ihre mangelnde Schwingungsenergie mit sehr viel Handlung kompensieren, um überhaupt etwas zu erschaffen. Je mehr ein Mensch in seiner Mitte ist, je höher Du lernst zu schwingen, desto leichter fällt es Dir, Deine Lebensumstände so zu erschaffen, wie Du möchtest. „Höher schwingen" ist gleichzusetzen mit „gut fühlen", mit „Spaß haben" und mit „Begeisterung".

## Wir haben ähnliche Ziele

Was wird passieren, wenn der Großteil der Menschheit endlich die Cappuccino-Strategie anwendet und jeder basierend auf dem Gesetz der Anziehung die Lebensumstände erschaffen hat, die ihm lebenswert erscheinen? Ich glaube, dass dies der Zeitpunkt sein wird, an dem die Menschheit zusammenfindet. Dann werden wir entdecken, dass unsere großen Ziele gar nicht so weit auseinanderliegen. Wir alle wünschen uns friedliche Lebensumstände, wir wollen die anderen so leben lassen, wie sie leben möchten. Wenn wir das Pizza-Modell der Welt überwunden haben und jeder verstanden hat, dass er alles haben, sein und tun kann, was er möchte, der Mangel überwunden ist und die Fülle Einzug gehalten hat in jedes einzelne Leben, dann sollten wir uns noch mal die großen Ziele anschauen, die wir haben.

Zu diesem Zeitpunkt wird es kein Geld mehr auf diesem Planeten geben, denn wenn jeder alles erschaffen kann, was er haben möchte, dann ist Geld nicht mehr nötig. Jeder wird nur noch das tun, was er gerne tun möchte. Der einzige Grund aktiv zu sein ist dann, eine Tätigkeit auszuüben, die mir Spaß macht. Wenn ich gerne Brötchen backe, weil ich es so herrlich finde, in dem Teig herumzukneten, dann werde ich eben das tun. Wenn jemand anders gerne Trecker fährt, dann kann er das machen, wer strickt, strickt für die anderen mit und wer gerne Autos baut, der baut eben Autos. Stell Dir vor, was es für eine herrliche Welt ist, wenn jeder einfach das tun kann, wozu er gerade Lust hat. Natürlich würden viele von uns am Anfang erst einmal ausruhen, ein paar Jahre in Urlaub fahren, die Welt kennenlernen oder irgendwo am Strand rumliegen. Ja, ich weiß, einige werden auch skifahren oder irgendwo am Nordpol frieren, während sie sich die Eisbären anschauen.

## Wenn der Urlaub vorbei ist ...

Ich kann das sehr gut verstehen und auch mir geht es manchmal so, dass ich gerne einfach für ein paar Monate aus dem normalen Leben aussteige, mich zurückziehe und einfach nur in den Tag hineinlebe. Ich mag das, das sind die Zeiten, in denen ich die Kraft sammle, die ich in meinen Seminaren, in den Hörbüchern oder auch in einem Buch wie diesem an die Menschen weitergebe. Doch wenn diese Phase vorbei ist, wenn ich mich genug ausgeruht habe, dann kommt ganz automatisch in mir der Wunsch und die Motivation auf, meine einzigartigen Talente und Fähigkeiten zum

Wohle der Menschheit einzusetzen. Stell Dir vor, wir alle würden so leben.

Ich bin davon überzeugt, dass jeder Mensch, ja, auch Du, einzigartige Talente und Fähigkeiten hat. Wir anderen warten darauf, dass Du diese Talente und Fähigkeiten endlich zum Wohle der ganzen Menschheit einsetzt. Wir warten darauf, dass Du Dein Potenzial lebst. Du kannst Dir natürlich vorstellen, was passiert, wenn Du nur noch voller Spaß diesen Talenten und Fähigkeiten nachgehst: Dann wirst Du immer besser darin, Du wirst es zur Meisterschaft bringen. Aber diese Meisterschaft ist im Gegensatz zu Deinem bisherigen Leben nicht hart erkämpft, sondern mit Leichtigkeit und Freude erworben worden. Auf diese Weise wird die Menschheit einen großen Sprung machen und jeder Einzelne kann schon heute damit anfangen, diesen großen Sprung vorzubereiten. Mach Dir einfach bewusst, was Dir bisher schon in Deinem Leben leichtgefallen ist. Je klarer Du das weißt, desto einfacher wird es sein, das Leben Deiner Träume zu planen.

## Deine Talente und Fähigkeiten

Meiner Meinung nach wissen die allermeisten Menschen im Alter von zwölf bis 17 Jahren genau, warum sie hier auf dem Planeten sind. Du musst Dich nur erinnern, was Du in dieser Zeit gerne gemacht hast. Damit meine ich nicht Deine Süchte, denn wenn Du zu der Zeit Computer gespielt oder Zigaretten geraucht und Alkohol getrunken hast, dann sind dies sicherlich nicht Deine einzigartigen Talente und Fähigkeiten. Ich meine positive Aktivitäten, die Du stundenlang tun konntest, ohne dass Dir langweilig wurde. Das ist bei jedem Menschen etwas anderes; erinnere Dich einfach daran. Es kann sein, dass Du diese Aktivität beibehalten hast und heute noch regelmäßig ausübst. Woran erkennst Du sie? Ganz einfach daran, dass sie Dir gefällt.

Wirst Du dann für immer, also für den Rest Deines Lebens, nur dieser einen Tätigkeit nachgehen? Nein, ich glaube nicht, dass wir Menschen solch eindimensionale Wesen sind. Stattdessen gehe ich davon aus, dass sich unsere Interessen im Laufe des Lebens verschieben können und sollten. Um in dem oben genannten Beispiel zu bleiben, könnte ich mir zum Beispiel gut vorstellen, eine Zeit lang mit dem Trecker über den Acker zu fahren, um ein Feld zu bestellen, die Saat auszubringen und später auch bei der Ernte zu helfen. Ich habe das als Jugendlicher schon gemacht und es war eine fast schon eine meditative Tätigkeit, auf einem solchen Trecker zu sitzen und stundenlang über ein Feld zu fahren. Aber ich würde das nicht für den Rest meines Lebens machen wollen! Ich gebe gerne Seminare und sogar so gerne, dass sich im Moment bis zu 200 Trainings- und Vortragstage pro Jahr habe. Das ist mehr als die meisten anderen Trainer und Redner, aber da mich diese Tätigkeit so begeistert, fällt es mir leicht.

## Folge dem Weg der Leichtigkeit

Wie schon erwähnt gibt es Phasen, in denen ich zum Beispiel gerne ein Buch schreibe. Dafür ziehe ich mich gemeinsam mit meiner Frau zurück, lebe einige Wochen während des Winters in wärmeren Gegenden, genieße die Sonne, treibe Sport, fahre ab und zu mit einem Motorboot über das Meer oder in den Kanälen herum und schreibe dann eben den überwiegenden Teil des Tages an einem meiner Bücher. Zu wieder anderen Zeiten produziere ich Hörbücher und Videos und verbessere damit meine Fähigkeiten in diesem Bereich. Es gibt so unendlich viele Möglichkeiten und die einzige Voraussetzung ist, dass es sich leicht anfühlt, wenn Du einer dieser Tätigkeiten nachgehst. Der Weg der Leichtigkeit, des Spaßes und der Begeisterung ist der einzig richtige Weg, der Dich in die Zukunft führt, die Du leben möchtest.

### Probiere es aus!

Ich weiß, dass sich dies alles vielleicht für Dich seltsam anhören mag, denn es mag dem deutlich widersprechen, was Du bisher gelernt und gelebt hast. Ich selbst merke das auch immer mal wieder, wenn etwa alte Ängste auftauchen, etwa weil jemand über Altersarmut redet oder eine andere Sorge großmacht und mich daran teilhaben lässt. Doch ich habe es in den vergangenen Jahren immer besser geschafft, mich auch in solchen Momenten des Zweifels immer wieder auf das Gute und Schöne zu besinnen. Deshalb empfehle ich es Dir: Mach es zu einer beständigen Übung, vor allem dann in ein gutes Gefühl zurückzukehren, wenn Du im Alltag mal abgestürzt sein solltest in alte, negative Verhaltensweisen und Gefühle. Du kannst es auch schaffen! Konzentriere Dich auf das, was Du wirklich möchtest: Du willst Dich und Du kannst Dich immer gutfühlen!

Ich wünsche Dir und uns allen, dass Du die Cappuccino-Strategie zu Deinem Vorteil nutzt. Dein Leben wird dadurch an jedem einzelnen Tag immer noch schöner werden und dann werden wir gemeinsam schon bald die Erde in einer Art und Weise neu erschaffen, dass wir wirklich gerne auf ihr leben. Wir wollen eine intakte Natur haben, wir wollen uns diesen herrlichen blauen Planeten mit den anderen Lebewesen teilen, wollen den ganzen Tag voller Liebe sowie gesund und voller Spaß sein. Deswegen ist es so wichtig, dass Du jetzt erst einmal die Fülle in Deinem eigenen Leben erschaffst, dass Du Dir mithilfe der Cappuccino-Strategie eine wundervolle Beziehung in Dein Leben holst, wenn dies von Dir gewünscht wird. Und es ist auch wichtig, dass Du Deine materiellen Wünsche erfüllst und lernst, den Mangel in allen Lebensbereichen zu überwinden. Wenn Du es von diesem Standpunkt aus betrachtest, ist es doch letztlich egal, auf welche Weise ein Mensch die Cappuccino-Strategie und das Gesetz der Anziehung kennen und lieben lernt. Du kannst im Geist starten und mithilfe von Meditation und anderen Techniken lernen, Deine Gedanken zu kontrollieren.

## Jetzt oder später?

Was für ein wundervoller Plan, den sich das Universum da ausgedacht hat: Man nehme ein Bewusstsein, setze es auf dem Planeten Erde aus, lasse es vergessen, dass es mit seinen Gedanken die Realität erschafft, und dann gebe man diesem Bewusstsein genügend Zeit und Spielfläche, um genau dies herauszufinden. Denn wenn man diesem Bewusstsein genügend Zeit gibt, wird es zu der Erkenntnis gelangen, dass es selbst die Verantwortung für seine Schöpfung trägt. Und sobald es diese Verantwortung übernimmt und die Cappuccino-Strategie zu seinem eigenen Vorteil anwendet, wird dieses Bewusstsein natürlich Lebensumstände erschaffen, die für alle Menschen, Tiere und Pflanzen hervorragend sind. Dieses Bewusstsein wird den Himmel auf Erden erschaffen, aber das kann natürlich erst dann passieren, wenn Du die Cappuccino-Strategie nutzt und das Gesetz der Anziehung verstehst.

## Jetzt geht es los!

Nun geht es los, Du hast Dein Handwerkszeug bekommen, Du erinnerst Dich an Deine Fähigkeiten und – vielleicht zum ersten Mal in Deinem Leben – bist Du bereit, Deine Schöpferkraft zu Deinem und unser aller Vorteil zu nutzen. Dein Navigationssystem ist eingeschaltet und Du wirst die Hinweise ab sofort immer beachten. Du lässt Dich von Deinem Gefühl leiten und wenn ein schlechtes Gefühl auftaucht, dann hältst Du inne, stoppst, denkst kurz nach und richtest dann Deine ganze geballte Aufmerksamkeit nur auf das gewünschte Ergebnis.

Du erkennst das Universum als Deinen Freund an, der Dich liebt und beschützt, hütet und begleitet, umsorgt und versorgt. Du findest ab sofort jeden Tag Beweise dafür und sobald Du wieder einen Beweis gefunden hast, bedankst Du Dich bei der Kraft, die Welten erschafft. Damit wird Dein Leben jeden Tag immer noch großartiger, Du bedankst Dich für all das Schöne und Gute, lachst viel und oft, bist nett zu Anderen und verzeihst Dir und allen Menschen jeden Fehler, denn er war nur als Feedback gedacht, damit wir alle den Weg der Wahrheit finden.

Ich freue mich, dass Du Dein Potenzial wiederentdeckst und lebst. Du wirst Dir Deiner Stärken vollkommen bewusst und setzt sie zum Wohl der Menschheit ein. Wenn es noch mal eine kleine Hürde geben sollte, dann kennst Du ab sofort nur noch eins: das erwünschte Endergebnis! Die

Cappuccino-Strategie ist Dein bester Freund, Du kennst sie seit langem und bist nun erinnert worden, dass sie hervorragend funktioniert.

Dein Leben hat wieder Sinn und Zweck und Deine Ziele werden an jedem Tag größer und größer, immer schöner und heller und bunter. Du tanzt wieder den Tanz des Lebens und mit Deinem Lachen erfüllst Du die Welt. Du spielst mit den Möglichkeiten der Welt, überwindest Deine Ängste und Sorgen, Krankheiten und die Dramen Deiner Vergangenheit. Dann schaust Du eines Tages zurück auf diese Zeit und lachst und lachst und lachst über das, was mal wichtig schien. Du genießt wieder jeden Moment Deines Lebens und suchst nur das, was Dich gut fühlen lässt. Tauche ein in das Licht, das uns alle umgibt, mach Spaziergänge in der Sonne und begeistere Dich über jede Blume am Wegesrand. Du bist wundervoll! Du bist einzigartig! Bring Deine Liebe zu allen und allem, mit dem Du in Berührung kommst. Jetzt gleich! Leg los!

## Das kannst Du für die Cappuccino-Strategie nutzen

- Mithilfe der Cappuccino-Strategie kannst Du alle Lebensumstände so verändern, wie Du sie haben möchtest.
- Nimm Dir Zeit, um die Cappuccino-Strategie wirklich zu verstehen und die Filme in Deinem Kopf bewusst zu steuern.
- Dein Leben entwickelt sich ohnehin immer positiver, das kannst Du auch im Rückblick beobachten.
- Dein Ziel kann es sein, durch die Cappuccino-Strategie einen großen Sprung hinzubekommen.
- Begeisterung und tief empfundene Dankbarkeit sind die Schlüssel für Dein neues Leben.
- Du darfst genau wissen, was Du möchtest, um nicht wie Aladin zu sein.
- Jetzt lernst Du wieder, voller Leichtigkeit und mit vielen guten Gefühlen das Leben Deiner Träume zu erschaffen. Das ist ein völlig neuer Lebensstil!

# Literaturhinweise

Alle Literaturhinweise zu diesem Buch findest Du im Internet unter www.cappuccino-strategie.de. Das mag auf den ersten Blick etwas unhandlich erscheinen, denn vielleicht würdest Du diese Literaturtipps am liebsten jetzt gleich lesen, zum Beispiel um zu überprüfen, ob Du das eine oder andere Buch schon kennst. Ich habe mich trotzdem dazu entschieden, diese Hinweise nur online zu veröffentlichen, damit ich sie zum Beispiel anpassen kann, damit Du auf einen Link klicken und damit das entsprechende Buch sofort anschauen und auf Wunsch auch kaufen kannst, also um Dir die Handhabung zu erleichtern.

Auf der anderen Seite möchte ich auf diese Weise auch sicherstellen, dass ich diese Literaturliste aktuell halten kann und dass ich neue Bücher, die meines Weges kommen, auch in die Liste eintragen kann. Falls Du gute Literaturhinweise für mich hast, dann schreib mir bitte auch gerne eine Mail, am liebsten an info@cappuccino-strategie.de. Falls mir Dein Buch ebenfalls gut gefällt, dann kann ich es ganz leicht in die Liste aufnehmen und so können schon wieder Hunderte und Tausende von Menschen davon profitieren. Die Online-Literaturliste ist und bleibt aktuell.

# NLP-fresh-up Podcast

Jetzt reinhören
in den kostenlosen, wöchentlichen
NLP-fresh-up Podcast!

(über 100.000 begeisterte Hörer)

Es sind bereits über 400 Folgen online!
Sie finden uns
bei iTunes, Podster
und auf unserer Website:

## www.fresh-academy.de/podcast

# Online-Unterstützung

Ich werde gemeinsam mit meinem Team in den kommenden Jahren unsere Online-Präsenz immer weiter ausbauen, denn wir wollen eine Gemeinschaft von Leserinnen und Lesern rund um die Cappuccino-Strategie aufbauen. Zu Beginn, kurz nach Erscheinen des Buches, wirst Du auf unserer Webseite nur erste Hinweise, die Literaturliste und einige Links finden. Doch mehr und mehr soll eine eigene Community entstehen, in der interessierte Menschen sich austauschen, wir Links von spannenden Videos, Hörbüchern, Seminaren und anderen Events posten, und es soll auch andere Angebote geben, die Dich dabei unterstützen, das Leben Deiner Träume zu erschaffen.

Dazu kannst Du Dich am besten gleich jetzt in unseren Newsletter-Verteiler eintragen lassen; auch den findest Du unter www.cappuccino-strategie.de. Dann können wir Dich ganz leicht mit neuen Hinweisen versorgen, können Dir Sonderangebote zuteilwerden lassen, Dich über neue Bücher informieren und auf dem Laufenden halten zu alldem, was es rund um dieses Buch, meine Vorträge und viele andere für Dich interessante Dinge zu wissen gibt. Schau Dir einfach unser Online-Angebot an, dort gibt es viel zu entdecken!

www.cappuccino-strategie.de

# Der Autor

Marc A. Pletzer ist einer der besten Kommunikationstrainer der Welt, er wurde von Richard Bandler persönlich zum NLP Master-Trainer ernannt. Gemeinsam mit der NLP Master-Trainerin Wiebke Lüth erreicht er mit der fresh-academy jedes Jahr viele Tausend Menschen im deutschsprachigen Raum. Er leitet den Verlag Blue Planet AG in der Schweiz.

Vor seiner Arbeit als Kommunikationstrainer hat Marc A. Pletzer viele Jahre als freier Journalist für zahlreiche Magazine, Fachzeitschriften, öffentlich-rechtliche Radio- und TV-Sender gearbeitet. Sein Buch „Emotionale Intelligenz – Das Trainingsbuch" aus dem Haufe-Verlag war über ein halbes Jahr lang auf der Top-Ten-Bestsellerliste der Financial Times Deutschland. Gemeinsam mit Wiebke Lüth produziert er unter anderem den kostenlosen wöchentlichen NLP-fresh-up Podcast, der weit über eine Million Downloads im Jahr hat und zu den erfolgreichsten deutschsprachigen Podcasts gehört.

# Danke, danke, danke!

Nun ist es endlich an der Zeit, den Menschen zu danken, die mich auf der Reise meines Lebens und vor allen Dingen auch beim Schreiben und Veröffentlichen dieses Buches unterstützt haben. Ich habe mich entschieden, diese Seite ans Ende dieses Buches zu tun, auch wenn ich weiß, dass die meisten Autorinnen und Autoren die entsprechenden Danksagungen an den Beginn ihres Buches legen. Ich habe dies aus folgendem Grund getan: Wenn ich die Danksagung anderer Menschen in ihren Büchern lese, dann kenne ich die meisten Menschen nicht, denen dort gedankt wird. Insofern scheint das Danken etwas Persönliches zu haben und natürlich ist es wichtig, den Menschen zu danken, die einen begleitet haben und tagtäglich unterstützen.

Da ich Dich nicht langweilen möchte, falls Du Danksagungen langweilig findest, kannst Du eben diese Seite viel leichter überblättern, eben weil sie am Ende des Buches ist. Die Menschen, denen ich danken möchte, finden hier ihren Namen und freuen sich jetzt gleich doppelt, dass ich ihnen danke. Ich freue mich, dass ich ihnen danken darf! Was wäre ich ohne diese Menschen, die jeden Tag durch einen bestimmten Input, durch ein Buch oder ein Seminar, durch eine Hilfestellung und vor allem auch durch ihren intensiven Einsatz mein Leben bereichert haben? Diese Menschen sind es, die meinen heutigen Erfolg möglich gemacht haben, und ich bin ihnen für immer dankbar!

Danken möchte ich zuerst einmal Dir, ja Dir! Du bist die Leserin, der Leser dieses Buches und ich hoffe, dass Du dieses Buch auf ehrliche Weise erworben oder geschenkt bekommen hast. Und dafür danke ich Dir. Vielleicht hast Du das Buch auch ausgeliehen in einer Bücherei? Auf jeden Fall hast Du es gelesen und hast auf diese Weise dazu beigetragen, dass meine Gedanken den Weg in Dein Gehirn gefunden haben. Dein Gehirn kann allerdings Informationen nicht aufnehmen, ohne sie zu verarbeiten. Das ist eine wundervolle Wirkungsweise unseres Gehirns, die ich mir bei meiner gesamten Arbeit zu Nutze machen.

In dem Moment, in dem Du einen Gedanken hörst oder liest, den ich äußere oder niederschreibe, ist er schon genau an der richtigen Stelle Deines Gehirns, um verarbeitet zu werden. Damit hat jeder Gedanke, den Du in diesem Buch gefunden hast, Einzug in Dein Gehirn gehalten, Zugang zu Deinem System, Deinem bewussten und Deinem unterbewussten Verstand. Und damit werden diese Gedanken dort in den kommenden Tagen, Wochen, Monaten und Jahren ihre positive Wirkung zeigen. Dein Leben wird sich verändern und oft genug wird es passieren, dass Du Dich daran erinnerst, dass Du dieses Buch gelesen hast, dass Du einen meiner Gedanken aufgreifst, weiterentwickelst, weitergibst und auf diese Weise gemeinsam mit mir dafür sorgst, dass diese Welt ein besserer Ort wird. Wir sind also auf dieser Mission gemeinsam unterwegs und deshalb danke ich Dir auch dafür, dass wir gemeinsam anpacken. Du bist ein wundervoller Mensch, davon bin ich absolut überzeugt! Danke, dass ich in dieser Zeit der Veränderung, der fantastischen neuen Möglichkeiten, der globalen Umwälzungen mit Dir gemeinsam auf dem blauen Planeten sein darf.

Danken möchte ich auch meinen Eltern, die beide nicht mehr in physischer Form auf diesem Planeten weilen. Sie haben zweifelsohne ihr Bestes gegeben, um meiner Schwester und mir eine schöne Kindheit zu ermöglichen. Ich erinnere mich an viele herrliche Situationen; wir sind in echtem Luxus groß geworden, haben wundervolle Reisen unternommen, fremde Kulturen und Länder kennengelernt. Mein Dank geht auch an meine Großeltern. Mütterlicherseits gab es nur eine Oma, die ich kennenlernte, aber die war eine großartige Rebellin, eine Frau, die sich gegen alles auflehnte, gegen das man sich auflegen kann. Sie hat ihre drei Kinder in der Nachkriegszeit nach der Flucht aus Pommern irgendwie durchgebracht, hat hart dafür gearbeitet und alles gegeben. Meine Großeltern väterlicherseits habe ich beide erlebt; mein Großvater war ein großes Vorbild für mich. Seine Ruhe, seine Weisheit und sein Charisma begleiten mich bis heute. Diese sind die Menschen, auf deren Schultern ich sozusagen stehe, wenn ich heute meine Arbeit tue. Und ich wünsche mir, dass viele Menschen auf meinen Schultern stehen, wenn ich eines Tages nicht mehr in physischer Form auf diesem Planeten weile.

Danksagen möchte ich auch meiner geliebten, großen Schwester Karin, mit der mich eine innige Liebe verbindet, auch wenn wir uns oft über längere Zeit nicht sehen. Ich glaube, dass diese Liebe zwischen zwei Geschwistern eine der wichtigsten Kräfte ist, die man in diesem Leben erleben kann. Eine Liebe, auf die man sich immer verlassen kann, und ich weiß, dass meine Schwester für mich da ist, wenn ich sie wirklich brauche. Und das gilt in umgekehrter Weise genauso. Wir haben viele glückliche Jahre miteinander geteilt, unendlich spannende Gespräche über Menschen, Gott und die Welt und auch heute noch ist die Verbindung zwischen uns so wundervoll eng und liebevoll, wie sie es immer gewesen ist.

Mein liebevoller, unendlicher Dank gilt meiner geliebten Frau Wiebke; sie ist die Liebe meines Lebens! Sie ist ein wundervoller Mensch, ihre Liebe lässt jeden erstrahlen, der in ihre Nähe kommt. Sie hat ein großes Herz für mich, auch wenn ich oft zu viel arbeite, viel zu viele Termine in meinen Kalender einplane, wenn ich mal wieder völlig unrealistische Konzepte erdenke oder auch nur viel zu lange mit meiner Carrera-Bahn spiele. Sie unterstützt mich mit ihrer Liebe und Fürsorge auf eine Weise, die ich noch nie in meinem Leben erlebt habe. Sie ist ein lebender Engel und jeder Mensch, der jemals ihre Liebe gespürt hat, weiß, wovon ich spreche. Sie hat viele Stunden in dieses Buch investiert und zudem viele Stunden auf mich verzichtet, während ich daran gearbeitet habe. Auch dafür danke ich ihr von ganzem Herzen.

Unseren großartigen Kindern Jennifer, Delia, Robin und Helen möchte ich ebenfalls danken. Sie sind wundervolle Begleiter in den vergangenen 28 Jahren gewesen und ich hoffe, dass sie es noch sehr lange bleiben. Ich lerne viel von ihnen, denn sie gehören zu der Generation, die noch viel klarer als wir ihre Bedürfnisse artikuliert und durchsetzt, die sich spielerisch die Zukunft erschließt und auf wundervolle Weise eine Zukunft erschafft, die schöner ist als alles, was wir uns erträumen können. Ihr vier seid die, die auf meinen Schultern stehen, und ich verspreche, dass ich alles gebe, damit Ihr stolz auf mich sein könnt. Und da ist Emily, unsere erste Enkeltochter, die noch ein paar Jahre braucht, bis sie dieses Buch lesen und verstehen kann. Sie trägt in sich das Versprechen, dass es weitergeht. Sie wird noch viel schönere Zeiten des Erwachens der Menschheit erleben und ich wünsche mir für sie, dass sie die Cappuccino-Strategie ausgiebig für ihr Leben anwendet.

Mein Dank gilt auch meinen wichtigsten Lehrern in den vergangenen 20 Jahren, Dr. Richard Bandler, John und Kathleen La Valle, mit denen meine Frau und ich eng zusammenarbeiten und denen wir uns eng verbunden fühlen. Mit ihren Trainings, mit ihrer liebevollen Fürsorge und Unterstützung und der fantastischen Zusammenarbeit in den vergangenen fast 15 Jahren haben sie uns so unglaublich reich beschenkt, dass es mir wie ein Wunder erscheint. Ich bin zutiefst dankbar für alles, was diese drei Menschen für mich und uns getan haben! Dank des Modells des NLP konnten wir bereits Tausenden von Menschen Ängste nehmen, sie bei der Zielplanung unterstützen und ihnen dabei helfen, das Leben ihrer Träume zu erschaffen.

Esther und Jerry Hicks gebührt ebenfalls mein tiefer Dank, denn ich habe mir immer die Frage gestellt, wie dieses Leben funktioniert, und die Antwort habe ich insbesondere bei den Lehren von Abraham gefunden. Ich traf Esther bei einem Seminar in San Francisco zu einer Zeit, als es ihr nicht besonders gut ging. Aber ich muss sagen, dass ich bisher nur ganz selten einen Menschen getroffen habe, der eine solch positive Ausstrahlung hat. Jede Sekunde, die ich mit Esther zusammen sein durfte, war ein Geschenk für mein Leben! Ich habe Hunderte Stunden mit ihren Hörbüchern, Büchern und Videos verbracht und so sind diese Lehren ein wichtiger Bestandteil meines gesamten Lebens geworden.

Jack Canfield, der mich mit seiner Einladung in das *Transformational Leadership Council* (TLC) sehr geehrt und mir damit zugleich die Möglichkeit eröffnet hat, von ihm und den vielen anderen spirituellen Lehrern immer wieder zu profitieren, danke ich ebenfalls. Jack ist mein Freund; ich fühle mich mit ihm seit dem ersten Tag eng verbunden, an dem wir uns getroffen haben. Trotz seiner Berühmtheit ist Jack jederzeit nahbar für jeden Menschen, der mit ihm in Kontakt treten möchte. Damit ist er ein wirklich großes Vorbild für mich, denn er ist immer offen, immer konzentriert und immer ganz bei demjenigen, der gerade vor ihm steht. Das ist ein wirklich großes Geschenk an die ganze Menschheit, das auch mir schon oft zuteil geworden ist. Danken möchte ich ihm auch für die vielen herrlichen Witze, die wir uns gegenseitig erzählen und über die wir gemeinsam stundenlang lachen. Was für ein Geschenk!

Mein Dank gilt in gleicher Weise auch unseren wundervollen festen und freien Mitarbeitern sowie unseren Partners, Xenia Engel, Annika Fräsdorf und Christophe Lhermite, Sabine Engert, Heike Wegener, Ursula Bartels, Stephanie Bogendörfer, Willi Felser, Regina Egger, Katja Benrath, Apostolos Baltos, Irmgard Bauer, Eva Steiger und Christian Vogel. Jeder von ihnen trägt mit seiner Kreativität, seinem Einsatz, seiner Konzentration, seiner Liebe, seiner Fürsorge und seinem Mut jeden Tag dazu bei, dass wir die Menschheit mit unseren Lehren erreichen und begleiten können. Es ist eine wundervolle Arbeit, die wir gemeinsam voller Freude, mit Spaß und Leichtigkeit jeden Tag vollbringen dürfen, und ich danke jedem Einzelnen für all das, was er für mich, meine Frau, unsere Unternehmen und damit auch für alle Menschen tut!

Unsere Teilnehmer, die freshies, die Hörer unseres NLP-fresh-up Podcasts und all die Menschen, die ich in meinen Vorträgen kennenlerne, haben mit ihren vielen Fragen auch zu diesem Buch beigetragen. Ich liebe Euch alle, denn für Euch machen wir diese Arbeit und ohne Euch würde es weder die fresh-academy noch den Blue Planet Verlag geben. Ihr seid die Basis von allem und alles, was wir tun, tun wir nur für Euch, damit Ihr das Leben Eurer Träume erschafft. Danke, dass es Euch gibt!

Andrea Barth hat mit ihrem Team den Titel dieses Buches gestaltet, dafür danke ich ihr sehr. Sie ist unglaublich talentiert darin, Titel in einzigartiger Weise ansprechend zu gestalten. Dass sie das auch uns als kleinem Verlag und mir als Autor zuteilwerden lässt, erfüllt mich mit Stolz und macht mich sehr dankbar!

Und zum Schluss noch einen großen Dank an unseren Lektor, Anselm Schmidt-Goertz, er hat in Lichtgeschwindigkeit den Kampf gegen die Fehler des Diktiersystems geführt und gewonnen. Danke für diesen Einsatz, der sehr zur Qualität des Buches beigetragen hat. Mein Dank gilt auch der Firma TIESLED Satz & Service, dort insbesondere Herrn Dr. Wolfgang Delseit, denn er hat dem Manuskript dann den letzten Schliff gegeben. So wurde dieses wunderschöne Buch möglich. Auch unseren Druckern von CPI books danke ich sehr, wir arbeiten seit Jahren erfolgreich zusammen und haben gemeinsam schon einige wundervolle Bücher produziert.

Danke auch an alle Menschen, die im Buchhandel, bei Amazon, bei unserem Büroservice-Team in München, unserem Distributor Synergia, bei KNV und an so vielen weiteren Stellen den Erfolg dieses Buches ermöglichen. Journalisten auf der ganzen Welt, die über uns schreiben, Bloggern und freien Redakteuren, den Buchhändlern und Verpackern, jedem einzelnen Menschen danke ich von Herzen. Mögen wir gemeinsam dafür sorgen, dass die Cappuccino-Strategie möglichst viele Menschen voranbringt in ihrem Leben!